수업이 즐거운
교육과정-수업-평가-기록의
일체화

우치갑, 유희선, 이영옥, 이지영, 고영애,
김장환, 류미경, 사경희, 한혜영

테크빌교육

수업이 즐거워야
선생님도 학생도 행복해요!

학교가 변하고 있다. 우리가 사는 세상은 하루가 다르게 변해 가고 있으며, 교육에 요구하는 과제 역시 한두 가지가 아니다. 어떤 이는 아이들이 맞이할 4차 산업혁명시대 대비하여 미리 준비시켜야 한다고 강조하고, 또 다른 이는 자유학기(년)제의 내실화, 2015 개정 교육과정의 적용 등을 강조한다. 이러한 상황에서 교사는 중심을 잡고 묵묵히 서로를 보듬고 나가야 한다. 교사는 학교 교육 현장에서 치열하게 고민하고 때로는 좌절하기도 하지만 긍정의 힘을 다시 모으기 위해 애쓰고 있음을 우리는 너무 잘 알고 있지 않은가? 변화의 중심에서 더 나은 교육 현장을 위해 고민하는 교사들에게 길잡이로서 조금이나마 도움이 되지 않을까 하는 마음에 연구회를 만들고, 활동하며 그동안의 수업 사례를 모았다.

수업이 변하고 있다. 지금 교실에서는 과거의 수업을 기억하는 기성세대는 경험하지 못한 새로운 수업 방법이 적용되고 있다. 그동안 교사들은 수업을 개선하기 위해 꾸준히 노력해 왔고 지금도 역시 그렇다. 하브루타 수업, 비주얼씽킹 활용 수업, 토론 수업, 프로젝트 수업 등 다양한 방법을 적용하여 효과적인 학습을 위해 수업을 개선하고 실천하는 교사들이 많아지고 있다.

『수업이 즐거운 교육과정-수업-평가-기록 일체화』는 이러한 노력의 연장선이라 할 수 있다. '교육과정-수업-평가-기록의 일체화 연구회'는 2015년부터 중등의 여러 교과 선생님들이 모여 자신의 수업에 '교육과정-수업-평가-기록의 일체화'를 적용해 보고 수업을 나누었다. 그렇게 차곡차곡 수업 사례를 모아 즐거운 수업을 위한 안내서로 묶게 되었다.

이 책은 여러 수업 방법 사례를 쉽게 실천해 보도록 하기 위하여 기본적인 것부터 순차적으로 제시하고자 했다. 책에 제시한 수업 방법과 과목별 사례, 수업 아이디어들은 순차적으로 시술하여 교육 현장에서 바로 적용하기 용이하리라 생각된다. 많은 교사들이 단위학교의 교육과정, 학생, 학부모, 지역사회의 요구 등을 고려하고 반영해 각 교육 현장에 맞춰 재구성하여 창의적으로 활용해 주길 바란다.

미래 사회는 지식을 많이 습득하는 것보다 학습한 내용을 바탕으로 문제를 해결하고 새로운 가치를 생성할 수 있는 창의융합형 인재가 필요하다고 한다. 2015 개정 교육과정은 문·이과가 통합되고 인문학적 상상력과 과학기술 창조력을 두루 갖춘 인재를 양성하는 데 초점을 맞추고 있다.

수업과 평가를 분리하는 것이 아니라 수업이 평가이고 평가가 수업임을 다시 한 번 강조하고 싶다. 수업 활동을 다양하게 준비하고 학생 활동 정도를 구체적으로 기록해 줄 때보다 생동감 넘치는 교실, 배움을 주고받는 살아 있는 학습 현장이 되리라 믿는다.

아울러 이번 책 출간을 위해 수고를 아끼지 않은 집필진 선생님들께 감사의 말씀을 올린다. 부족한 자료들이 수업을 위해 고민하는 교사들의 실천으로 학교 현장에서 빛을 발하기를 바란다.

2018년 7월
저자 일동

CONTENTS ←---

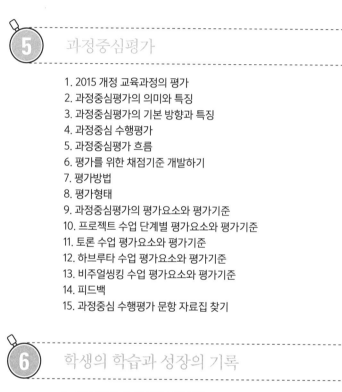

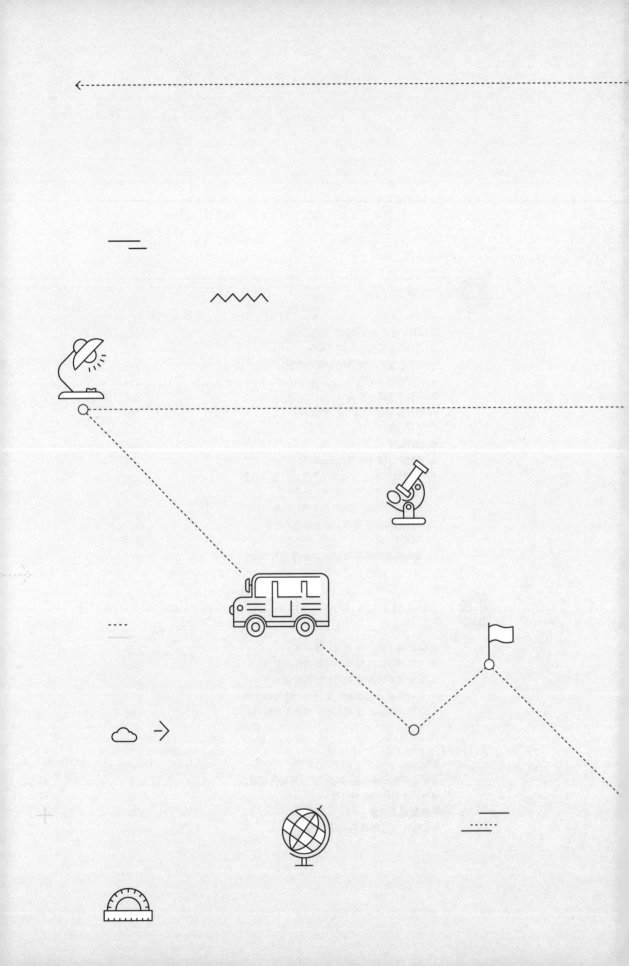

2015 개정 교육과정의 이해

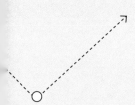

2015 개정 교육과정

2015 개정 교육과정의 배경은 '지식 위주의 암기식 교육'에서 '배움을 즐기는 행복 교육'으로 전환, 핵심 개념·원리 중심으로 학습 내용 적정화, 학생 중심 교실 수업 개선이다.

　2015 개정 교육과정의 방향은 인문·사회·과학기술에 관한 기초 소양 교육 강화, 학생들의 '꿈과 끼'를 키울 수 있는 교육과정 마련, 미래 사회가 요구하는 핵심 역량의 함양이 가능한 교육과정 마련이다.

　2015 개정 교육과정에서는 각 교과의 핵심 개념을 중심으로 학습량을 적정화하여, 학습 경험의 질을 개선하여 미래 사회를 대비하는 교육을 제시하였다.

■ 2015 개정 교육과정에서 추구하는 학교 교육의 모습

핵심 개념 중심으로 학습 내용을 구성하고, 진도에 급급하지 않고 학생 참여 중심수업을 통한 학습 흥미도 제고하며, 창의적 사고 과정을 통한 선도형 창조경제를 이끌 창의·융합형 인재를 양성한다.

■ 교육과정 개정 방향 대조

총론의 '추구하는 인간상'에 6개 핵심 역량을 제시하였다. 교과별 교과 역량을 제시하고 역량 함양을 위한 성취기준을 개발하였다. 현행 교육과정의 장점을 계승하고 문제점은 개선하여, 의미 있는 학습 경험을 제공함으로써 미래 사회 창의융합형 인재 양성에 적합한 교과 교육과정을 개발하였다.

2009 개정	2015 개정
・창의적인 인재 양성 ・전인적 성장을 위한 창의적 체험 활동 강화 ・국민 공통 교육과정 조정 및 학교 교육과정 편성 운영의 자율성 강화 ・교육과정 개편을 통한 대학수능시험 제도 개혁 유도	・창의・융합형 인재 양성 ・모든 학생이 인문・사회・과학기술에 대한 기초 소양 함양 ・학습량 적정화, 교수・학습 및 평가방법 개선을 통한 핵심 역량 함양 교육 ・교육과정과 수능 대입제도 연계 교육 연수 등 교육 전반 개선

– **창의・융합형 인재**: 인문학적 상상력, 과학기술 창조력을 갖추고 바른 인성을 겸비하여 새로운 지식을 창조하고 다양한 지식을 융합하여 새로운 가치를 창출할 수 있는 사람

■ 2015 개정 교육과정은 학교급별, 학년별 시행 시기

2017년 3월 1일: 초등학교 1, 2학년

2018년 3월 1일: 초등학교 3, 4학년, 중학교 1학년, 고등학교 1학년

2019년 3월 1일: 초등학교 5, 6학년, 중학교 2학년, 고등학교 2학년

2020년 3월 1일: 중학교 3학년, 고등학교 3학년

단, 중학교 사회 교과(군)의 '역사' 및 고등학교 기초 교과 영역의 '한국사' 과목은 2020년 3월 1일부터 적용한다.

– 출처: 교육부 고시 제2017-131호

2015 개정 교육과정
교과별 자료 찾기

1. 국가교육과정 정보센터 홈페이지 방문

http://ncic.re.kr

2. 국가교육과정 정보센터 홈페이지에서 〈교육과정 자료실〉 방문

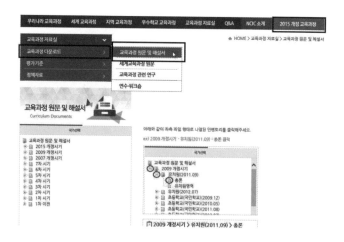

■ 각 교과별 교육과정 원문 및 해설서 다운받기

  - [교육과정 다운로드] → [교육과정 원문 및 해설서] 메뉴를 클릭한다.

  - 2015 개정 교육과정의 총론과 교과별 교육과정 원문과 해설서를 제공한다.

  - 총론과 교과별 교육과정 원문과 해설서는 한글문서(hwp)와 pdf 파일로 제공한다.

■ 중학교, 고등학교 교육과정 교과별 평가기준 자료 다운받기

  - [평가기준] → [평가기준] 메뉴를 클릭한다.

  - 2015 개정 교육과정에 따른 교과별 평가기준을 제공한다.

  - 중·고등학교 평가기준은 한글문서(hwp)와 pdf 파일로 제공한다.

번호	제목	첨부
178	(중) 2015 개정 교육과정에 따른 평가기준 및 연구 보고서_ 국어과	■ ▷
177	(중) 2015 개정 교육과정에 따른 평가기준 및 연구 보고서_ 도덕과	▷ ■
176	(중) 2015 개정 교육과정에 따른 평가기준 및 연구 보고서_ 사회과	■ ▷
175	(중) 2015 개정 교육과정에 따른 평가기준 및 연구 보고서_ 수학과	▷ ■
174	(중) 2015 개정 교육과정에 따른 평가기준 및 연구 보고서_ 과학과	▷ ■
173	(중) 2015 개정 교육과정에 따른 평가기준 및 연구 보고서_ 실과/ 기술·가…	▷ ■
172	(중) 2015 개정 교육과정에 따른 평가기준 및 연구 보고서_ 체육과	■ ▷
171	(중) 2015 개정 교육과정에 따른 평가기준 및 연구 보고서_ 음악과	▷ ■
170	(중) 2015 개정 교육과정에 따른 평가기준 및 연구 보고서_ 미술과	▷ ■
169	(중) 2015 개정 교육과정에 따른 평가기준 및 연구 보고서_ 영어과	▷ ■

■ 중학교, 고등학교 우수 교육과정 자료 다운받기

  - [우수학교 교육과정] 메뉴를 클릭한다.

  - 각 시도별 2017 우수학교 교육과정을 제공한다.

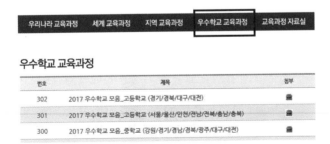

우수학교 교육과정

번호	제목	첨부
302	2017 우수학교 모음_고등학교 (경기/경북/대구/대전)	🖥
301	2017 우수학교 모음_고등학교 (서울/울산/인천/전남/전북/충남/충북)	🖥
300	2017 우수학교 모음_중학교 (강원/경기/경남/경북/광주/대구/대전)	🖥

2015 개정 교육과정의
핵심 역량

미래 사회를 살아가는 데 필요한 능력 습득이 강조되면서 2015 개정 교육과정에서는 학생의 삶 속에서 무언가를 할 줄 아는 실질적인 능력을 기를 수 있도록 하기 위해 핵심 역량을 제시하였다.

핵심 역량은 교과와 창의적 체험 활동, 그리고 학교생활 전반에 걸쳐 길러야 할 능력이며, 특히 교과에는 총론의 역량과 연계하여 교과에 맞는 역량을 제시하고, 교과의 특성에 맞는 교육과정을 운영하도록 하고 있다.

■ 핵심 역량이란?

핵심 역량은 학교 교육의 전 과정을 통해 학생들이 길러야 할 기본적이고 보편적이며 공통적인 능력을 말한다. 핵심 역량은 미래 사회 시민으로서 성공적이고 행복한 삶을 살아가기 위해 필요한 핵심적인 능력으로 지식, 기능, 태도 및 가치가 통합적으로 작용하여 발현하는 능력이다.

핵심 역량은 '지적 능력, 인성, 기술' 등을 포괄하는 다차원적 개념이며, 미래 사회를 살아갈 학생들이 지녀야 할 미래 지향적인 능력을 말한다. 미래 사회에 필요한 능력의 내용과 조건을 구체화한 것이며, 교과 교육을 포함한 학교 교육 전 과정을 통해 중점적으로 기르고자 하는 역량을 의미한다. 학교 교육의 전 과정을 통해 중점적으로 기르고자 하는 범교과적이고 일반적인 역량을 의미한다.

학교교육을 통해 누구나 길러야 할
기본적, 보편적인 공통 능력

핵심 역량

선천적으로
타고 나는 것이 아니라
학습할 수 있는
능력

지적 능력,
인성(태도),
기술 등을 포괄하는
다차원적 개념

미래 사회를
살아갈 학생들이
지녀야 할
공통 능력

1. 자기관리 역량

자기관리 역량이란 자신의 삶, 학습, 건강, 진로에 필요한 기초적 능력 및 자질을 지속적으로 계발·관리하고, 변화하는 사회에 유연하게 적응하며 살아갈 수 있는 능력을 의미한다.

하위 요소에는 자아정체성 확립, 자신감 획득, 자기 통제 및 절제, 기본 생활 습관 형성, 자신의 감정 조절, 건강 관리, 기초 학습 능력 및 자기주도 학습 능력, 진로 개발 능력, 합리적 경제 생활, 여가 선용 등이 있다.

2. 지식정보처리 역량

지식정보처리 역량이란 학습과 삶 등에서 직면하게 되는 문제를 해결하기 위하여 다양한 정보와 자료를 수집·분석·평가·선택하고, 적절한 매체를 활용하여 지식과 정보와 자료를 효과적으로 처리함으로써 합리적으로 문제를 해결할 수 있는 능력을 의미한다.

하위 요소에는 논리적, 비판적 사고를 통한 문제 인식, 지식정보의 수집·분석·활용 등을 통한 문제 해결방안의 탐색, 해결방안의 실행 및 평가, 매체 활용 능력 등이 있다.

3. 창의적 사고 역량

창의적 사고 역량이란 다양한 영역에 대한 폭넓은 기초 지식과 자신의 전문 영역에 대한 깊이 있는 지식을 바탕으로 새롭고 독창적인 아이디어를 산출해 내고, 다양한 분야의 지식·기술·경험을 융합적으로 활용할 수 있는 능력을 의미한다.

하위 요소에는 유창성, 융통성, 독창성, 정교성, 유추성, 민감성, 개방성, 독립성, 과제 집착력, 자발성 등이 있다.

4. 심미적 감성 역량

심미적 감성 역량이란 다양한 가치에 대한 개방적 태도와 반성적 성찰을 통해서 자신과 타인과 사회 현상들을 공감적으로 이해하고, 문화적 소양과 감수성을 통해 삶의 의미와 사물들의 아름다움과 가치를 발견하고 향유하며, 이를 바탕으로 질 높은 삶과 행복을 누릴 수 있는 능력을 의미한다.

하위 요소에는 문화적 소양과 감수성, 문화적 상상력, 타인의 경험 및 인간에 대한 공감 능력, 다양한 가치에 대한 존중, 정서적 안정감, 의미 있고 행복한 삶의 추구와 향유 등이 있다.

5. 의사소통 역량

의사소통 역량이란 다양한 상황에 적합한 언어, 상징, 텍스트, 매체를 활용하여 자신의 생각과 감정을 효과적으로 표현하는 능력, 타인의 말과 글에 나타난 생각과 감정을 올바르게 이해하는 능력, 다른 사람의 의견을 경청하고 존중하며 갈등을 효과적으로 조정하는 능력 등을 의미한다.

하위 요소에는 언어적 표현 능력(말하기, 듣기/경청, 쓰기, 읽기, 텍스트 이해 등), 타인 이해 및 존중 능력, 갈등 조정 능력 등이 있다.

6. 공동체 역량

공동체 역량이란 지역·국가·지구촌의 구성원으로서 요구되는 가치와 태도를 수용하고 실천하는 능력, 지역적·국가적·세계적 차원의 다양한 문제 해결에 책임감을 가지고 적극적으로 참여하는 능력, 다양한 사람들과 원만한 관계를 가지고 협업하고 상호작용하는 능력, 다른 사람들을 배려하며 함께 살아갈 수 있는 능력 등을 의미한다.

하위 요소에는 시민의식, 준법정신, 질서 의식, 공정성과 정의감, 참여와 책임 의식, 협동과 협업 능력, 나눔과 배려 정신 등이 있다.

– 출처: 교육부(2016) 2015 개정 교육과정 총론해설(중학교). p.35-p.37 발췌

교과별 교과 역량

2015 개정 교육과정에 도입된 핵심 역량은 미래 사회에 필요한 능력의 내용과 조건을 구체화한 것이며, '교과 교육을 포함한 학교 교육 전 과정을 통해 중점적으로 기르고자 하는 역량'을 의미한다. 총론에 제시된 핵심 역량은 교과 역량을 결정하는 기반이 되고, 핵심 역량은 교과를 통해 구현되어야 한다.

　교과 역량은 '교과 지식, 기능, 가치 및 태도'가 실제상황에서 통합적으로 발현되어 나타나는 능력이다. 이는 교과를 통해 할 수 있어야 할 능력이며, 교과 학습의 결과로서 기대되는 능력이다. 교과 역량은 수업 활동 결과로서 기대되는 수행 능력인 '기능'과 수업 활동으로서 '수행'으로 구현된다.

　교과 역량을 구현하기 위해서 성취기준에 각 교과의 지식인 '내용'과 수업에서 학생들에게 기대되는 수행 능력인 '기능'을 합쳐서 진술하고 있다.

2015 개정 교육과정의 교과 역량

교과	교과 역량
국어	비판적·창의적 사고 역량, 자료·정보 활용 역량, 의사소통 역량, 공동체·대인관계 역량, 문화 향유 역량, 자기성찰·계발 역량
도덕	자기존중 및 관리능력, 도덕적 사고 능력, 도덕적 대인관계 능력, 도덕적 정서 능력, 도덕적 공동체 의식, 윤리적 성찰 및 실천 성향
사회	창의적 사고력, 비판적 사고력, 문제 해결력 및 의사 결정력, 의사소통 및 협업 능력, 정보 활용 능력
수학	문제 해결, 추론, 창의·융합, 의사소통, 정보처리, 태도 및 실천
과학	과학적 사고력, 과학적 탐구 능력, 과학적 문제 해결력, 과학적 의사소통 능력, 과학적 참여와 평생 학습 능력

1. 국어과 교과 역량

총론 핵심 역량		국어과 교과 역량
창의적 사고 역량	------>	비판적 · 창의적 사고 역량
지식정보처리 역량	------>	자료 · 정보 활용 역량
의사소통 역량	------>	의사소통 역량
공동체 역량	------>	공동체 · 대인관계 역량
심미적 감성 역량	------>	문화 향유 역량
자기관리 역량	------>	자기성찰 · 계발 역량

1) 비판적 · 창의적 사고 역량

다양한 상황이나 자료, 담화, 글을 주체적인 관점에서 해석하고 평가하여 새롭고 독창적인 의미를 부여하거나 만드는 능력을 의미한다.

2) 자료 · 정보 활용 역량

필요한 자료나 정보를 수집, 분석, 평가하고 이를 효과적으로 활용하여 의사를 결정하거나 문제를 해결하는 능력을 의미한다.

3) 의사소통 역량

음성 언어, 문자 언어, 기호와 매체 등을 활용하여 생각과 느낌, 경험을 표현하거나 이해하면서 의미를 구성하고 자아와 타인, 세계의 관계를 점검 · 조정하는 능력을 의미한다.

4) 공동체 · 대인관계 역량

공동체의 가치와 공동체 구성원의 다양성을 존중하고 상호 협력하여 관계를 맺고 갈등을 조정하는 능력을 의미한다.

5) 문화 향유 역량

국어로 형성 · 계승되는 다양한 문화를 이해하고 그 아름다움과 가치를 내면화하여 수준 높은 문화를 향유 · 생산하는 능력을 의미한다.

6) 자기성찰·계발 역량

삶의 가치와 의미를 끊임없이 반성하고 탐색하여 변화하는 사회에서 필요한 재능과 자질을 계발하고 관리하는 능력을 의미한다.

– 출처: 교육부(2016), 2015 개정 교육과정 교수·학습자료(중학교 국어)

2. 영어과 교과 역량

총론 핵심 역량		영어과 교과 역량
의사소통 역량	------>	영어 의사소통 역량
지식정보처리 역량	------>	지식정보처리 역량
공동체 역량	------>	공동체 역량
자기관리 역량	------>	자기관리 역량
창의적 사고 역량		
심미적 감성 역량		

1) 영어 의사소통 역량

일상생활 및 다양한 상황에서 영어로 의사소통할 수 있는 역량을 의미한다. 하위 요소에는 영어 이해 능력, 영어 표현 능력 등이 있다.

2) 지식정보처리 역량

지식 정보화 시대에서 영어로 표현된 정보를 적절하게 활용할 수 있는 역량을 의미한다. 하위 요소에는 정보 수집, 분석, 활용 능력, 정보 윤리, 다양한 매체 활용 능력 등이 있다.

3) 공동체 역량

지역, 국가, 세계 공동체의 구성원으로의 가치와 태도를 바탕으로 공동체 문제 해결에 참여할 수 있는 역량을 의미한다. 하위 요소에는 배려와 관용, 대인관계 능력, 문화 정체성, 언어 및 문화적 다양성에 대한 이해 및 포용 능력 등이 있다.

4) 자기관리 역량

영어에 대한 흥미와 관심을 바탕으로 학습자가 주도적으로 영어 학습을 지속할 수 있는 역량을 의미한다. 하위 요소에는 영어에 대한 흥미, 영어 학습 동기, 영어 능력에 대한 자신감 유지, 학습전략, 자기관리 및 평가 등이 있다.

– 출처: 교육부(2016), 2015 개정 교육과정 교수·학습자료(중학교 영어)

3. 수학과 교과 역량

1) 문제 해결 역량

해결 방법을 알고 있지 않은 문제 상황에서 수학의 지식과 기능을 활용하여 해결 전략을 탐색하고 최적의 해결방안을 선택하여 주어진 문제를 해결하는 역량을 의미한다. 하위 요소에는 문제 이해 및 전략 탐색과 계획 실행 및 반성, 협력적 문제 해결, 수학적 모델링, 문제 만들기 등이 있다.

2) 추론 역량

수학적 사실을 추측하고 논리적으로 분석하고 정당화하며 그 과정을 반성하는 역량을 의미한다. 하위 요소에는 관찰과 추측, 논리적 절차 수행, 수학적 사실 분석, 정당화, 추론 과정의 반성 등이 있다.

3) 창의·융합 역량

수학의 지식과 기능을 토대로 새롭고 의미 있는 아이디어를 다양하고 풍부하게 산출하고 정교화하며, 여러 수학적 지식, 기능, 경험을 연결하거나 수학과 타 교과나 실생활의 지식, 기능, 경험을 연결·융합하여 새로운 지식, 기능, 경험을 생성하고 문제를 해결하는 역량을 의미한다. 하위 요소에는 독창성, 유창성, 융통성, 정교성, 수학 내적 연결, 수학 외적 연결 및 융합 등이 있다.

4) 의사소통 역량

수학 지식이나 아이디어, 수학적 활동의 결과, 문제 해결 과정, 신념과 태도 등을 말이나 글, 그림, 기호로 표현하고 다른 사람의 아이디어를 이해하는 역량을 의미한다. 하위 요소에는 수학적 표현의 이해, 수학적 표현의 개발 및 변환, 자신의 생각 표현, 타인의 생각 이해 등이 있다.

5) 정보처리 역량

다양한 자료와 정보를 수집·정리·분석·활용하고 적절한 공학적 도구나 교구를 선택·이용하여 자료와 정보를 효과적으로 처리하는 역량을 의미한다. 하위 요소에는 자료와 정보 수집, 자료와 정보 정리 및 분석, 정보 해석 및 활용, 공학적 도구 및 교구 활용 등이 있다.

6) 태도 및 실천 역량

수학의 가치를 인식하고 자주적 수학 학습 태도와 민주 시민의식을 갖추어 실천하는 역량을 의미한다. 하위 요소에는 가치 인식, 자주적 학습 태도, 시민의식 등이 있다.

– 출처: 교육부(2016), 2015 개정 교육과정 교수·학습자료(중학교 수학)

4. 과학과 교과 역량

1) 과학적 사고 역량

과학적 주장과 증거의 관계를 탐색하는 과정에서 필요한 사고이다. 과학적 세계관 및 자연관, 과학의 지식과 방법, 과학적인 증거와 이론을 토대로 합리적이고 논리적으로 추론하는 역량, 추리 과정과 논증에 대해 비판적으로 고찰하는 역량, 독창적인 아이디어를 산출하는 역량 등을 포함한다.

2) 과학적 탐구 역량

과학적 문제 해결을 위해 실험, 조사, 토론 등 다양한 방법으로 증거를 수집, 해석, 평가하여 새로운 과학 지식을 얻거나 의미를 구성해 가는 역량을 의미한다.

3) 과학적 문제 해결 역량

과학적 지식과 과학적 사고를 활용하여 개인적 혹은 공적 문제를 해결하는 역량을 의미한다.

4) 과학적 의사소통 역량

과학적 문제 해결 과정과 결과를 공동체 내에서 공유하고 발전시키기 위해 자신의 생각을 주장하고 타인의 생각을 이해하며 조정하는 역량을 의미한다.

5) 과학적 참여와 평생 학습 역량

사회에서 공동체의 일원으로 합리적이고 책임 있게 행동하기 위해 과학기술의 사회적 문제에 대한 관심을 가지고 의사 결정 과정에 참여하며 새로운 과학기술 환경에 적응하기 위해 스스로 지속적으로 학습해 나가는 역량을 의미한다.

– 출처: 교육부(2016), 2015 개정 교육과정 교수·학습자료(중학교 과학)

5. 사회과 교과 역량

1) 창의적 사고 역량

사회적 문제 상황에 직면하여 사태를 새로운 시각으로 바라보는 것, 문제를 다양한 관점에서 바라보는 것, 문제를 명료화하거나 재정의하는 것을 의미한다.

2) 비판적 사고 역량

사물, 상황, 지식 등의 신뢰성, 정확성, 진위 여부 등을 평가하는 정신적 능력, 논리적 일관성과 논증의 타당성을 판단하는 역량을 의미한다.

3) 문제 해결력 및 의사 결정 역량

사회현상과 문제를 탐구하고 선택 가능한 대안 중 가장 적절한 해결책을 선택하는 능력, 문제 해결을 위해 최적의 방안을 도출하는 과정 전반을 평가하는 역량을 의미한다.

4) 의사소통 및 협업 역량

자신의 관점을 효과적으로 표현하는 역량, 상대방의 의견을 수용하고 상호작용하는 역량, 타인을 존중하며 협력하는 역량을 의미한다.

5) 정보 활용 역량

문제 해결을 위해 필요한 정보를 취득, 평가, 활용하고 창출하는 능력, 미디어를 비판적으로 이해하고 창조적으로 활용하는 역량, 정보의 창출과 활용에 있어서의 윤리 준수를 의미한다.

– 출처: 교육부(2016), 2015 개정 교육과정 교수·학습자료(중학교 사회)

6. 도덕과 교과 역량

1) 자기존중 및 관리 역량
자신을 존중하고 사랑하는 토대 위에서 자주적인 삶을 살고 자신의 욕구나 감정을 조절하며 이겨낼 수 있는 역량을 의미한다.

2) 도덕적 사고 역량
일상의 문제를 도덕적으로 인식하고 도덕적 판단 및 추론의 탐구 과정을 거쳐 타당한 근거를 갖고 옳고 그름을 분별할 수 있는 역량을 의미한다.

3) 도덕적 대인관계 역량
의사소통 과정에서 타인의 도덕적 요구 인식 및 수용과 이상적인 의사소통 공동체를 지향하면서 타인과 더불어 살아갈 수 있는 역량을 의미한다.

4) 도덕적 정서 역량
도덕성을 전제로 자신 및 타인의 감정을 인식하고 배려할 수 있는 역량을 의미한다.

5) 도덕적 공동체 의식
도덕규범과 정서 및 유대감을 근간으로 자신이 속한 다양한 공동체의 구성원으로서 소속감을 갖고 살아갈 수 있는 역량을 의미한다.

6) 윤리적 성찰 및 실천 성향
일상 세계에서 자신의 삶을 윤리적으로 성찰하는 토대 위에서 도덕적 가치와 규범을 지속적으로 실천할 수 있는 역량을 의미한다.

– 출처: 교육부(2016), 2015 개정 교육과정 교수·학습자료(중학교 도덕)

7. 제2외국어 교과 역량

1) 의사소통 역량
일상생활에 필요한 기초적인 의사소통 역량을 의미한다. 하위 요소에는 언어 4기능(듣기, 읽기, 말하기, 쓰기)과 4기능의 통합 등이 있다.

2) 외국의 문화 이해를 통한 세계 시민의식
타 문화에 대한 이해와 비판적 사고력 향상을 통해 다양한 세계관을 수용하고, 포용과 배려의 덕목 함양을 의미한다. 하위 요소에는 다양한 매체에 나타난 외국문화 내용 조사, 발표, 토의 등이 있다.

3) 정보처리 및 활용 역량
외국어 학습의 결과로 외국어로 된 다양한 정보를 활용하고 처리하는 역량을 의미한다. 하위 요소에는 다양한 매체를 통한 정보 수집, 분석, 활용 등을 통한 문제 해결방안 탐색 등이 있다.

– 출처: 교육부(2016), 2015 개정 교육과정 교수·학습자료(중학교 외국어)

8. 기술·가정 교과 역량

1) 실천적 문제 해결 역량
일상생활 속에서 발생될 수 있는 다양한 문제에 대하여 그 배경을 이해하고 문제 해결의 대안을 탐색한 후, 비판적 사고를 통한 추론과 가치판단에 따른 의사결정으로 실행할 수 있는 역량을 의미한다.

2) 생활자립 역량

삶의 주체로서 자신의 발달과정에서의 자아정체감을 형성하여 일상생활의 문제를 스스로 판단·결정·수행할 수 있으며, 자조(自助)와 주도적 관점에서 자기관리 및 생애를 설계할 수 있는 역량을 의미한다.

3) 관계 지향 역량

대상과의 관계를 소중히 여기고, 존중과 공감, 배려와 돌봄으로써 공동체 감수성을 키워 자신과 가족, 친구, 지역사회, 자원, 환경과의 건강한 상호작용과 관계를 형성·유지할 수 있는 역량을 의미한다.

4) 기술적 문제 해결 역량

기술과 관련된 문제를 이해하고 다양한 해결책을 탐색하여 창의적인 아이디어를 구현한 해결책을 평가하고 개선할 수 있는 역량을 의미한다.

5) 기술 시스템 설계 역량

인류가 현실 세계에 적응하기 위하여 다양한 자원을 활용하여 생산, 수송, 통신 기술 투입, 과정, 산출, 되먹임(피드백)의 흐름이 효율적으로 이루어지도록 필요한 장치(device)를 개발하거나 효율적으로 적용하는 역량을 의미한다.

6) 기술 활용 역량

생산, 수송 및 통신 기술 활용을 독립적이거나 통합적으로 적용하여 지속 가능한 발전을 위하여 발명, 표준화의 투입, 과정, 산출이 효율적으로 이루어지도록 하는 역량을 의미한다.

- 출처: 교육부(2016), 2015 개정 교육과정 교수·학습자료(중학교 가정·기술)

9. 음악과 교과 역량

1) 음악적 감성 역량

음악이 가지고 있는 아름다움, 특징 및 가치를 개방적 태도로 수용하고 이해하며, 깊이 있는 성찰과 상상력을 발휘하여 삶의 질을 향상시키고 행복을 창출할 수 있는 역량을 의미한다.

2) 음악적 창의·융합 사고 역량
음악 분야의 전문 지식과 소양을 토대로 새롭고 독창적인 아이디어를 산출해 내고, 자신이 학습하거나 경험한 음악 정보들을 다양한 현상에 융합적으로 활용할 수 있는 역량을 의미한다.

3) 음악적 소통 역량
소리, 음악적 상징, 신체 등을 활용하여 자신의 생각과 느낌을 음악적으로 표현하고, 타인의 음악적 표현을 이해하고 공감하여 효율적으로 소통하고 조정할 수 있는 역량을 의미한다.

4) 문화적 공동체 역량
음악을 통해 우리 문화의 전통과 세계의 다양한 문화를 이해함으로써 지역, 국가, 세계 공동체의 구성원으로서 요구되는 다양한 가치와 문화를 수용하고, 공동체의 문제 해결 및 발전을 위해 자신의 역할과 책임을 다할 수 있는 역량을 의미한다.

5) 음악 정보처리 역량
음악과 관련된 다양한 정보와 자료를 수집, 분석, 분류, 평가, 조작함으로써 정보와 자료에 내재된 의미를 올바르게 파악하고, 적절한 매체를 활용하여 정보와 자료를 효과적으로 처리함으로써 생활의 다양한 문제를 합리적으로 해결할 수 있는 역량을 의미한다.

6) 자기관리 역량
음악적 표현과 감상 활동, 음악을 생활화하는 태도를 바탕으로 표현력과 감수성을 길러 자아 정체성을 형성하고, 자기 주도적으로 음악을 학습하고 그 과정을 관리함으로써 음악적으로 풍요로운 삶을 유지해낼 수 있는 역량을 의미한다.

– 출처: 교육부(2016), 2015 개정 교육과정 교수·학습자료(중학교 음악)

1) 시각적 소통 역량

변화하는 시각 문화 속에서 이미지와 정보, 시각 매체를 이해하고 비판적으로 해석하며, 이를 활용한 미술 활동을 통해 소통할 수 있는 역량을 의미한다.

2) 창의·융합 역량

자신의 느낌과 생각을 다양한 매체를 활용하여 창의적으로 표현할 수 있으며, 미술 활동 과정에 타 분야의 지식, 기술, 경험 등을 연계·융합하여 새로운 가능성을 발견할 수 있는 역량을 의미한다.

3) 미적 감수성

다양한 대상 및 현상에 대한 지각을 통해 자신의 느낌과 생각을 이해하고 표현하며 미적 경험에 반응하면서 미적 가치를 느끼고 내면화할 수 있는 역량을 의미한다.

4) 미술 문화 이해 역량

우리 미술 문화에 대한 이해를 바탕으로 정체성을 확립하고, 유연하고 개방적인 태도로 세계 미술 문화의 다원적 가치를 이해하고 존중하며 공동체의 발전에 참여할 수 있는 역량을 의미한다.

5) 자기주도적 미술학습 역량

미술 활동에 자발적이고 주도적으로 참여하면서 자기를 계발·성찰하며 그 과정에서 타인의 생각과 느낌을 이해하고 존중·배려하며 협력할 수 있는 역량을 의미한다.

- 출처: 교육부(2016), 2015 개정 교육과정 교수·학습자료(중학교 미술)

교육과정 성취기준

1. 성취기준

2015 개정 교과 교육과정 고시문서 일러두기에 보면 성취기준을 학생들이 교과를 통해 배워야 할 내용과 이를 통해 수업 후 할 수 있거나 할 수 있기를 기대하는 능력을 결합하여 나타낸 수업 활동의 기준이라고 정의해 놓았다.

성취기준은 학교 현장에서 수업의 방향을 설정하고, 단위 학교에서 학생들의 학업성취 정도를 확인하기 위한 기준으로도 활용할 수 있다. 즉 학생들이 어느 정도 학습되었는지를 교육과정의 성취기준 달성 정도로 확인할 수 있는 것이다.

성취기준은 각 교과목에서 학생들이 학습을 통해 성취해야 할 지식, 기능, 태도의 특성을 진술한 것으로, 교수·학습 및 평가의 실질적인 근거가 된다.
성취기준은 교육과정 내용을 학생들이 교과목에서 학습해야 할 구체적인 내용과 학습을 한 뒤 학생이 보여야 할 행동 특성을 중심으로 재진술한 것이다.

2. 성취기준 고유코드

2015 개정 교육과정의 성취기준에 별도의 고유코드가 부여되었다.

■ 성취기준 고유코드

   - 학년군 1자리 + 교과목명 1자리 + 영역 순서 + 영역 내 순서

   - 코드명 [9국01-06]

   [9국01-06] 청중의 관심과 요구를 고려하며 말한다.

최고 학년군	교과목	영역 순서	영역 내 순서
9	국	01	06

   - 국어과의 영역 : (01)듣기말하기 (02)읽기 (03)쓰기 (04)문법 (05)문학

3. 성취기준의 활용

1) 수업 설계 및 전개에 활용
2015 개정 교육과정에서는 성취기준 자체에 교과 역량이 반영되어 있고, 학습을 통해 학생들에게 기대하는 수행 능력을 제시하고 있기 때문에 교사들은 수업을 설계할 때 꼭 성취기준을 확인해 볼 필요가 있다. 2015 개정 교육과정에서는 학생의 역량과 수행 능력을 기르는 학습 경험을 충분히 제공해야 하는데 수업을 계획하거나 전개할 때 성취기준이 활용된다.

2) 교과 내용 재구성에 활용
2015 개정 교육과정에는 핵심 역량 반영 교육과정과 창의융합형 교육과정 설계를 대표로 꼽을 수 있는데 이와 같은 교육과정을 수행하기 위해서는 교과 내용의 재구성이 필요하다. 교과 내용 재구성이나 교과 간 연계·융합 수업은 교사가 임의대로 하는 것이 아니라 성취기준을 근거로 이루어져야 한다.

3) 구체적인 평가의 준거로 활용
2015 개정 교육과정에서는 교사들이 교과서만 가지고 하는 강의·전달식 수업을 지양하고 학생들에게 보다 유의미한 학습 경험을 제공하기 위한 학생 참여형 수업을 지향한다.

   교과서를 중심으로 전개되는 강의·전달식 수업에서는 굳이 교육과정의 성취기준을 보지 않고 교과서만 가지고 가르쳐도 큰 문제가 되지 않았지만 2015 개정 교육과정에서는 교

과서 중심의 수업을 개선하고 교육과정의 성취기준을 중심으로 다양한 수업 전개를 도모하고자 한다.

이때 평가준거 성취기준을 통해 교육과정의 성취기준을 보다 명료하게 이해하는데 도움을 줄 수 있다. 또한 평가준거 성취기준은 학교현장에서 학생들의 학업성취도를 확인하기 위한 다양한 평가를 실시할 때 구체적인 평가의 준거로 활용할 수 있다.

4. 평가준거 성취기준

1) 평가준거 성취기준
교육과정 성취기준을 교수·학습과 평가 활동을 고려하여 재구성할 필요가 있는 경우, 별도의 성취기준을 개발한 것이다.

> **※ 평가준거 성취기준(필요한 경우에만 적용)**
> 학교에서의 구체적인 평가 상황을 고려하여 학생 입장에서는 무엇을 공부하고 성취해야 하는지, 교사 입장에서는 무엇을 가르치고 평가해야 하는지에 관한 보다 구체적인 안내를 제공하기 위해 필요한 경우에 한하여 교육과정 성취기준을 재구성하여 제시한다.
> 평가 활동에서 판단의 기준이 될 수 있도록 교육과정 성취기준을 재구성한 것이다.
> 학생들이 학습을 통해 성취해야 할 지식, 기능, 태도의 능력과 특성을 진술한 것으로서 평가 활동의 근거로 활용될 수 있다.

평가기준은 각 평가준거 성취기준에 도달한 정도를 상/중/하의 세 단계로 구분하고 각 단계에 속한 학생들이 무엇을 알고 있고, 할 수 있는지를 기술해야 한다.

2) 성취기준의 분석과 재구성
현재 각 교과의 성취기준을 살펴보면 개념과 문제 해결에 집중된 지식 위주의 성취기준이 큰 비중을 차지하고 있다. 성취기준에는 지식뿐만 아니라 인성, 역량 등 정의적인 요소가 녹아 있어야 한다. 따라서 교사는 다양한 요소가 포함되도록 학교, 지역사회의 상황 등을 고려하여 교육과정을 수정하고 재구성할 필요가 있다.

3) 중학교 도덕교과 평가준거 성취기준

① 교육과정 성취기준·평가기준

단원명: 나, 타인과의 관계

교육과정 성취기준	평가기준	
[9도02-05] 정보화 시대에 요구되는 도덕적 자세와 책임의 도덕적 근거와 이유를 제시하고, 타인존중의 태도를 통해 다양한 방식으로 의사소통할 수 있다.	상	정보화 시대에 요구되는 도덕적 자세와 책임의 도덕적 근거와 이유를 설명할 수 있고, 타인존중의 태도를 가지고 다양한 방식으로 의사소통할 수 있다.
	중	정보화 시대에 요구되는 도덕적 자세와 책임의 도덕적 근거와 이유를 파악할 수 있고, 타인존중의 태도를 바탕으로 의사소통할 수 있다.
	하	정보화 시대에 요구되는 도덕적 자세와 책임의 도덕적 근거와 이유를 생각해 볼 수 있고, 타인존중의 태도를 바탕으로 한 의사소통의 방법을 익히려 노력한다.

② 교육과정 성취기준·평가기준 재구성 예시

단원명: 나, 타인과의 관계

교육과정 성취기준	평가준거 성취기준	평가기준	
[9도02-05] 정보화 시대에 요구되는 도덕적 자세와 책임의 도덕적 근거와 이유를 제시하고, 타인존중의 태도를 통해 다양한 방식으로 의사소통할 수 있다.	[9도02-05-01] 정보화 시대에 요구되는 도덕적 자세와 책임의 도덕적 근거와 이유를 제시할 수 있다.	상	정보화 시대에 요구되는 도덕적 자세와 책임의 도덕적 근거와 이유를 설명할 수 있다.
		중	정보화 시대에 요구되는 도덕적 자세와 책임의 도덕적 근거와 이유를 파악할 수 있다.
		하	정보화 시대에 요구되는 도덕적 자세와 책임의 도덕적 근거와 이유를 생각해 볼 수 있다.
	[9도02-05-02] 타인존중의 의미를 알고, 타인존중의 태도를 통해 다양한 방식으로 의사소통할 수 있다.	상	타인존중의 의미를 설명할 수 있고, 타인존중의 태도를 가지고 다양한 방식으로 의사소통할 수 있다.
		중	타인존중의 의미를 이해하고, 타인존중의 태도를 바탕으로 의사소통할 수 있다.
		하	타인존중의 태도를 바탕으로 한 의사소통의 방법을 익히려 노력한다.

- **평가준거 성취기준 코드 부여**는 교육과정 성취기준이 몇 개의 평가준거 성취기준으로 세분되는 경우 교육과정 성취기준 뒤에 차례로 -01, -02, -03 등으로 부여한다.

4) 평가준거 성취기준의 활용

① 교과 수업의 방향 설정, 수업 계획 및 전개에 활용

어떤 부분을 통합하고, 순서를 조정하고, 늘리고 하는 등의 재구성이나 어떤 내용을 관련 교과와 연계하여 융합 수업을 전개할 것인지 등에 대한 의사결정은 교육과정 성취기준에 근거해야 한다.

② 구체적인 평가의 준거로 활용

교과 교육과정 성취기준 중에는 매우 압축적으로 제시되어 있거나 하나의 성취기준 안에 복수의 학습 내용이나 기대 수행 능력이 들어 있는 경우가 있다. 이러한 성취기준을 활용하여 수업의 전개 방향을 설정하거나 내용을 구성할 때 다소의 어려움이 있을 수 있기 때문에, 이 경우 교육과정 성취기준을 좀 더 세분화하거나 명료화한 평가준거 성취기준을 함께 활용하는 것이 필요하다.

학교 교사들은 해당 교과 교육과정 성취기준이 반영되는 수업을 계획하고 전개해야 한다. 이때 평가준거 성취기준을 통해 교육과정의 성취기준을 보다 명료하게 이해하는 데 도움을 줄 수 있다. 또한, 평가준거 성취기준은 학교 현장에서 학생들의 학업성취도를 확인하기 위한 다양한 평가를 실시할 때 구체적인 평가의 준거로 활용할 수 있다.

[참고]

① 준거: 수행평가에서 학습자가 과제를 성공적으로 수행하기 위해서 만족시켜야 할 조건들을 말한다. 예를 들면, 성공적인 높이뛰기는 막대를 떨어뜨리지 않고 막대를 넘는 것이다. 막대가 흔들려도 여전히 준거를 만족시킨다.

② 기준: 학습자의 수행이나 산출물을 평가함에 있어 '성공' 또는 '합격'으로 판정할 수 있는 잣대이다. 따라서 기준을 통과한다는 것은 과제 수행에 있어서 본보기가 될 만하거나 우수함을 뜻한다.

– 참고 출처: 경기도교육청(2017). 2017년 중등평가지원단 협의회 자료 p.99
---

5. 평가기준

평가기준이란 학습의 성취기준에 도달한 정도를 상·중·하로 구분하여 학생들이 알고 있고 할 수 있는지를 기술한 것을 의미한다. 평가기준은 단위 학교의 상황 및 여건 등을 고려하여 평가기준을 수정·보완하여 사용할 수 있다. 단, 2009 개정 교육과정에서는 성취기준 단위 성취수준으로 표기하였다.

1) 성취기준에 대한 학생의 도달 정도 판단에 이용

해당 성취기준에서 기대하는 지식, 기능, 태도 등을 학생들이 어느 정도 성취하였는지 판별하는데 활용된다. 학생들의 성취를 파악하고 부족한 부분을 확인하며 차후의 지도를 계획하는 기초가 된다.

2) 교수·학습 관련 정보 제공 및 학생 수준을 고려한 수업 설계에 허용

평가기준을 상, 중, 하 수준으로 구분하고, 지식의 깊이나 수행의 복잡성에 차이를 두어 진술되며, 교사는 학생활동을 수준별로 구성하여 교수·학습을 진행할 수 있다. 평가기준을 통해서 교수·학습의 방법, 구체적인 활동 계획을 수립하는 중요한 단서를 얻을 수 있다.

3) 평가 문항 제작 및 채점기준 설정의 근거로 활용

평가기준의 가장 기본적인 용도는 학생들의 성취 정도를 가늠하고 판단하는 데 있다. 특히 수행평가나 과정중심평가와 같은 질적 평가 문항을 제작하는데 적합할 수 있다. 교사들은 평가기준에서 제시하고 있는 상, 중, 하의 구분을 바탕으로 학생의 수행 정도를 질적으로 판단할 수 있게 된다.

예시) 중학교 사회과 평가기준

교육과정 성취기준		평가기준
[9사(지리)01-01] 다양한 지도에 나타난 자연환경과 인문환경의 위치와 분포 특징을 읽는다.	상	다양한 지도에 나타난 지연환경과 인문환경의 위치를 말이나 글로 표현하고, 분포의 특징을 분석하여 설명할 수 있다.
	중	다양한 지도에 나타난 자연환경과 인문환경의 위치와 분포 특징을 말이나 글로 표현할 수 있다.
	하	자연환경과 인문환경의 위치를 지도에서 찾을 수 있다.

6. 단원/영역별 성취수준의 활용 방안

단원/영역별 성취수준은 각 단원 또는 영역에 해당하는 교수·학습이 끝났을 때 학생이 성취하기를 기대하는 지식, 기능, 태도에 도달한 정도를 수준별로 종합적이고 포괄적으로 기술한 것이다.

예시) 중학교 지리 영역 _가. 내가 사는 세계

성취수준	일반적 특성
A	다양한 지도에 나타난 자연환경과 인문환경의 위치와 분포 특징을 분석하고 이를 공간 규모에 맞게 여러 가지 방법으로 설명할 수 있으며, 다양한 사례를 들어 경위도 상의 위치의 차이가 인간 생활에 미치는 영향과 위치의 중요성을 설명할 수 있다. 지리 정보가 공간적 의사결정에 미친 영향을 설명하고, 적절한 지리 정보를 수집·분석하고 지리 정보 기술을 실제로 활용하여 공간적 의사 결정을 할 수 있다.
B	다양한 지도에 나타난 자연환경과 인문환경의 위치와 분포 특징을 공간 규모에 맞게 표현하고 설명할 수 있으며, 위치의 차이가 인간 생활에 미치는 영향을 사례를 들어 설명할 수 있다. 지리 정보가 공간적 의사 결정에 미친 영향을 설명하고, 일상생활에서 지리 정보 기술을 활용할 수 있다.
C	다양한 지도에 나타난 자연환경과 인문환경의 위치와 분포 특징을 공간 규모에 맞게 말이나 글로 표현할 수 있으며, 위치의 차이가 인간 생활에 영향을 준 사례를 제시할 수 있다. 지리 정보가 공간적 의사 결정에 영향을 준다는 것을 알고, 일상생활에서 지리 정보 기술을 활용한 사례를 제시할 수 있다.
D	지도에 나타난 자연환경과 인문환경의 위치와 분포 특징을 읽을 수 있으며, 위치의 차이가 인간 생활에 영향을 준 사례를 제시할 수 있다. 일상생활에서 지리 정보 기술을 다양하게 활용하여 공간적 의사 결정이 이루어지고 있음을 말할 수 있다.
E	지도에 나타난 자연환경과 인문환경의 위치를 읽을 수 있으며, 위치의 차이가 인간 생활에 영향을 미친다는 점과 일상생활에서 지리 정보 기술이 다양하게 활용되고 있음을 말할 수 있다.

1) 단원/영역별 교수·학습 설계 및 개선에 활용

단원/영역별 성취수준은 학생들이 일정 기간 동안 해당 영역 및 단원에서 도달하기를 기대하는 수준을 특성별로 제시하고 있기 때문에 수준별 수업에 더욱 용이하게 활용될 수 있으며 장기적 관점에서 수준별 수업의 목표를 설정하거나 학생의 성취수준별 특성을 반영하여 차별화된 수업자료 및 학습 활동을 개발할 때 참고하는 방식으로 활용이 가능하다.

2) 단원/영역 단위에서의 평가준거로 활용

평가도구를 개발하여 평가를 실시하고 일정한 기준에 의해 평가 결과를 판단하고 해석하는 과정이 필요하다. 이때 개별 수업 단위별로 평가를 실시할 계획이라면 성취기준별로 개발된 평가기준을 참고하는 것이 유용하나, 일정 기간의 학습 내용을 종합적으로 평가하고자 할 때에는 단원/영역별 성취수준을 참고하여 더욱 포괄적인 수준에서 평가계획을 마련하고 학생의 성취 정도를 평가할 필요가 있다.

3) 학생 및 학부모와의 의사소통에 활용

특정 영역 및 단원 내의 평가기준을 포괄하여 종합적으로 진술한 성취수준을 참고한다면, 개별 학생 및 학부모에게 구체적이면서도 일관성 있게 평가의 결과를 안내해 줄 수 있다.

성취기준, 평가준거 성취기준, 단원/영역별 성취수준의 정의 비교

용어	정의
성취기준	각 교과목에서 학생들이 학습을 통해 성취해야 할 지식, 기능, 태도의 특성을 진술한 것이다.
평가준거 성취기준	교육과정 성취기준을 교수·학습과 평가 활동을 고려하여 재구성할 필요가 있는 경우, 별도의 성취기준을 개발한 것이다.
단원/영역별 성취수준	각 단원 또는 영역에 해당하는 교수·학습이 끝났을 때 학생이 성취하기를 기대하는 지식, 기능, 태도에 도달한 정도를 수준별로 종합적이고 포괄적으로 기술한 것이다.

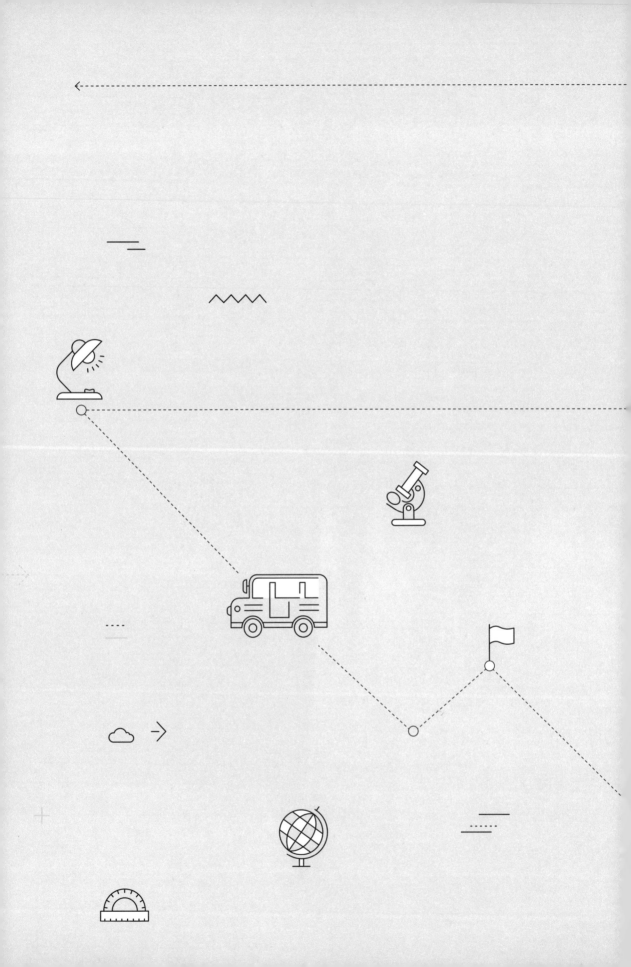

제2장
교육과정-수업-평가-기록의 일체화

교육과정-수업-평가-기록의 일체화

1. 교육과정-수업-평가-기록의 일체화 의미

교육과정, 수업, 평가를 하나의 연속된 교육 활동으로 바라보고, 이를 유기적이고 통합적으로 운영하여 세 요소 중 일치하지 않는 요소를 최소화하고 학생을 교육과정, 수업, 평가의 중심에 두어 삶의 주체로 성장시키는 교육활동이다.

- 출처: 경기도교육연구원, 2015

교사가 재구성한 교육과정을 기반으로 배움중심의 철학과 가치를 반영한 학생 중심의 수업과 과정중심의 평가를 통해 학생의 전인적 성장을 돕는 일련의 과정이다.

- 출처: 경기도교육청, 2016

교육과정-수업-평가-기록의 일체화

교육과정 재구성	학생중심수업	과정중심평가	생활기록부 기록
성취기준 중심으로 교과내용의 재구성	참여와 활동중심 수업 프로젝트학습 토의토론 수업 협력적 문제 해결학습	학생의 성장을 유도하는 과정중심의 평가	학업 역량 확인을 위한 교과 세부능력 및 특기사항 기록하기

2. 교육과정-수업-평가-기록의 일체화 요소

1) 교육과정의 재구성

교육과정의 재구성은 교과 진도가 아닌 단원 간의 연계성, 시의적 상황 등을 고려하여 성취기준을 중심으로 교육과정을 재구성하는 과정을 의미한다. 교육과정을 재구성하면 교사에게 수업 자율성이 생기고, 교육활동이 풍부해질 수 있다. 교육과정을 재구성하는 방법은 '교과 내 단원 순서 바꾸기, 교과 내 통합, 압축하기, 교과 간 융합하기'로 나눌 수 있다.

2) 학생중심수업

학생중심수업은 말 그대로 학생이 수업의 중심이 되고, 수업을 이끄는 것을 의미한다. 학생 참여와 활동을 중심으로 다양한 수업이 이루어진다. 성취기준을 반영한 활동중심의 수업을 통해 교사와 학생이 활발하게 상호작용하고, 학생들은 핵심 역량과 연계된 교과 역량을 향상시킬 수 있다. 대표적으로 프로젝트 수업, 토의·토론, 실험·실습, 협력수업 등이 있다.

3) 과정중심평가

과정중심평가는 성취기준에 도달하기 위한 학습의 과정, 성장의 과정을 중시하는 평가이다. 교육과정-수업-평가의 연계로 이루어지는 평가로 결과중심평가와 대비되는 개념이다. 과정과 결과를 함께 평가하며 수업 중에 이루어지는 평가이다. 학생은 자기성찰평가, 모둠 내 동료평가, 모둠 간 동료평가를 할 수 있으며, 교사는 관찰평가를 할 수 있다.

4) 학교생활기록부 기록

학교생활기록부에는 학생의 학습과 성장을 구체적으로 기록한다. 즉 교과학습 발달상황(교과 세부능력 및 특기사항)을 기록할 수 있다. 학생의 학업 역량에 대한 구체적인 증거를 제시하고, 다양한 활동을 통해 어떤 능력과 소양을 키우고 발휘했는지를 자세하게 기록한다.

■ 교육과정-수업-평가-기록의 일체화 요소

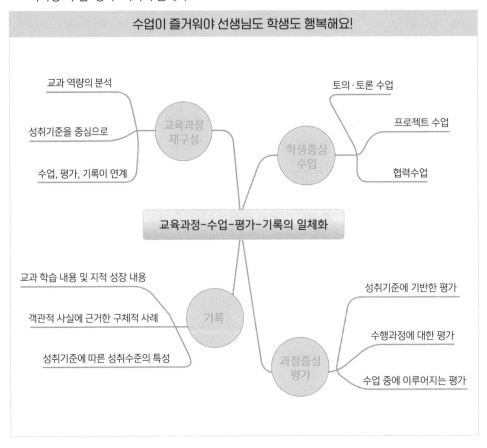

교육과정-수업-평가-기록의
일체화 수업 이야기

1. 교육과정 재구성

① '교과서를 가르치는 교사'에서 '교과서로 가르치는 교사'가 되다

수업이 학교교육의 꽃이라면 당연히 그 뿌리는 교육과정이다. 수업은 교육과정을 배제하고 생각할 수 없다. 그런데 '교육과정 재구성'이라는 새로운 시도가 여태까지 교과서를 중심으로 '진도 나가기 수업'에서 한 발짝도 꼼짝할 수 없었던 기존의 수업 방식을 크게 흔들어 놓았다. '교과서를 가르치는 교사'에서 '교과서로 가르치는 교사'가 되기까지 참으로 오랜 시간이 걸렸다. 불과 몇 년 전까지만 해도 가까이 하기엔 너무 먼 교육과정이 어느덧 수업 속으로 쏙 들어와 나도 교육과정 운영의 주체가 되어 실제로 가르칠 단원을 새로운 관점에서 분석해 보고 재구성하는 놀라운 작업을 하게 된 것이다.

② 교육과정 재구성으로 다양한 배움중심수업과 모둠협력수업에 도전

성취평가제의 성취기준이 교과서 학습 내용의 군살을 제거해줌으로써 늘 진도에 쫓기고 허덕이는 교사들과 학생들의 학습량에 대한 부담을 덜어 주었고, 교육과정 재구성을 권장하는 분위기 속에서 교과 내, 교과 간, 수준별 교육과정 재구성은 교사들이 배움중심수업 및 모둠협력수업을 준비하고 실천할 수 있도록 숨통을 열어 주었다. 교사들은 비로소 한 학기 동안 자신의 교과에 담긴 단원과 주제들을 조망해 보는 안목을 키울 수 있게 되었고 연관되는 단원을 결합하거나 순서를 바꿔 배움의 효율성을 높일 수 있었다. 교사 한 사람의 교육과정 재구성도 매년 달라질 수 있고, 같은 교과를 가르치는 다른 교사의 교육과정 재구성도 교사의 신념과 의도에 따라 얼마든지 다양하게 나타날 수 있다. 2015 개정 교육과정에서는 더욱 새로운 교육과정 재구성 시도가 탄력을 받게 될 것이다.

③ 자유학기제 운영에 따른 교육과정 재구성(교과 내 단원 순서 바꾸기) 사례

중학교 사회 11단원은 민주정치의 발전 과정을 살펴보며 민주정치의 특징을 찾아보는 단원이었고, 12단원은 정치의 주체로서 시민과 선거 참여의 중요성을 배우는 단원이다. 자유학기제가 시작되며 2학기 진도 계획에 잡혀있던 단원인데 작년에는 자유학기가 1학기로 바뀌며 1학기와 2학기 진도 순서를 완전히 뒤바꿔 보았다. 교과 내 교육과정 재구성 중 프로젝트 수업을 기반으로 두 개의 단원을 연결하여 민주주의에서 중요한 가치는 무엇인지 생각해 보고, 민주정치에서 자주 거론되는 삼권분립이나 국민주권 등에 대해 토론이나 선거체험 시뮬레이션 수업으로 설계해 보았다.

④ 시의적절한 단원을 재구성하여 생생한 삶과 연결시키기

예상치 못했던 일이지만 민주정치를 배우기 시작했을 때 사회적으로 국정농단 사태와 촛불집회로 정국이 떠들썩했던 까닭에 학생들도 저절로 정치 수업에 대한 참여가 높아졌고, 할 말이 많은 학생들이 입을 열며 토론 수업도 자연스럽게 이어갈 수 있었다. 그런데 해가 바뀌어 1학기에 자유학기를 실시하며 정치 단원이 맨 앞으로 오게 되었는데, 때마침 대통령 탄핵과 조기선거가 초미의 관심사였다. 학생들도 정치에 있어서 소중한 주권을 행사하는 일에 무관심해서는 안된다는 걸 너무도 잘 알고 있었다. 자유학기제 주제선택 '우리가 꿈꾸는 세상' 시간에는 모의 대통령을 선출해 보았고, 사회 수업 시간에는 미래의 시장 선거를 치러 보았다. 교육과정 재구성을 통해 학생들이 수업 몰입도가 높아졌으며 수업 속에서 사회 교과가 갖는 삶과의 연결이 보다 잘 이루어졌다.

⑤ 중학교 1학년 사회 교육과정 재구성 사례

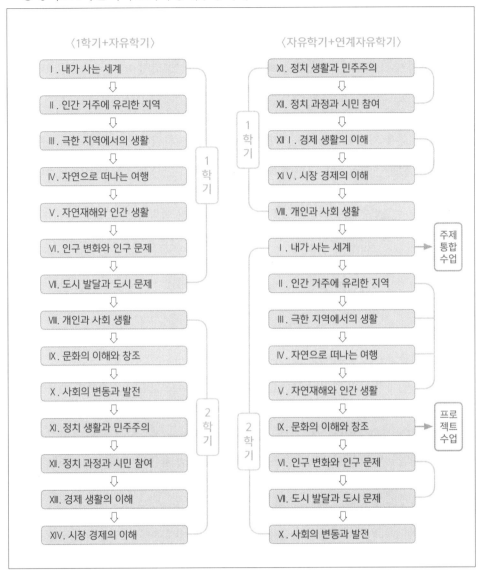

〈1학기+자유학기〉

Ⅰ. 내가 사는 세계
⇩
Ⅱ. 인간 거주에 유리한 지역
⇩
Ⅲ. 극한 지역에서의 생활
⇩
Ⅳ. 자연으로 떠나는 여행
⇩
Ⅴ. 자연재해와 인간 생활
⇩
Ⅵ. 인구 변화와 인구 문제
⇩
Ⅶ. 도시 발달과 도시 문제

1학기

Ⅷ. 개인과 사회 생활
⇩
Ⅸ. 문화의 이해와 창조
⇩
Ⅹ. 사회의 변동과 발전
⇩
Ⅺ. 정치 생활과 민주주의
⇩
Ⅻ. 정치 과정과 시민 참여
⇩
ⅩⅢ. 경제 생활의 이해
⇩
ⅩⅣ. 시장 경제의 이해

2학기

〈자유학기+연계자유학기〉

Ⅺ. 정치 생활과 민주주의
⇩
Ⅻ. 정치 과정과 시민 참여
⇩
ⅩⅢ. 경제 생활의 이해
⇩
ⅩⅣ. 시장 경제의 이해
⇩
Ⅷ. 개인과 사회 생활

1학기

Ⅰ. 내가 사는 세계 → 주제 통합 수업
⇩
Ⅱ. 인간 거주에 유리한 지역
⇩
Ⅲ. 극한 지역에서의 생활
⇩
Ⅳ. 자연으로 떠나는 여행
⇩
Ⅴ. 자연재해와 인간 생활
⇩
Ⅸ. 문화의 이해와 창조 → 프로젝트 수업
⇩
Ⅵ. 인구 변화와 인구 문제
⇩
Ⅶ. 도시 발달과 도시 문제
⇩
Ⅹ. 사회의 변동과 발전

2학기

■ 교육과정 재구성(교과 내 단원 순서 바꾸기)

• 연계자유학기제 실시로 1학기에 가르칠 단원과 2학기에 가르칠 단원의 순서를 바꿈
• 정치 단원, 경제 단원, 기후 단원을 묶어서 핵심 성취기준 중심으로 교수·학습 설계
• 1학기 '청소년의 자아정체성' ⇨ 주제통합 수업 / 2학기 '청소년과 대중문화' ⇨ 프로젝트 수업

1) 교육과정-수업-평가-기록의 일체화 의도

① 교과서 속의 배움을 삶의 현장으로 견인해오는 토론 수업

정치 주체와 시민 참여를 2주간 프로젝트 수업으로 구성하여 1주(1, 2차시 블록타임)에
는 NIE와 플로우맵으로 자유학기제가 교육정책으로 결정되기까지의 민주적 절차를 살
펴보았다. 2주(3, 4차시 블록타임)에는 민주정치의 유권자로서 '왜 투표를 해야 하는지?'
5WHY 토론을 거쳐 모의선거를 체험하는 수업을 설계하였다. 플로우맵 활동지는 짝과
의 하브루타를 통해 모르는 부분을 물어가며 완성하게 하였고, 5WHY 토론은 모둠원이
돌아가며 묻고 답하는 식으로 진행하였다. 사회 교과에서 토론 수업은 학생들이 서로 다
른 의견을 주고받는 가운데 의사소통 능력뿐만 아니라 협력적 문제 해결력과 사고력을
키워 준다. 또한 교과서에서 배운 지식을 우리들 삶과 현실로 견인하는데 매우 유익하고
효과적인 수업모형이다. 시험 출제를 염두에 두고 강의식으로 가르쳤을 때와는 달리 미
래 민주정치의 주체이며 현재 교육활동의 주체인 학생들의 다양한 생각과 의견을 들어
볼 수 있는 수업이었다.

② 자기성찰평가와 동료평가가 수업의 참여도를 높이다

교실을 순회하다 보면 짝이나 모둠원과의 활동 속에서도 활발히 소통하며 배움을 나누
는 학생들이 있는가 하면 묵묵히 자기 활동지 빈 칸만 채워가는 학생들도 관찰할 수 있
다. 따라서 모둠을 순회할 때 교사는 학생들의 개별 활동과 모둠 활동을 주의깊게 관찰
하며 개개인의 행동 특성을 신속히 체크해야 한다. 모둠 활동의 결과로 이어지는 선거유
세 때에는 미니포스터와 선거 공약을 모둠이 협력하여 제작하는 과정을 교사평가는 물
론이고 학생들의 자기성찰평가와 동료평가를 병행해서 채점하였다. 정치는 정치인들만
의 몫이 아니라 우리 학생들도 관심을 가지고 공동체(학교나 가정) 안에서 갈등을 해결해
가는 과정에서 실천하며 삶에 적용하는 것이며, 선거를 포함한 시민 참여도 민주적인 자
세로 주체적인 선택을 해야 하는 현실의 문제이다. 토론에 참여하는 학생들의 참여도와
토론 내용의 질을 교사가 관찰하여 평가하였고, 학생 스스로 자기성찰평가 및 모둠평가
한 자료를 토대로 종합적인 학생의 특성을 파악해서 학교생활기록부의 교과학습 발달
상황에 기록하였다.

2) 교육과정-수업-평가의 일체화 계획

교과 및 관련 단원	성취기준	수업 및 평가계획
〈사회〉 XII. 정치 주체와 시민 참여	[9사(일사)04-01] 정치 과정의 의미를 이해하고, 정치 과정에 참여하는 다양한 주체의 역할을 설명한다. [9사(일사)04-02] 선거의 기능과 기본 원칙을 이해하고 공정한 선거를 위한 제도 및 기관에 대해 조사한다.	정치 과정과 정치 주체 (1, 2차시 블록타임) – 강의 및 하브루타 활동(NIE, 플로우맵) – 모둠 토론 활동(자유학기제 정책 평가) – 교사평가 – 학생 자기성찰평가 / 학생 모둠평가 선거의 의미와 제도 (3, 4차시 블록타임) – 강의 및 선거 체험 동영상 – 모둠 활동(선거 공약, 미니포스터 제작) – 남양주시 시장 모의선거 – 교사평가 – 학생 자기성찰평가 / 학생 모둠평가

3) 교육과정-수업-평가의 흐름

교육과정 목표(성취기준)

2015 개정 교육과정	[9사(일사)04-01] 정치 과정의 의미를 이해하고 정치 과정에 참여하는 다양한 주체의 역할을 설명한다. [9사(일사)04-01] 선거의 기능과 기본 원칙을 이해하고 공정한 선거를 위한 제도 및 기관에 대해 조사한다.

교육과정 재구성-순서 바꾸기 및 통합(핵심 성취기준 중심)

교육과정 재구성 전 단원 학습 순서				교육과정 재구성 후 단원 학습 순서		
대단원	중(소)단원	비고		대단원	중(소)단원	비고

II.
인간 거주에
유리한 지역
	01. 인간 거주에 유리한 지역
	  1. 자연환경은 인간 거주에
	    어떤 영향을 미칠까?
	  2. 세계는 자연환경의 조건에
	    따라 여러 지역으로 구분
	    된다.
	03. 거주 지역의 변화
	  1. 인간의 거주 지역은 어떻
	    게 확대되고 있을까?
	  2. 거주에 불리한 지역으로
	    변화한 이유는 무엇일까?
		1학기
		↓
		2학기
			⇒
			⇒
			⇒
				XII.
				정치 과정과
				정치 주체
					01. 정치 과정과 정치 주체
					  1. 다양한 이익과 가치들이
					    어떻게 조정될까?
					  2. 정치 과정에 참여하는 다
					    양한 정치 주체 역할은?
					
					02. 선거의 의미와 제도
					  1. 민주주의의 꽃, 선거
					  2. 공정한 선거를 위하여
						2학기
						↓
						1학기

수업 과정

학습 주제	수업 모형
○ 정치과정의 단계 ○ 자유학기제 정책 평가 ○ 자유학기제 문제점과 해결방안 ○ 선거를 왜 할까? ○ 남양주 시장 모의선거 ○ 민주주의에서 선거의 의미	○ 발문과 스토리텔링 ○ 하브루타/플로우맵 ○ 모둠 토론/갤러리 워크 ○ 5WHY 토론 ○ 연꽃기법/비주얼씽킹 ○ 프리즘 카드 정의 내리기

평가

자기성찰평가	정치 과정과 정치 주체	플로우맵 작성/하브루타 짝 활동
	선거의 의미와 제도	프리즘 카드 정의 내리기
동료평가	정치 과정과 정치 주체	자유학기제 문제점과 해결방안 모둠 결과물
	선거의 의미와 제도	5WHY/연꽃기법
교사평가	정치 과정과 정치 주체	하브루타/자유학기제 문제점과 해결방안 모둠 활동
	선거의 의미와 제도	미니포스터 제작 과정 및 결과물/시장 후보자 발표

2. 프로젝트 수업 기반의 학생중심수업

수업 설계

차시	단계	교수·학습 활동	활동 자료

1, 2차시
블록
타임
	도입	○ 전시 학습 확인
		  - 정부 형태의 3가지 종류를 비교해 본다.
		○ 동기 유발
		  - 정치 과정 단계 PPT
		  - 돌발 퀴즈
		  - 학습목표 제시
			PPT

	전개	○ 개별 활동
		  - PPT로 주요 개념 설명
		  - 자유학기제 동영상 시청
		  - 플로우맵 활동지 작성
		  - 짝끼리 하브루타 활동
		○ 모둠 활동
		  - 정책에 관한 NIE 자료 제시
		  - 찬성과 반대 의견 토론 (문제점과 해결방안 도출)
		  - 모둠의견 발표
			○ 개별 활동지1
			  → NIE 읽기자료
			○ 개별 활동지2
			  → 플로우맵
			○ 전체 활동지1
			  → 디딤판
			○ 학생 자기성찰평가1
			○ 학생 모둠평가1
			○ 교사 체크리스트

차시	단계	교수·학습 활동	활동 자료
1, 2차시 블록 타임	정리	○형성평가 　- 정책 결정 과정 5단계 복습 ○차시 예고 　- 선거의 의미와 제도	○학생 모둠평가2
3, 4차시 블록 타임	도입	○전시 학습 확인 　- 공식적인 정치 주체 사진 보며 스토리텔링 ○동기 유발 　- 선거 체험 동영상 시청	PPT
	전개	○개별 활동 　- 선거의 4원칙 개념 비교 　- 선거를 '민주주의의 꽃'이라 부르는 이유 　- 선거 참여의 중요성과 바른 자세 5WHY 토론 ○모둠 활동 　- 선거 공약 만들기 　- 선거 포스터 제작 　- 후보자 선거 유세	○전체 활동지1 　→ 5WHY 활동지 ○전체 활동지2 　→ 연꽃기법 ○전체 활동지3 　→ 미니포스터 ○학생 자기성찰평가2 ○학생 모둠평가2
	정리	○선거 체험 활동 후 소감문 작성 ○차시 예고 　- 지방 자치 제도와 시민 참여	○교사 체크리스트

① 교과서 진도에 얽매인 수업을 '교육과정 재구성'으로 풀어가다

2015 개정 교육과정 사회과 교과 역량은 창의적 사고력, 비판적 사고력, 문제 해결력 및 의사 결정력, 의사소통 및 협업 능력, 정보 활용 능력이다. 교사가 수업을 설계할 때 제일 먼저 생각하는 것은 이 수업을 통해 학생들에게 어떤 역량을 키워 주고 싶은지를 생각해 보는 것이다. 단원별 성취기준을 토대로 주제 중심 또는 수업전략 중심으로 재구성을 하면 교사가 의도하는 수업을 진도 때문에 포기하지 않고도 효과적으로 수행할 수 있다. 교육과정 재구성을 통해 교과서 속의 방대한 내용을 압축할 수도 있고, 성취기준이 아닌 주변 내용을 축약할 수도 있고, 보다 풍부한 이해를 위해 수업 내용을 추가할 수도 있고, 아예 단원의 순서를 바꿀 수도 있게 되었다. 그렇다면 교육과정 재구성을 해서라도 학생들의 참여를 유도하고 다양한 배움중심수업 속에서 사회과 교과 역량을 키울 수 있는 좋은 수업은 무엇일까?

② '프로젝트 수업'에서 길을 찾다

수석교사로 지낸 5년 동안 선생님들의 열정과 수고로 이루어낸 많은 수업을 돌아보며 나름대로 내린 결론은 차시별 진도 계획대로 1차시 45분 수업에 교사가 가르치고 싶은

모든 걸 담아내긴 어렵다는 것이다. 도입부의 동기유발과 전시학습 복습, 그날 교사가 가르칠 내용 전달, 학생들의 탐구 활동 식으로 진행하다 보면 블록타임 수업인 경우가 아니면 모둠 활동에서 얻어진 결과물을 발표하거나 친구들과 공유하는 시간이 늘 부족하다. 그런데 교육과정을 재구성하여 4차시 또는 6차시 정도로 주제와 연관된 내용을 묶어 교사와 학생이 프로젝트 수업을 함께 설계하면 계획-수행과정-발표 단계로 나누어 학생들의 다양한 참여를 유도할 수 있다.

③ 수업에서 드러나는 개인의 행동 특성 놓치지 않기

1회로 끝나는 수업에서는 적극적인 활동을 보인 소수의 학생들이 수업 속에서 반짝반짝 존재감을 보이지만 프로젝트 수업처럼 장기간에 걸쳐 수업이 이어지다 보면 역할 분담에 따른 더 많은 학생들의 다양성이 드러나고, 협력의 빈도도 많아지며, 소외되는 학생이 줄어들게 된다. 리더로서 능력이 있는 학생도 있지만 조력자로 책임을 다하는 학생도 있고, 아이디어가 풍부한 학생, 발표를 잘하는 학생, 프리젠테이션이나 UCC 제작에 뛰어난 학생, 심지어 묵묵히 뒷정리를 잘하는 학생도 눈에 띈다. 특히 혼자서는 시간이 많이 걸리거나 하기 힘든 프로젝트를 여럿이 함께 하다보면 협력이 잘되는 모둠의 팀워크와 그렇지 못한 모둠의 삐그덕거림이 극명한 차이를 보이기도 한다.

④ 프로젝트 수업이 갖는 장점

프로젝트 수업은 과정중심평가를 하기에 최적화된 수업이다. 최근 각 학교의 평가계획을 컨설팅하며 느낀 것은 수행평가의 비중이 점점 커지고 있다는 사실이다. 학기당 2회씩 치르던 정기고사를, 수행평가가 60% 이상인 교과는 지필평가를 1회만 실시할 수 있게 되었다. 예체능 교과는 수행평가가 80%를 넘어 100%까지도 허용되고 있다. 1학년의 자유학기 연계학기의 경우 고입에 반영은 안하지만 100% 수행평가로 성적을 산출하게 되어 있다. 문제는 수행평가의 비중이 커진다 해도 한 항목의 배점이 너무 크면 채점기준을 만들기 어렵고 기본점수가 너무 높아질 수 있어서 교사들이 적절한 수행평가 항목과 배점 만들기가 쉽지 않다는 점이다. 그런데 프로젝트 수업을 제대로 설계하면 프로젝트 수업의 여러 단계를 수행평가 항목으로 만들어 그때그때 과정을 평가하기에 편리하고 합리적이다. 물론 배점이나 채점기준 만들기도 수월하다. 다음 평가계획표는 자유학기 연계학기 평가계획에 반영된 프로젝트 수업의 수행평가 항목과 배점 사례이다.

평가 종류	수행평가					
반영 비율	100%					
횟수/영역	논술	NIE 논술	프로젝트 수업			독서토론
			계획서	역할수행	발표	
만점 (반영비율)	20	20	10	20	10	20
평가시기	9월 4주	11월 4주	10월 3주	10월 3주	10월 4주	11월 2주
평가내용 (성취기준)	[9사(일사) 01-01]	[9(지리) 07-03]	[9사(일사) 03-02]	[9사(일사) 04-01]	[9사(일사) 04-02]	[9사(일사) 12-02]
교과 역량	비판적 사고력 문제 해결력	비판적 사고력 정보처리 능력	의사소통 능력 문제 해결력	의사소통 능력 협업 능력	의사소통 능력 문제 해결력	의사소통 능력 비판적 사고력
평가방법	교사평가	교사평가	체크리스트	자기성찰평가 동료평가	동료평가 교사평가	교사평가 동료평가
수업모형	강의식 수업	토론 수업	모둠 활동	모둠 활동	발표수업	토론 수업

(학기 열: 2)

⑤ 평가계획으로 살펴 본 프로젝트 수업 사례

이번 프로젝트 수업은 중학교 1학년 사회 12단원 정치 주체와 시민 참여 단원을 교육과 정 재구성(단원 순서 바꾸기)에 따라 4차시로 설계한 수업이다. 자유학기제 사회과 수업 은 2차시가 블록타임으로 묶여 있고, 주제 선택 시간으로 할애한 수요일 오후 3시간 수 업은 '우리가 꿈꾸는 세상'이라는 주제로 사회과 심화수업 형태로 운영하였다. 본 수업 사례는 주제 선택이 아닌 일반 사회교과 시간 4차시를 교육과정-수업-평가-기록의 일 체화를 염두에 두고 프로젝트 수업으로 준비한 것이다. 앞의 1, 2차시는 정치 과정의 단 계를 알아보며 하나의 정책이 결정되기까지 다섯 단계의 절차를 밟는데 그 모든 과정 이 민주적인 협의를 거쳐 진행된다는 사실을 직접 확인해 보는 시간이다. 교과서에 있는 '저출산 고령화 정책'의 사례를 수업에서는 '자유학기제'로 바꿔 교육 주체 간의 입장을 비교해 보고, 아무리 입법 절차를 밟아 결정된 사항이라 해도 긍정적인 변화가 있는지, 문제점은 없는지 피드백해 보는 정책 평가가 반드시 따라야 함을 배우게 된다.

⑥ 프로젝트 수업의 디딤 전략에 유용한 NIE 자료와 플로우맵 활동지

탐구 활동지로 NIE 자료와 플로우맵을 활용하였다. NIE 자료에는 자유학기제가 등장 하게 된 이유와 교육 주체(학생, 교사, 학부모)의 입장을 밝히고 있으며 자유학기제의 취

지와 자유학기제 시행 후 어느 정도의 만족도를 보이고 있는지 유의미한 통계치가 제시되어 있다. 플로우맵은 정치 과정 5단계(다양한 이익 표출 → 여론 수렴 → 정책 결정 → 정책 집행 → 정책 평가) 흐름에 맞춰 다섯 단계의 빈 칸을 자유학기제에 맞춰 채워가게끔 만들었다. 정책 집행 단계까지는 짝과 하브루타로 묻고 답하며 생각을 정리해 보도록 했고, 마지막 정책 평가 단계에서는 모둠 토론으로 문제점과 해결방안을 제시하도록 했다. 읽기 자료를 어려워하는 학생들을 위해 탐구 활동지 작성 전에 자유학기제 홍보 동영상(2분 30초)을 보여 주었다. 1, 2차시 블록타임의 전반부가 끝날 무렵 모둠 토론이 시작되었고, 블록타임 후반부에 각 모둠의 의견을 대표가 발표했다.

⑦ 프로젝트 수업에 시너지 효과를 더해 준 토론과 비주얼씽킹 활동

3, 4차시는 민주주의 사회에서 선거가 갖는 의미를 알아보는 시간으로 도입 단계에서 교사의 발문과 스토리텔링으로 학생들이 자기 생각을 입으로 말하게 하고, 선거체험 동영상을 시청한 후 대선을 앞두고 유권자가 왜 꼭 투표에 참여해야 하는지를 모둠에서 5WHY 토론으로 이어갔다. 모둠원이 돌아가며 질문하고 답하고, 앞 사람이 그 답을 질문으로 다시 묻고 그 다음 사람이 그 질문에 대답하는 식으로 돌아가니 5WHY 탐구 활동지의 결론이 도출되었다. 모둠의 결론을 차례대로 듣고 5WHY 토론을 마쳤다. 뒤이어 모둠에서 한 명씩 미래의 시장 후보를 세우고 모둠원들이 선거 공약을 만들고 비주얼씽킹을 활용한 미니 선거 포스터를 제작하여 후보자 선거 유세를 해 보았다. 후보자가 갖추어야 할 조건을 연꽃기법으로 펼쳐 보았고, 각 모둠에서 한 가지씩 후보자의 자격조건을 가져다가 또 한 차례 연꽃기법을 실시하였다. 적극적으로 나서는 학생이 없어서 시장 후보자 선정에 제일 어려움을 겪기도 하였지만 막상 후보가 정해지면 공약을 함께 만들고, 비주얼씽킹으로 포스터를 제작하고 시끌벅적하게 유세를 하는 동안 모둠끼리 경쟁하듯 열을 올리며 협력하는 모습을 볼 수 있었다.

3. 학생의 성장을 돕는 과정중심평가

① 평가계획

평가 단원

단원명	XII. 정치 주체와 시민 참여

평가기준

성취기준	2015 개정 교육과정	[9사(일사)04-01] 정치 과정의 의미를 이해하고, 정치 과정에 참여하는 다양한 주체의 역할을 설명한다. [9사(일사)04-02] 선거의 기능과 기본 원칙을 이해하고 공정한 선거를 위한 제 도 및 기관에 대해 조사한다.

평가내용 및 평가형태

평가영역	평가요소	평가내용
인지적 영역	정치 과정	정치 과정의 5단계 이해
	정치 주체	자유학기제에 대한 정책 평가
	선거 참여	민주주의 국가에서 선거가 갖는 의미와 기능
정의적 영역	정보 활용 능력	NIE 자료 읽고 짝과 하브루타하기
	비판적 사고력	자유학기제의 문제점과 해결방안 토론하기
	협동력	선거 공약과 미니포스터 공동 제작하기
교과 역량	의사소통 능력	토론에서 논리적으로 친구들을 설득함
	문제 해결력	모둠원의 협력적 분위기로 좋은 결과물 완성
평가 형태	☑ 교사평가 ☑ 자기성찰평가 ☑ 동료평가	

② 학생의 성장을 돕는 과정중심평가

수행평가에 대한 오해와 진실을 밝혀본다. 수행평가는 학생을 위한 평가인가? 수행평가가 과연 학생들의 참된 학력 신장에 도움이 될까? 수행평가의 채점기준이 지필평가처럼 객관적이며 공정할 수 있을까? 수행평가에서 점수를 깎이는 과목도 있고 점수를 만회하는 과목도 있는데, 능력의 차이를 노력으로 메꿀 수는 없을까? 등등 그동안 나는 수행평가를 평가의 부분 집합으로 지필평가에 비해 중요하진 않지만 지필평가에서 성취하기 힘든 부분을 보완해 주는 보조적인 평가 장치로 이해해 왔다. 웬만하면 채점기준 자체를 지필로 받은 점수에서 더 떨어지지 않게, 오히려 다소 평균 점수를 올리는 방향으로 실시해왔다. 논술형 평가도 되도록 수월하게 자기 생각을 만들어 대다수의 학생들이 답안 작성에 어려움이 없도록 시행하였고, 모둠 수행평가나 개인 수행평가도 칼같은 예리한 잣대보다는 많은 학생이 성취할 수 있는 미션을 주고 대부분 도달할 수 있도록 기회를 주곤 하였다. 열심히 수행평가에 참여하면 잘하는 학생과 못하는 학생의 편차가 너무 벌어지지 않도록 했고, 고의적 미응시자나 백지답안이 없도록 친절한 평가자가 되어 주었다. 부끄럽게도 그런 노력이 무엇을 위해서인가 제대로 고민해 보지 않았던 점을 이 자리에서 고백한다. 과목 평균을 올리기 위해서도 아니었고, 학생들의 학업 스트레스를 줄여주기 위해서도 아니었다. 성적이 부진한 학생들을 다소나마 위로해 주기 위한 것도 아니었다. 이번 교육과정-수업-평가-기록의 일체화 연구를 통해 새삼 깨닫게 된 사실은 학생들에게 지필평가만으로 찾기 어려운 다양한 역량을 찾아주기 위해 수행평가가 필요하다는 것이다.

③ 학생에게 평가권이 주어졌을 때 수업에서 일어난 긍정적인 변화
수행평가는 수업과 분리되거나 괴리되지 않는 수업밀착형 평가가 되어야 한다. 수업이 끝난 후 과제로 평가하지 않고 수업 안에서 이루어지는 과정중심평가여야 한다. 그리고 더욱 중요한 것은 수행평가를 통해 학생들의 실력과 역량이 향상되고 성장할 수 있는 평가가 되어야 한다. 프로젝트 수업과 연계했을 때 수업 과정 중에 지속적으로 이루어지는 '과정중심평가'라는 용어가 수행평가의 가장 적합한 이름일 것 같다는 생각이 들었다. 프로젝트 수업은 1차시로 끝나는 수업이 아니라 최소 4시간 이상 걸리는 장기간에 걸친 수업이라 주제나 단원이 바뀔 때마다 평가를 실시하면 평가에 대한 부담과 불안은 줄어들고 수업에 임하는 자세도 달라질 것 같다. 나의 수업 참여도는 자신이 가장 잘 안다. 모둠 안에서의 협력 정도는 모둠원들이 잘 안다. 모둠 간 발표나 결과물의 평가도 자기 모둠을 뺀 나머지 모둠이 평가에 참여하면 예상 범주를 크게 벗어나지 않는 평가가 나올 확률이 높다. 평가에 대한 훈련이 거듭될수록 공정하고 믿을만한 평가가 나올 것이고, 학습자 또한 좋은 평가를 받기 위해 노력하게 되지 않을까 싶다. 물론 수업에서 도망가는 학생이 평가 때문에 도망가지 않으리라는 장담은 할 수 없지만 남을 평가하는 것보다 자기성찰평가의 경험 속에서 자신의 수업태도에 대한 성찰은 있을 거라 기대한다. 최소한 친구들이나 선생님의 눈에 비친 자신의 수행평가 결과에 겸허히 승복하는 마음은 들

거란 생각이다.

④ 선행 연구위원 선생님들이 개발한 다양한 과정중심평가방법과 평가도구를 응용하다
이번 프로젝트 수업의 과정중심평가는 성취기준을 중심으로 교사평가, 자기성찰평가,
동료평가 3가지 형태로 나누어 실시했고 교사평가는 학생의 인지적 영역과 정의적 영역
을 나누어 채점기준을 만들었고 1차시와 2차시를 구분해서 체크리스트로 간단히 표시
해 두었다. 자기성찰평가 또한 내용 이해력과 문제 해결력을 인지적 영역으로 묶고, 참
여도와 책임감을 정의적 영역으로 묶어 스스로 상, 중, 하로 표시하게 했다. 동료평가는
자기성찰평가와 모둠 내 동료평가를 같이 평가하도록 하고 모둠 활동 만족도는 별점을
매기도록 했다. 모둠 안에서도 열심히 잘한 친구를 칭찬해 주고 노력이 필요한 친구에게
조언을 남겨 주도록 했으며 모둠 간 동료평가지까지 만들어 작성해 보는 훈련을 시켜보
았다. 이 모든 자료를 한데 묶어 과정평가를 위한 교사의 평가집계표로 완성했다.

3, 4차시도 마찬가지로 교사평가에서 인지적 영역과 정의적 영역을 나누어 5단계 평
가로 평점을 매기도록 하였고, 자기성찰평가에서는 오늘 수업을 되돌아보며 묻는 문항
에 자유식으로 답변하도록 하였다. 모둠 내 동료평가는 자신을 뺀 모둠원의 수업참여도
에 별점을 주고 그렇게 평가한 이유를 쓰도록 하였다. 선거 홍보용 미니포스터는 비주얼
씽킹 기법을 어느 모둠에서 잘 활용하여 창의적으로 표현하였는지, 선거 공약이 잘 작성
되었는지, 후보가 시장으로서 지역발전의 비전을 잘 제시하였는지를 모둠 간 평가하도
록 하였다.

⑤ 학생들이 평가의 공정성과 신뢰성을 연습하는 소중한 체험
처음으로 자기성찰평가와 동료평가를 진행했던 날, 평가의 공정성과 신뢰성에 대해 언
급함으로써 장난삼아 평가하지 않도록 했고, 앞으로도 종종 평가의 기회가 있을테니 친
구들의 발표에 경청하고 우리 모둠이나 다른 모둠의 결과물에 관심을 갖고 피드백해 주
어야 함을 이야기해 주었다. 학생들은 자신에게 주어진 평가권을 어색해 하면서도 소중
하게 생각하는 것 같았다. 주제 선택 '우리가 꿈꾸는 세상' 수업 마지막 시간에는 10차시
에 걸쳐 진행된 주제를 되돌아보며 수업 중 잘했던 점, 아쉬웠던 점, 새롭게 알게 된 사실
등 자기성찰평가를 하는 시간을 가져 보았는데 예상 외로 진술하고 꼼꼼하게 작성해 준
학생들 덕분에 학생평가의 필요성을 확인할 수 있었다. 과정중심평가에서 중요한 것은
이러한 평가를 통해 사회과의 어떤 역량을 키워 주고 싶은지를 미리 염두에 두고 수업계

획이나 평가계획을 작성하는 것이다. 사회과 교과 역량은 창의적 사고력, 비판적 사고력, 문제 해결력 및 의사 결정력, 의사소통 및 협업 능력, 정보 활용 능력이다. 장기간에 걸친 프로젝트 수업에서 다양한 형태의 배움중심수업을 전개하며 이러한 사회과 교과 역량을 누가, 언제, 어떻게 발휘하는지 교사는 꼼꼼하게 관찰하고 평가에 임해야 한다.

⑥ 평가척도안

교사평가(XII-1)

평가영역	평가요소	평가기준	1차시	2차시
인지적 영역	문제 해결력	자유학기제를 정치 과정의 5단계에 적용할 수 있다.	상 ☐ 중 ☐ 하 ☐	
		정치의 주체로서 교육정책을 평가할 수 있다.		상 ☐ 중 ☐ 하 ☐
정의적 영역	참여도 및 책임감	하브루타와 모둠 활동에 적극적으로 참여하였다.	상 ☐ 중 ☐ 하 ☐	
		모둠 안에서 주어진 역할을 성실히 수행하였다.		상 ☐ 중 ☐ 하 ☐
교과 역량	의사소통 능력	토론에서 자신의 의견을 설득력 있게 전달하였다.	상 ☐ 중 ☐ 하 ☐	
		모둠원들과 협력하여 좋은 결과물을 완성하였다.		상 ☐ 중 ☐ 하 ☐

자기성찰평가(XII-1)

평가영역	평가요소	평가기준	평가척도		
			상	중	하
인지적 영역	문제 해결력	자유학기제를 정치 과정 5단계에 적용할 수 있다.			
정의적 영역	책임감	모둠 안에서 주어진 역할을 성실히 수행하였다.			

자기성찰평가와 모둠 내 동료평가(XII-1)

항목	평가요소	평가기준	평가척도		
			상	중	하
자기 성찰평가	책임감	주어진 역할에 책임을 다하였다.			
	협동력	수행 과제에 협력적으로 참여하였다.			
	의사소통	친구의 의견에 경청하고 자기 의견도 발표하였다.			

우리 모둠 활동 만족도	☆ ☆ ☆ ☆ ☆

항목	평가내용	이름	이유
모둠 내 동료평가	모둠 활동을 잘 한 친구는?	○○○	이유: 친구에게서 배우고 싶은 것:
	노력이 필요한 친구는?	○○○	이유: 친구에게 조언하고 싶은 것:

모둠 간 동료평가(XII-1)

평가요소	평가기준	점수(잘함: 상, 보통: 중, 부족함: 하)							
		1 모둠	2 모둠	3 모둠	4 모둠	5 모둠	6 모둠	7 모둠	8 모둠
내용의 충실성	자유학기제의 문제점과 해결방안이 충실하고 알찬 내용으로 작성되었다.								
문제 해결력	자유학기제의 여러 가지 문제점과 그에 따른 해결방안을 다양하게 제시하였다.								
발표	정치 과정의 주체로서 진지하게 고민을 담아 설득력 있게 전달하였다.								

교사평가(XII-2)

평가영역	평가요소	평가기준	평점				
인지적 영역	비판적 사고력	후보의 공약을 분석하고 훌륭한 후보를 선출할 수 있다.	5	4	3	2	1
정의적 영역	협동력	모둠의 대표를 당선시키기 위해 모의선거 준비에 협력하였다.	5	4	3	2	1
교과 역량	공동체 역량	후보 유세에서 설득력 있게 선거 공약을 잘 발표하고 경청하였다.	5	4	3	2	1

자기성찰평가(XII-2)

		3분 수업 성찰(오늘 수업 되돌아보기)
1	수업 중 기억에 남는 내용 또는 장면	
2	모둠 활동을 통해서 배운 것	
3	앞으로 실천하고 싶은 것	
4	수업 중 잘했다고 칭찬하고 싶은 점	
5	수업 중 아쉬웠던 점	

내 수업의 만족도는 몇 점? ☆ ☆ ☆ ☆ ☆

모둠 내 동료평가(XII-2)

모둠원	활동 평가(별점)	평가기준
	☆ ☆ ☆ ☆ ☆	
	☆ ☆ ☆ ☆ ☆	
	☆ ☆ ☆ ☆ ☆	
	☆ ☆ ☆ ☆ ☆	

우리 모둠원의 학습 활동에 대해 별점을 매기고 이유를 써보자.

평가 이유는 다음 준거에 근거하여 서술하시오.(각 항목 당 별점 1개)
① 경청하고 집중하였다.
② 모둠에서 맡은 역할을 성실히 수행하였다.
③ 모둠 토의 시 자신의 의견을 제시하였다.
④ 모둠 활동을 하면서 협동심을 발휘하였다.
⑤ 시간 안에 완성도 높은 결과물을 만드는데 기여하였다.

모둠 간 동료평가(XII-2)

평가 요소	평가기준	점수(잘함: A, 보통: B, 부족함: C)							
		1 모둠	2 모둠	3 모둠	4 모둠	5 모둠	6 모둠	7 모둠	8 모둠
내용의 충실성	후보 유세 미니 포스터의 내용에 후보의 공약이 충실히 반영되었다.								
창의성	비주얼씽킹 기법을 활용하여 창의적이며 눈에 잘 띄게 표현하였다.								
발표	모둠의 후보가 남양주시 시장으로서의 각오와 비전을 잘 전달하였다.								

① 학교생활기록부 기록은 학생의 활동 과정이 고스란히 배어 있는 성장 스토리

교육과정-수업-평가-기록의 일체화 연구에서 가장 조심스럽고 진정성 있게 교사들의 마음 문을 두드린 것은 바로 '기록'일 것이다. 학교생활기록부의 교과 세부능력 및 특기 사항이나 창의적 체험 활동의 자치, 적응, 봉사, 진로에 관한 기록은 그동안 꾸준히 중요하게 다루어 왔지만 개인의 차별화된 역량과 정확한 사실에 근거한 그 학생만의 진로나 진학을 위해 작성된 기록인가는 짚어볼 필요가 있다. 이것저것 닥치는대로 쌓은 화려한 스펙이 아니라 한 사람의 노력과 수고가 고스란히 배어 있는 스토리가 될 수 있도록 최소한 교과 역량을 연결시켜 기록해 주어야 한다. 미사여구를 빼고 나면 아무런 알맹이가 없는 평범한 내용이 되지 않게 하려면 담임교사, 교과 담당교사의 세심한 관찰과 평가에 근거해야 하며 누가 봐도 믿을만한 사실에 입각한 기록이어야 한다. 우리 주변엔 교육과정에 탁월한 안목을 가진 선생님, 수업의 달인, 평가 전문가, 학교생활기록부의 교과 세부능력 및 특기사항 기록으로 대학 합격자를 많이 배출한 선생님들이 있다. 구슬이 서 말이라도 꿰어야 보배이듯 그동안 분절적으로 집중했던 교육과정, 수업, 평가, 기록의 개별 요소들을 이제는 교육과정-수업-평가-기록의 일체화로 엮어 주는 노력이 필요하다. 새삼스러울 수도 있지만 따지고 보면 교육과정-수업-평가-기록의 일체화는 교사 본연의 업무이며 교육의 본질 아니었던가!

② 교육과정-수업-평가-기록의 일체화 실천하기

자유학기제는 교육과정-수업-평가-기록의 일체화를 실천하기에 아주 좋은 기회다. 시험이 없다는 것도 교사나 학생들에게 그 수업에서 정말 다루고 싶던 최적화된 수업모형으로 적극적으로 수업에 참여하며 다양한 활동과 체험을 해 볼 수 있는 시간이다. 자유학기제 수업을 진행하다 보면 일반 학기에서는 발견하기 힘들었던 학생 개개인의 역량과 인성이 보인다. 학생의 진면목을 만날 수 있는 그런 순간을 기록으로 남겨둘 수 있어야 한다. 기록은 팩트에서 출발하고 지속적인 관찰로 좀더 구체화되고 객관화된다. 기록하는 수고는 어쩌면 학생의 성장을 지켜본 교사의 책무이기도 하다.

③ 세부능력 및 특기사항 기록

단원: Ⅻ-1. 정치 과정과 시민 참여

① 정치 과정과 시민 참여 단원의 매 차시에서 성취동기와 성취수준이 높은 편이며 새로운 수업에 대해 호기심이 많고 ② 교사의 발문과 스토리텔링에 적극적인 상호작용을 보임. ③ 하브루타를 활용한 짝토론에서 정치 과정의 5단계를 체계적으로 이해하고 있으며, 자유학기제와 관련된 신문기사에서 시사하는 바를 정확히 읽어 내고 ④ 플로우맵 작성과 모둠 토론을 잘 이끌어 감. 수업 중간중간 ⑤ 의미있는 질문으로 수업 내용을 정확하고 깊이 있게 자기 것으로 만듦. ⑥ 평소의 높은 수업 참여도를 반영하듯이 자유학기제의 문제점과 해결방안을 다룬 ⑦ 토론 수업과 논술평가에서도 자기 생각을 논리 정연하게 표현하고 ⑧ 친구들에게 설득력 있게 전달함.

[세부능력 및 특기사항의 내용 분석]

❶ 교과 수업의 기반이 된 수업　　　　　❷ 경청 및 의사소통 능력 심화
❸ 협력적 태도로 질문을 통한 배움에 참여　❹ 탐구력과 리더십 발휘
❺ 공감 능력 및 가치의 내면화 향상　　　❻ 적극적인 수업 참여와 문제 해결력 발견
❼ 토론 수업에서 촉진자 역할　　　　　❽ 논리적인 접근과 전달력(동료평가로 확인)

단원: Ⅻ-2. 선거의 의미와 제도

선거의 의미와 제도 단원에서 ① 5WHY 토론을 통해 꼬리에 꼬리를 무는 질문과 답변으로 국민주권을 행사하는 선거 참여 의지를 분명히 했으며 ② 모르는 것은 질문을 통해 정확히 알아가며 선거의 의미와 기능을 잘 이해하고 있음. 모의선거 모둠 활동에서 후보자의 조건을 묻는 ③ 연꽃기법 활동에 적극적으로 참여하였으며 ④ 모둠 대표로 시장에 출마하여 실천 가능한 공약을 ⑤ 설득력 있게 발표하여 친구들의 호응을 받음. ⑥ 비주얼씽킹 기법을 활용하여 후보자 및 민주 선거를 홍보하는 미니 포스터에 ⑦ 시의 비전을 담아 재미있게 표현하였으며 갤러리 워크 인기투표에서 ⑧ 친구들의 스티커를 많이 받음.

[세부능력 및 특기사항의 내용 분석]

❶ 교과 수업 기반의 토론 수업　　　　　❷ 적극적 탐구 자세로 배움에 참여
❸ 창의적 사고력 발산 관찰　　　　　　❹ 리더십과 시민의식 발견
❺ 대인관계 능력 및 의사소통 능력　　　❻ 창의적 사고력 및 심미적 감성능력
❼ 유머감각과 시민의식 표현　　　　　　❽ 우수한 전달력(동료평가로 확인)

5. 학생 활동 자료

XII-1. 정치 과정과 시민 참여

자유학기제를 통해 꿈을 찾을 수 있을까?

우리나라 청소년의 행복 지수는 OECD 23개 국가 중 23위로 최하위 수준이다. 학업성취도가 세계 최고 수준인 것에 비하면 상당히 암울한 결과다.

첫째, 학생들이 스스로 꿈과 끼를 찾고, 자신의 적성과 미래에 대해 탐색·고민·설계하는 경험을 통해 지속적인 자기성찰 및 발전할 수 있는 기회를 제공합니다. 둘째, 지식과 경쟁 중심 교육을 자기주도적인 창의 학습 및 미래 지향적 역량(창의성, 인성, 사회성 등) 함양이 가능한 교육으로 전환합니다. 셋째, 공교육 변화 신뢰 회복을 통해 학생이 행복한 학교생활을 제공합니다.

우리 중학생들은 중요한 시기임에도 불구하고 진로 의식이 낮고 꿈과 목표의식이 상대적으로 부족한 것으로 나타났습니다. 이에 따라 인성과 창의성을 겸비한 인재 양성을 위한 새로운 교육 정책 마련 및 학교 교육의 변화에 대한 요구가 많았습니다. 이러한 변화 중의 하나가 바로 중학교의 자유학기제 도입이라고 할 수 있습니다.

XⅡ-1. 정치 과정과 시민 참여

정책결정	플로우맵 (Flow Map)	학번: 이름:

정책 결정 과정 5단계

다양한 이익 표출 ⇨ 이익 집약 ⇨ 정책 결정 ⇨ 정책 집행 ⇨ 정책 평가

주제 : 정치 과정의 단계 〈자유학기제〉

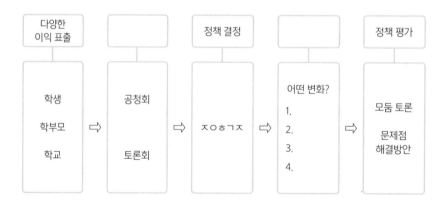

동영상 시청 소감 >>>

XII-1. 정치 과정과 시민 참여

정책결정	정책 평가 Action Learning	( )모둠

해결방안

문제점

자유학기제

갤러리 워크 피드백 >>>

XⅡ-2. 선거의 의미와 제도

선거	**5WHY 토론**	( )모둠

제 19대 대통령 선거가 5월 10일에 실시됩니다. 국민의 한 사람으로 유권자가 꼭 투표해야 하는 이유를 생각해 봅시다.

주제 : 유권자가 꼭 투표해야 하는 이유

왜 투표해야 하지? ⇨ 답변을 다시 질문으로 차례로 돌아가며 다섯 번 묻고 답한다.

1		⇨	
2		⇨	
3		⇨	
4		⇨	
5		⇨	
결론			

교사 피드백 >>>

모의선거	**연꽃기법**	( )모둠

내가 만약 남양주시 시장을 뽑는 유권자라면 어떤 사람을 선출해야 할까요? 우리 시민이 바라고 기대하는 시장이 갖추어야 할 조건에는 어떤 것들이 있는지 자유롭게 적어 보세요.

주제 : 남양주 시장이 갖추어야 할 조건

* 9개의 칸 중심에 주제어를 쓰고 나머지 칸에 자유롭게 떠오르는 생각을 돌아가며 적는다.

ex) 민주적인		
	남양주 시장의 조건	

- 가장 중요하다고 생각되는 조건에 ○표 하기

* 우리 모둠에서 가장 많은 ○표를 받은 조건을 다음 9개의 칸 중심에 쓰고 다시 떠오르는 생각을 구체적으로 적는다.

ex) 시민을 위한		
	민주적인	

* 우리가 원하는 시장 후보는?

우리 모둠에서 가장 시장에 어울리는 친구는 ( )이다.
왜냐하면 ( ) 때문이다.

* 우리 모둠이 정한 선거 공약은?

1.
2.
3.
4.

XII-2. 선거의 의미와 제도

선거 포스터	비주얼씽킹	( )모둠

우리 모둠이 세운 시장 후보가 당선될 수 있도록 홍보 포스터를 제작해 보세요. 시장이 갖추어야 할 조건과 모둠에서 정한 선거 공약이 3가지 이상 들어가도록 비주얼씽킹 기법을 활용하여 미니 포스터를 만들어 봅시다.

기호 ( )번 후보 ( )

갤러리 워크 피드백 >>>

* 전체 활동지1. (XII-1)

	XII-1. 정치 과정과 시민 참여	
자유학기제	정책평가 Action Learning	(2)모둠

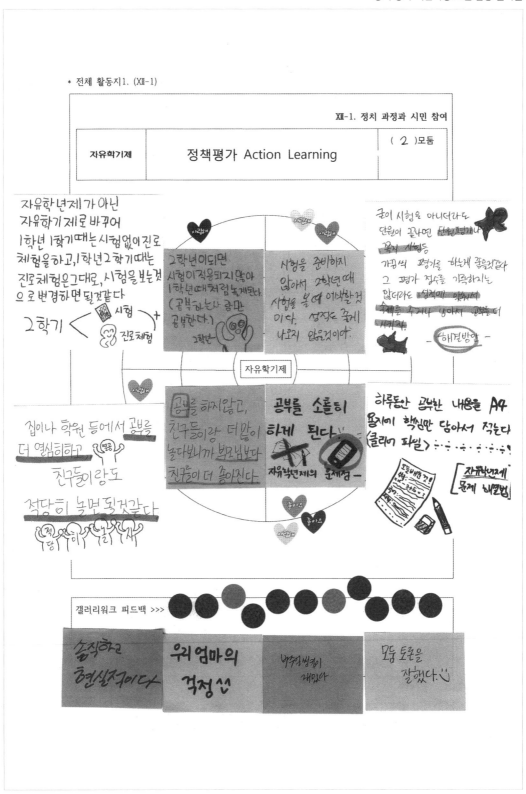

자유학년제가 아닌
자유학기제로 바꾸어
1학년 1학기때는 시험없이 진로
체험을 하고, 1학년 2학기때는
진로체험은 그대로, 시험을 보는것
으로 변경하면 될것같다

2학기 < 시험 + 진로체험

집이나 학원 등에서 공부를
더 열심히하고
친구들이랑도
적당히 놀면 될것같다

2학년이되면
시험이 적용되지 않아
1학년때처럼 놀게된다
(공부하는 사람만
공부한다.)

시험을 준비하지
않아서 2학년때
시험을 볼 때 이색할것
이다. 성적도 좋게
나오지 않을것이다.

공부를 하지않고,
친구들이랑 더많이
놀다보니까 부모님보다
친구들이 더 좋아진다
-자유학년제의 문제점-

공부를 소홀히
하게 된다!

자유학기제

군이 시험이 아니더라도
단원이 끝나면 단원평가나
쪽지 시험등
가끔씩 평가를 하는게 좋을것같다
그 평가 점수를 기록하지는
않더라도 성적에 맞춰서
숙제를 주거나 싱어서 공부를 더
시키자
- 해결방안 -

하루동안 공부한 내용을 A4
용지에 핵심만 담아서 적는다
<클리어 파일>

[자유학기제
문제 해결법]

갤러리워크 피드백 >>>

솔직하고
현실적이다

우리 엄마의
걱정선

박주리방법이
재밌다

모둠 토론을
잘했다

* 전체 활동지1. (XII-2)

	XII-2. 선거의 의미와 제도	
선거	5WHY 토론	(5)모둠

제 19대 대통령 선거가 5월 10일에 실시됩니다. 국민의 한 사람으로 유권자가 꼭 투표해야 하는 이유를 생각해 봅시다.

주제 【유권자가 꼭 투표해야 하는 이유】

1. 왜 투표해야 하지? ⇨ 답변을 다시 질문으로 차례로 돌아가며 다섯 번 묻고 답한다.

1	왜 유권자가 투표를 해야해?	⇨	좋은사람을 뽑기 위해서
2	왜 좋은 사람을 뽑아야 돼?	⇨	잘 뽑아야지 나라의 문제가 없기때문
3	왜 나라에 문제가 없어야돼?	⇨	나라가 행복하게 살아야 돼서
4	왜 나라가 행복하게 살아야해?	⇨	사람들 마다 행복하게 살아야할 권리가 있어서
5	왜 사람들마다 행복하게 산 권리가있어?	⇨	태어날때부터 행복산 권리가 있어!!
결론	행복할 권리가 있어서 투표를 해야한다.		

교사 피드백 >>> 좋아요 좋아요 좋아요
모둠원이 차례로 돌아가며 빠짐없이 참여찾으며 질문과 답변이 자연스럽게 잘 연결됨!

* 전체 활동지2. (XII-2)

모의 선거	연꽃 기법	(3)모둠

내가 만약 남양주시 시장을 뽑는 유권자라면 어떤 사람을 선출해야 할까요? 우리 시민이 바라고 기대하는 시장이 갖추어야 할 조건에는 어떤 것들이 있는지 자유롭게 적어보세요.

주제【남양주 시장이 갖추어야 할 조건】

* 9개의 칸 중심에 주제어를 쓰고 나머지 칸에 자유롭게 떠오르는 생각을 돌아가며 적는다.

ex) 민주적인	책임감	예산을 낭비하지 않는 사람
배려하는 사람	남양주 시장의 조건	법을 잘 지키는 사람
리더십을 갖춘 사람	지역발전을 위해 힘쓰는 사람	지역의 사정을 잘 아는사람

☞ 가장 중요하다고 생각되는 조건에 ○표 하기

* 우리 모둠에서 가장 많은 ○표를 받은 조건을 다음 9개의 칸 중심에 쓰고 다시 떠오르는 생각을 구체적으로 적는다.

ex) 시민을 위한	의사소통을 잘 하는	어려운 이웃을 돕는
책임을 다하는	민주적인	다른 이웃을 존중하는
공약을 먼저 생각하는	차별하지 않는	지역을 사랑하는

* 우리가 원하는 시장 후보는?

우리 모둠에서 가장 시장에 어울리는 친구는 (　　　　)이다.
왜냐하면 (친구들을 배려하고, 약속을 잘 지키며 잘 웃기) 때문이다.

* 우리 모둠이 정한 선거 공약은?

1. 남양주 시민의 복지를 위해 노력한다
2. 예산을 낭비하지 않는다
3. 차별하지 않고 소통을 잘한다
4. 공약을 끝까지 잘 지킨다

* 전체 활동지3. (XII-2)

		XII-2. 선거의 의미와 제도
선거 포스터	Visual Thinking	(3)모둠

우리 모둠이 세운 시장 후보가 당선될 수 있도록 홍보 포스터를 제작해 보세요. 시장이 갖추어야 할 조건과 모둠에서 정한 선거 공약이 3가지 이상 들어가도록 비주얼씽킹 기법을 활용하여 미니 포스터를 만들어봅시다.

갤러리워크 피드백 >>>

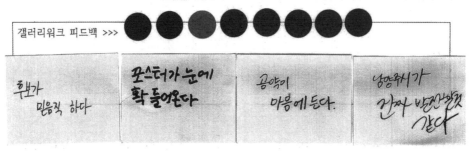

정치 단원 배움을 돌아보며

(1)학년 (1)반 번호( ) 이름 ( )

1. 내용 정리하기

★ 내가 생각하는 민주주의란?

국민이 주인이 되어 국민의 의견을 바탕으로 정치하는 것.

★ 민주주의 사회에서 선거가 중요한 이유는?

국민들이 선거에 참여하지 않는다면 국민의 의견이 반영되지 않는 정치가 된다.

★ 지방자치제도에 대하여 설명하시오.

국가에서 민주의 체제를 운영하더라도 지역주민들의 의견까지 수렴하기에는 어려움이 있으므로 지역내부의 문제점들은 지역에서 주민들이 해결해 나가는 것이다.

2. 자기 평가하기

평가 항목	평가 내용	평가		
		상	중	하
내용 이해도	민주정치의 발달 과정을 이해하는가?	○		
	정치 과정 5단계를 설명할 수 있는가?	○		
	정부 형태를 비교할 수 있는가?		○	
	민주선거의 4원칙을 설명할 수 있는가?	○		
활동 참여도	모둠에서 자신의 역할에 충실했는가?	○		
	모둠활동에 적극 참여하였는가?	○		

3. 모둠 평가하기

우리 모둠 활동 만족도	★★★★☆

모둠원 이름	좋았던 점	바라는 점
	아는게 많다	성실하게 조용히 앉하면 좋겠다
	모둠 속 역할을 잘 함.	주제와 관련없는 말만 조용히 하면 좋겠다
	적극적임.	좀 소란스러워서 아쉬웠다.

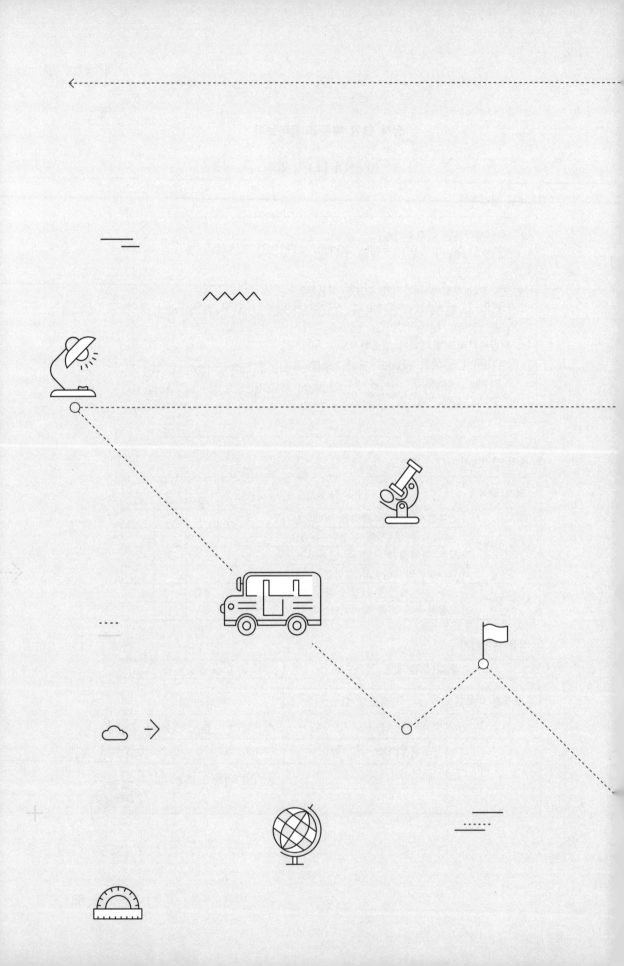

제3장
교육과정 재구성

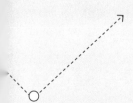

교육과정 재구성

1. 교육과정 재구성

교육과정 재구성은 교과 내용을 효과적으로 가르치기 위해 표준화된 교과서와 교육과정을 바탕으로 교과 교육 목표, 내용 체계, 성취기준을 분석하여, 학생들에게 유의미한 교육활동이 이루어지도록 학습 내용 재구조화, 교수·학습 방법 및 평가 재해석을 통해 교육과정을 만들어 나가는 것이다.

2. 교육과정 재구성의 필요성

지식과 정보의 생명주기가 짧아지며, 정보가 대량으로 생산되어 정보를 선택적으로 받아들이는 능력과 자기 스스로 학습하는 능력을 필요로 하는 교육으로 패러다임이 변화하고 있으며, 교과와 교과 간 통합을 통해 분절된 교과를 넘어 학생의 실제 경험을 중시하고, 자신의 삶을 주체적으로 의미를 구성해 나갈 수 있는 역량을 중심으로 교육활동이 진행되고 있다.

학생은 21세기에 가장 필요한 비판적 사고, 의사소통 능력, 협력, 창의성, 주도성, 리더십 등의 소양과 역량을 키워야 하며, 학생 스스로 생각하고 문제를 응용할 수 있는 능력을 향상시키는 패러다임이 필요한 때이다.

교사가 수업을 의미 있게 전개하기 위해서는 교과의 목표, 내용, 방법, 평가를 다시 한 번 생각해야 하는데 이런 과정에서 교육 내용에 대한 체계적인 이해와 교류가 일어나고, 창의적인 교육과정 구성과 운영을 가능하게 한다. 성취기준과 핵심 역량을 기반으로 교육과정을 재구성하고 설계하여 교사 자신의 교육철학을 구현하는 실천가라는 인식이 확산되고 있다.

수업은 학생들이 어떤 내용을 익히는가가 아니라 어떻게 지식을 탐구하며 배움의 효과성과 효율성을 높일 수 있는지가 관건이다. 배움은 학생들의 삶과 이어지고 유의미해야 하는데 표준화된 프로그램으로는 다양한 수준과 속도, 관심이 서로 다른 욕구를 반영하기 어렵다. 국가 수준 교육과정의 기틀 하에서 학교의 환경, 지역사회의 특성, 학생의 경험 등을 고려하여 재구성하고 학생들의 현재 삶을 반영한 수업이 되어야 한다.

학교는 교육과정 내용 구조에 학습자들의 정서와 적성, 능력을 비롯하여 지역사회의 문화적·지리적 특성, 학교의 여건 등을 반영하고 학부모의 참여와 소통을 통해 민주적 공동체로 자리매김해야 한다.

3. 교육과정 재구성 절차

학교 교육과정을 학습자에게 적합하고 의미 있게 하기 위한 노력은 국가수준에서 교육과정을 개발하는 단계에서 뿐만 아니라 지역 수준에서 지침을 만드는 과정, 또한 교사가 수업을 계획하는 수준에 이르기까지 여러 단계에서 다양한 방식으로 이루어진다.

단계	절차		내용
1단계	교육과정 분석	⇨	◦교과 교육과정, 성취기준, 영역별 성취수준 분석 ◦학생 수준 및 요구 분석 ◦교과별 학년 목표 분석
2단계	재구성 유형 결정	⇨	◦재구성 필요도 고려 유형 선택 　- 전개 순서 변경, 내용 추가, 내용 대체 등 　- 핵심 역량 및 교과 역량 증진 재구성 등 ◦교육과정의 학습자 적절성 고려 재구성 유형 결정
3단계	내용 재구성	⇨	◦교수·학습 방법 구안 ◦교과지도 계획 수립 ◦교과 연계 주제통합 시도
4단계	교수방법 및 평가계획 수립	⇨	◦교수·학습 과정안, 평가계획, 학생중심활동 계획 등 수립 ◦지필평가, 수행평가, 학생 자기성찰평가 및 학생 동료평가, 　교사평가계획 수립
5단계	피드백	⇨	◦수업 적용 후 재구성 전반에 대한 피드백

교과 내 교육과정 재구성

1. 교과 내 교육과정 재구성의 필요성

2015 개정 교육과정에서는 핵심 역량의 함양을 강조하여 각 교과 교육과정에서 교과 역량을 설정하고 이를 구체화하려는 노력을 하는 등 핵심 역량의 함양이 주요 목표로 자리한다. 따라서 2015 개정 교육과정에 따른 교과 내 교육과정 재구성은 종래의 지식 습득의 학습 과정을 최소화하고 학생들에게 유의미한 학습 경험을 제공하고, 더 나아가 미래 사회의 구성원으로서 요구되는 학습자 역량을 함양할 수 있도록 교육과정을 재구성한다. 핵심 역량의 함양과 더불어 교수·학습 및 평가도 이러한 관점에서 운영되고 있다.

교사는 끊임없이 '나는 수업에서 무엇을 가르치고자 하는가?', '나와의 만남을 통해 학생들이 어떻게 변화하기를 바라는가?'의 질문을 스스로에게 던지고 있다.

이런 질문에서 출발한 교사 교육과정은 교과서가 아닌 교육과정을 가르치고, '왜 가르치고 배우는가'에 대한 교사 자신의 철학(신념)이 담긴 교육과정-수업-평가를 맥락화하여 교사가 국가수준, 지역수준 그리고 학교수준 교육과정을 바탕으로 자신만의 교육과정으로 구성해 가는 모든 과정이다.

교육과정에서 제시된 교과(교과서)의 내용 배열은 반드시 학습의 순서를 의미하는 것이 아닌 예시적인 성격을 지니고 있으므로, 기준 시수의 증감을 통해 핵심 성취기준을 달성할 수 있도록 하여 교과 교육과정을 지역의 특수성, 학교의 실정과 학생의 요구를 반영하여 재구성하고 있다.

교육과정의 재구성은 교사 마음대로 내용을 구성하는 것이 아니라 성취기준에 기반하여 내용의 중복요소를 걷어 내거나 강조해야 하는 경우, 교과의 핵심 역량에 따라 효율적으로 수업을 진행하기 위해서, 교과 간 주제통합 프로젝트를 위해서, 그리고 융합적 사고력과 문제 해결 능력을 배양하기 위한 다양한 학생 참여·활동 중심 수업을 적용하기 위해 교사의 필요에 따라 각 교과목의 학년별 목표에 대한 지도 내용의 순서와 비중, 방법 등을 조정하여 운영하는 것이다. 이 과정에서 교과 교육과정의 내용 재구성이 불가피하게 된다.

2. 교과 내 교육과정 재구성 절차

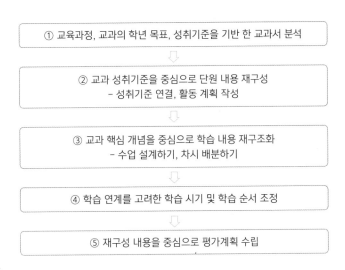

① 교육과정, 교과의 학년 목표, 성취기준을 기반 한 교과서 분석

② 교과 성취기준을 중심으로 단원 내용 재구성
　 - 성취기준 연결, 활동 계획 작성

③ 교과 핵심 개념을 중심으로 학습 내용 재구조화
　 - 수업 설계하기, 차시 배분하기

④ 학습 연계를 고려한 학습 시기 및 학습 순서 조정

⑤ 재구성 내용을 중심으로 평가계획 수립

3. 운영 방법에 따른 교과 내 교육과정 재구성의 유형

1) 이수 단위 조정에 따른 교육과정 재구성
학교 교육과정 위원회의 결정으로 이수 단위가 변화(특정교과가 기본 시수 102시간에서 감소하여 85시간으로 운영)될 경우 교과의 특성과 학생 수준, 학습요구, 학교 및 지역사회의 특성에 따라 교과의 교육 내용을 재구성할 수 있다.

2) 주제 중심으로 교육과정 재구성(교과의 성취기준, 핵심 가치 중심)
각 교과 단원이 비슷한 학습 내용으로 구성되어 있을 때 학습주제가 유사할 때 따로 따로 분절되서 가르치기보다는 수업 진행이 가능한 차시를 골라 통합하여 재구성하면 효율적이다. 또는 학교의 철학(비전)에 기반 한 학년 주제통합 프로젝트를 운영할 때 교과의 내용중 관련 단원을 골라 통합하여 재구성할 수 있다.

3) 지도 시기 조절을 위한 교육과정 재구성

계절별 특성을 고려할 필요가 있는 경우, 또는 체험 및 공연 전시 일정을 참고하여 융통성있게 조절해야 할 경우, 자연관찰이나 야외활동의 시기 조절이나, 국가의 기념일, 학교 교육행사와 연계하여 교육했을 때 효과와 의미가 높은 내용일 때(예) 6.25 전쟁, 8.15광복, 한글날, 독도의 날 등) 역사나 도덕, 사회과 수업 관련 교과는 연계하여 진행하는 것이 효율적이다.

4) 내용 구성에 따른 교과 내 재구성의 유형

재구성 유형은 순서 바꾸기, 압축, 추가 등으로 구분할 수 있다. 각각은 단원 순서 변경, 핵심 성취기준 중심 내용 압축, 학습 내용 추가 등을 통해 학습 내용을 재구성한다.

유형	내용
내용 전개 순서 변경	교사들이 교과 내용의 특성, 단원의 연계성, 핵심 가치 중심, 수업 시수의 부족 등을 고려하여 단원의 순서를 바꾸어 재구성하는 유형임
내용 추가	단원 내용의 특성과 학생의 수준, 지역 및 학교의 특성 등을 고려하여 내용을 추가하는 재구성 유형임
내용 대체	학생의 수준이나 흥미, 실생활과의 연계성 등을 고려할 때 단원 내용의 일부가 부적절하다고 판단하여 이를 교과서 이외의 내용으로 대체하는 유형임
내용 축약	핵심 성취기준을 중심으로 단원을 선택 집중하여 충실히 구성한 경우, 혹은 전체 영역을 다루기에는 시수가 부족하여 일부 단원의 내용을 축약한 경우임

- 출처: 경기도교육청 교육과정 정책과(2017). 2017학년도 함께 만들어 가는 학생중심 학교 교육과정

4. 교과 내 교육과정 재구성의 절차 및 사례(도덕과 사례 중심으로)

1) 교과 내 교육과정 재구성의 절차

순서	단계	내용
1	교육과정의 재인식	교육과정의 탐색 국가수준 교육과정(총론, 각론) 2015 개정 교육과정
2	학생 요구 분석	지역 및 학생의 특성 분석(학생의 삶 이해하기) 학생이 흥미를 갖고 참여하는 수업을 위한 학생 이해
3	교과 내 단원 재구성	① 교육과정, 교과의 학년 목표, 성취기준을 기반 한 교과서 분석 ⬇ ② 교과 성취기준을 중심으로 단원 내용 재구성 - 성취기준 연결, 활동 계획 작성 ⬇ ③ 교과 핵심 개념을 중심으로 학습 내용 재구조화 - 수업설계하기, 차시 배분하기 ⬇ ④ 학습 연계를 고려한 학습 시기 및 학습 순서 조정 ⬇ ⑤ 재구성 내용을 중심으로 평가계획 수립

2) 2015 개정 교육과정 도덕과 교과 분석하기

교과 역량	자기존중 및 관리 능력, 도덕적 사고 능력, 도덕적 대인관계 능력, 도덕적 정서 능력, 도덕적 공동체 의식, 윤리적 성찰 및 실천 성향			
영역	핵심 가치	내용요소		차시구성
자신과의 관계 (도덕1)	성실	◦ 왜 도덕적으로 살아야 하는가?(도덕적인 삶) ◦ 도덕적으로 행동하기 위해 필요한 것은 무엇인가?(도덕적 행동) ◦ 나는 어떤 사람이 되고자 하는가?(자아정체성) ◦ 삶의 목적은 무엇인가?(삶의 목적) ◦ 행복을 위해 어떻게 살아야 하는가?(행복한 삶)		5 6 5 5 5
타인과의 관계 (도덕1)	배려	◦ 가정에서의 갈등을 어떻게 해결할 것인가? (가정윤리) ◦ 참된 우정이란 무엇인가?(우정) ◦ 성(性)의 도덕적 의미는 무엇인가?(성윤리) ◦ 이웃에 대한 바람직한 자세는 무엇인가?(이웃생활)		6 6 6 6
사회·공동체와의 관계(도덕1)	정의	◦ 인권의 도덕적 의미는 무엇인가?(인간존중) ◦ 다문화 사회에서 발생하는 갈등을 어떻게 해결할 것인가?(문화 다양성) ◦ 세계 시민으로서 도덕적 과제는 무엇인가?(세계 시민 윤리)		6 6 6

단원	핵심 가치	내용요소	유형	차시구성
자신과의 관계 + 타인과의 관계 (도덕1)	성실	◦ 나는 어떤 사람이 되고자 하는가?(자아정체성) ◦ 삶의 목적은 무엇인가?(삶의 목적) ◦ 행복을 위해 어떻게 살아야 하는가?(행복한 삶)	순서 변경 내용 축약	6 6 8
	성실 + 배려	◦ 왜 도덕적으로 살아야 하는가?(도덕적인 삶) ◦ 도덕적으로 행동하기 위해 필요한 것은 무엇인가?(도덕적 행동) ◦ 가정에서의 갈등을 어떻게 해결할 것인가?(가정윤리) ● 내가 만드는 건강한 가정	순서 변경 내용 추가	6 8 10
타인과의 관계 (도덕1)	배려	◦ 참된 우정이란 무엇인가?(우정)		4
	배려+책임	◦ 성(性)의 도덕적 의미는 무엇인가?(성윤리) ● 청소년 문화 탐색(대체)	내용 대체	8
사회· 공동체와의 관계 (도덕1) + 타인과의 관계 (도덕1)	정의 + 배려	◦ 인권의 도덕적 의미는 무엇인가?(인간 존중) ◦ 다문화 사회에서 발생하는 갈등을 어떻게 해결할 것인가?(문화 다양성) ◦ 세계 시민으로서 도덕적 과제는 무엇인가?(세계 시민 윤리) ◦ 이웃에 대한 바람직한 자세는 무엇인가?(이웃생활) ● 걸어서 세계 속으로(프로젝트)	내용 통합	2 10

3) 2009 도덕과 교육과정내용구성에 따른 재구성의 실제

① 내용 전개 순서 변경

본 수업은 새 학년이 되어 나는 누구인가를 알고, 나와 타인과의 관계를 통해 평화롭고 행복한 삶을 태도를 내면화하기 위해 구성한 단원이다.

특히 Ⅱ.타인과의 관계-01 타인존중의 태도는 교과서 흐름으로는 5~6월에 실시하게 되어 있으나 나의 삶과 타인의 삶이 분리되어 있지 않고 함께 존중 받아야 함을 이해하고 삶에 적용하기 위해 순서를 바꿔 교육과정 재구성을 시도하였다.

2009 개정 교육과정	도912. 목적 없는 삶의 문제점과 바람직한 삶의 목적으로서 진정한 행복의 의미를 종합적으로 인식하고, 자신의 삶과 행동을 도덕적으로 실천하기 위한 적극적인 동기를 가질 수 있다. 도917. 나의 존재에 대한 도덕적 인식과 건전하고 도덕적인 인생관 및 도덕적인 자아상을 구체적으로 설계하며, 이를 자신의 삶 속에서 구현하기 위해 노력하려는 적극적인 태도를 가질 수 있다. 도926. 갈등 상황에서 폭력적으로 대처했을 때의 문제점과 폭력을 예방하고 대처할 수 있는 방법을 분명하게 이해하고, 학교에서 폭력을 예방하고 평화적으로 갈등을 해결하려는 적극적인 태도를 가진다.
2015 개정 교육과정	[9도01-03] 도덕적 정체성과 선한 성품을 지니기 위해 자신이 본받고자 하는 사람을 그 이유와 함께 선정하고, 자신을 도덕적 관점에서 인식·존중·조절할 수 있다. [9도01-04] 본래적 가치에 근거한 삶의 목적 추구가 도덕적으로 정당화될 수 있음을 도덕 공부를 통해 이해하고, 자신의 삶의 목적을 도덕적 이야기로 구성할 수 있다.

교육과정 재구성 전 단원 학습 순서				교육과정 재구성 후 단원 학습 순서		
대단원	중(소)단원	비고		대단원	중(소)단원	비고
Ⅰ. 자신과의 관계	1. 왜 도덕적으로 살아야 하는가? 2. 도덕적으로 행동하기 위해 필요한 것은 무엇인가? 3. 나는 어떤 사람이 되고자 하는가? 4. 삶의 목적은 무엇인가? 5. 행복을 위해 어떻게 살아야 하는가?	성실 + 배려	⇒ ⇒ ⇒	Ⅰ. 자신과의 관계	1. 왜 도덕적으로 살아야 하는가? 3. 나는 어떤 사람이 되고자 하는가? 4. 삶의 목적은 무엇인가? 5. 행복을 위해 어떻게 살아야 하는가?	성실 + 배려
Ⅱ. 타인과의 관계	2. 평화적 갈등 해결은 어떻게 가능한가?			Ⅱ. 타인과의 관계	2. 평화적 갈등 해결은 어떻게 가능한가?	

② 내용 추가

본 수업은 정보화 시대를 살아가는 학생들에게 사이버 공간의 장점과 단점, 그리고 발생하는 문제점을 접할 때 바람직한 태도를 가지도록 하는 단원에서, 특히나 학생들의 스마트폰 사용이 가장 큰 부분을 차지하고 있기 때문에 스마트폰과 청소년의 내용을 추가하여 유의미하게 연결해 보고자 했고, 사이버 상의 사생활 존중과 보호와 관련해서도 인터넷 뮌하우젠 증후군을 가져와 연결지어 보도록 내용을 추가하였다.

2009 개정 교육과정	도923. 사이버 공간의 특성과 도덕적 책임의 필요성 및 사이버 폭력의 동기와 결과를 종합적이고 비판적으로 인식하고, 사이버 공간에서 타인의 권리(인격권, 프라이버시 등)를 존중하고, 사이버 예절을 준수하려는 적극적인 태도를 가질 수 있다.
2015 개정 교육과정	[9도02-05] 정보화 시대에 요구되는 도덕적 자세와 책임의 도덕적 근거와 이유를 제시하고, 타인존중의 태도를 통해 다양한 방식으로 의사소통할 수 있다.

교육과정 재구성 전 단원 학습 순서				교육과정 재구성 후 단원 학습 순서		
대단원	중(소)단원	비고		대단원	중(소)단원	비고
Ⅱ. 타인과의 관계	03. 사이버 윤리와 예절 1. 사이버 공간의 특성과 도덕적 책임 2. 사생활 존중과 보호 3. 사이버 공간에서 지켜야 할 일 4. 사이버 상의 타인에 대한 이해와 공감		⇒ ⇒ ⇒	Ⅱ. 타인과의 관계	03. 사이버 윤리와 예절 1. 사이버 공간의 특성과 도덕적 책임 3. 사이버 공간에서 지켜야 할 일 3-1. 나와 스마트폰 3-2. 인터넷 뮌하우젠 증후군 2. 사생활 존중과 보호 (4. 사이버 상의 타인에 대한 이해와 공감-축약)	배려

③ 내용 대체

본 수업 Ⅱ - 2, 3 단원은 청소년기에 대하여 청소년기의 친구 관계와 청소년기의 성 문제만으로 협소하게 다루고 있다. 학생의 수준이나 흥미, 실생활과의 연계성 등을 고려하여 청소년 문화라는 큰 범주로 청소년들 스스로 자신들의 삶과 특성과 발생되는 문제를 포괄적으로 연결지어 보도록하기 위해 포럼에서 사용했던 '청소년 소비생활과 문화'라는 텍스트를 가져와 내용을 대체하여 구성하였다.

2009 개정 교육과정	도922. 우정의 의미와 중요성, 성과 사랑의 의미를 올바르고 명확하게 인식하고, 동성 및 이성 친구와의 바람직한 관계와 예절을 지키려는 적극적인 태도를 가질 수 있다. 도925. 타인존중의 의미와 타인존중과 자기존중의 관계를 이해하고, 타인을 인간답게 대우하기 위한 방법들을 바탕으로 자신의 모습을 도덕적으로 성찰할 수 있다.
2015 개정 교육과정	[9도02-02] 친구와의 우정의 중요성에 대해 생각해 보고, 진정한 우정을 맺는 방법에 대한 도덕적 이야기를 구성할 수 있다. [9도02-03] 성과 사랑의 다양한 의미를 이해하고, 청소년기의 성 문제를 도덕적 시각에서 평가하며, 일상생활에서 이성 친구에 대한 예절을 지키는 실천 방법을 제시할 수 있다.

교육과정 재구성 전 단원 학습 순서			⇒	교육과정 재구성 후 단원 학습 순서		
대단원	중(소)단원	비고		대단원	중(소)단원	비고
Ⅱ. 타인과의 관계	2. 참된 우정이란 무엇인가 3. 성의 도덕적 의미는 무엇인가?	배려	⇒	Ⅱ. 타인과의 관계	04. 청소년 문화와 윤리 – '청소년의 소비생활과 청소년 문화' (신동아 포럼 자료로 대체)	배려

④ 내용 축약

핵심 성취기준을 중심으로 단원을 선택 집중하고 일부 단원의 내용을 축약하여 구성한 경우이다. 본 수업에서 행복과 평화는 나와 타인이 무엇을 원하는지를 알고, 서로의 다름을 인정하고, 존중받으며, 타인과의 평화로운 관계를 형성할 때 이루어질 수 있다.

이런 의도로 대단원 1단원과 2단원의 내용 중 [Ⅰ. 도덕적 주체로서의 나 – 02.자율과 도덕, 03. 도덕적 자아상]과 [Ⅱ. 우리·타인과의 관계 – 01 타인존중의 태도]의 단원을 압축, 통합하여 프로젝트로 수업을 설계하였다.

2009 개정 교육과정	도915. 인간 존재의 윤리적 특성과 인간답게 산다는 것이 무엇인지에 대해 종합적으로 이해하고, 행복과 덕, 의무 등의 개념을 사용하여 도덕적 행위의 근거를 논리적으로 설명할 수 있다. 도916. 타율의 문제점 및 자율과 도덕의 관계를 책임의 전제하에 종합적으로 이해하고, 이를 토대로 도덕적으로 자율적인 인간이 되기 위한 다양한 방법에 대해 구체적으로 열거할 수 있다. 도926. 갈등 상황에서 폭력적으로 대처했을 때의 문제점과 폭력을 예방하고 대처할 수 있는 방법을 분명하게 이해하고, 학교에서 폭력을 예방하고 평화적으로 갈등을 해결하려는 적극적인 태도를 가진다.
2015 개정 교육과정	[9도01-01] 사람다운 삶을 살아가기 위해 도덕이 필요한 이유를 설명하고, 왜 도덕적이어야 하는지 그 근거와 이유를 제시할 수 있다. [9도01-03] 도덕적 정체성과 선한 성품을 지니기 위해 자신이 본받고자 하는 사람을 그 이유와 함께 선정하고 자기 자신을 도덕적 관점에서 인식·존중·조절할 수 있다. [9도02-06] 다양한 갈등 상황에서 평화적 해결의 중요성을 이해하고, 평화적으로 갈등을 해결할 수 있는 실천 방법을 탐구하고 제시할 수 있다.

교육과정 재구성 전 단원 학습 순서			교육과정 재구성 후 단원 학습 순서		
대단원	중(소)단원	비고	대단원	중(소)단원	비고
I. 자신과의 관계	01. 인간 존재의 특성 1. 인간이란 어떤 존재인가 2. 인간답게 산다는 것은 무엇인가 3. 왜 도덕적이어야 하는가? 02. 자율과 도덕 1. 타율의 문제점은? 2. 자율과 도덕의 관계 3. 도덕적으로 자율적인 인간이 되기 위해서는? 03. 도덕적 자아상 1. 나는 누구인가? 2. 나의 인생관은 무엇인가? 3. 나는 어떤 사람이 되고 싶은가?		I. 도덕적 주체로서의 나	03. 도덕적 자아상 1. 나는 누구인가? 2. 나의 인생관은 무엇인가? 3. 나는 어떤 사람이 되고 싶은가? 01. 인간 존재의 특성 3. 왜 도덕적이어야 하는가? 02. 자율과 도덕 2. 자율과 도덕의 관계	성실

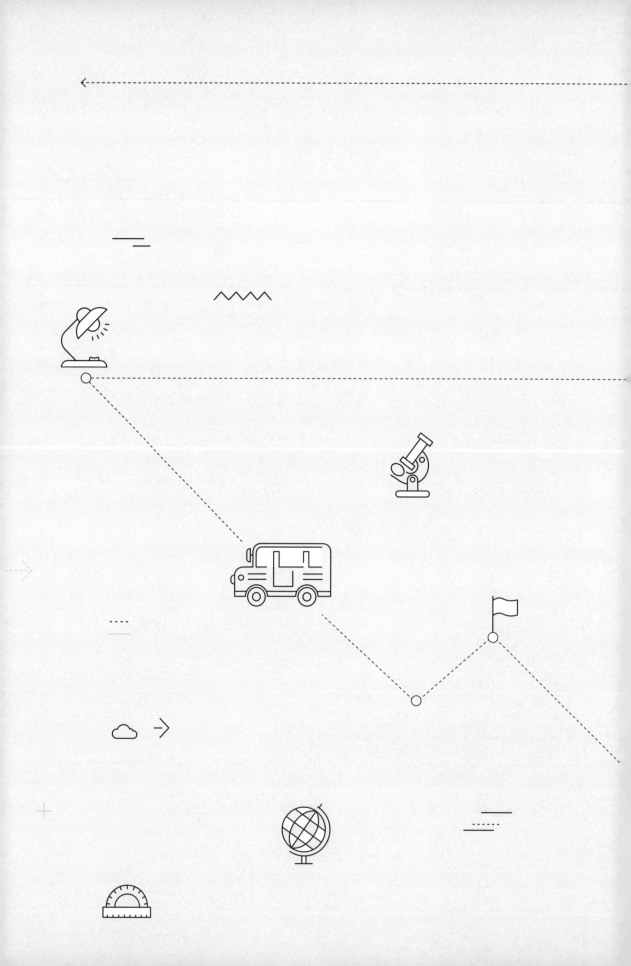

제4장

학생중심수업

학생중심수업

2015 개정 교육과정은 미래 사회가 요구하는 인문학적 상상력과 과학기술 창조력을 두루 갖춘 창의융합형 인재를 양성하는 교육과정이다. 학생의 참여 활동을 강화하여 배움의 즐거움을 알게 하며, 학습의 흥미와 동기를 높여 꿈과 끼를 발휘할 수 있는 행복교육을 구현하는 것이 2015 개정 교육과정의 핵심이다.

1. 2015 개정 교육과정의 교수·학습

2015 개정 교육과정 총론에서는 학교 교육과정을 편성·운영할 때 교수·학습에 대한 다음과 같은 내용을 지침으로 제시하고 있다.

1) 학교는 교과목별 성취기준에 따라 다음과 같은 사항에 중점을 두고 교수·학습이 이루어지도록 한다.
   ① 교과의 학습은 단편적 지식의 암기를 지양하고 핵심 개념과 일반화된 지식의 심층적 이해에 중점을 둔다.
   ② 각 교과의 핵심 개념과 일반화된 지식 및 기능이 학생의 발달 단계에 따라 그 폭과 깊이를 심화할 수 있도록 수업을 체계적으로 설계한다.
   ③ 학생의 융합적 사고를 기를 수 있도록 교과 내, 교과 간 내용 연계성을 고려하여 지도한다.
   ④ 실험, 관찰, 조사, 실측, 수집, 노작, 견학 등의 직접 체험 활동이 충분히 이루어지도록 한다.

⑤ 개별 학습 활동과 함께 소집단 공동 학습 활동을 통하여 협력적으로 문제를 해결하는 협동학습 경험을 충분히 제공한다.

⑥ 학생이 능동적으로 수업에 참여하고 자신의 생각을 표현하는 기회를 가질 수 있도록 토의·토론 학습을 활성화한다.

⑦ 학생에게 학습 내용을 실제 맥락에서 적용하고 활용할 수 있는 기회를 충분히 제공한다.

⑧ 학생이 스스로 자신의 학습 과정과 학습 전략을 점검하고 개선하며 자기주도적으로 학습할 수 있도록 지도한다.

2) 학교는 효과적인 교수·학습 환경 설계를 위해 다음과 같은 사항에 중점을 둔다.

① 교사와 학생 간, 학생과 학생 간 상호 신뢰와 협력이 가능한 교수·학습 환경을 제공한다.

② 학생의 능력, 적성, 진로를 고려하여 교육 내용과 방법을 다양화하고, 학교의 여건과 학생의 특성에 따라 다양한 학습 집단을 구성하여 학생 맞춤형 수업을 하도록 한다.

③ 학교는 학습 결손을 보충할 수 있도록 특별 보충 수업을 운영할 수 있으며, 이에 대한 제반 운영 사항은 학교가 자율적으로 결정한다.

④ 각 교과의 특성에 맞는 다양한 학습이 이루어질 수 있도록 교과 교실제 운영을 활성화한다.

⑤ 학교는 교과용 도서 이외에 교육청이나 학교에서 개발한 다양한 교수·학습 자료를 활용할 수 있다.

⑥ 실험 실습 및 실기 지도 과정에서 학생의 안전사고를 예방하기 위해 시설 및 기계 기구, 약품, 용구 사용의 안전에 만전을 기한다.

– 출처: 교육부(2015), 초중등 교육과정, 교육부 고시 제2015-74호 [별책 1], p.31

2. 학생중심수업(학생 참여형 수업)

학생이 수업에 적극적으로 참여하고 활동하는 수업이고, 자기 표현력 향상을 위한 토론·발표 수업이다. 또한 학습자의 흥미에 따라 탐구하고 자기주도적으로 학습을 진행하는 프로젝트 학습이며, 이미 배운 내용을 토대로 실제로 해 보고 익히는 실험·실습 수업 등을 의미한다.

각 교과의 핵심 개념을 중심으로 학습량을 적정화하여, 학습 경험의 질을 개선하여 미래 사회를 대비하는 교육을 제시해야 한다.

토론학습, 협력학습, 탐구 활동, 프로젝트 학습 등 교과 특성에 따라 다양한 교수·학습이 이루어지면서 학생들의 활발한 수업 참여가 이루어져야 한다.

많은 선생님들이 어떻게 하면 수업을 잘 할 수 있을까? 늘 고민한다. 그렇다면 수업을 바라보는 관점을 바꾸어 보면 어떨까? 선생님들에게 '백화점 매장이 무엇을 하는 곳이죠?'라고 물어보면 대부분 물건을 파는 곳이라고 대답한다. 하지만 관점을 바꾸어 바라보면 고객이 물건을 사는 곳이라고 생각해 볼 수 있다. 수업도 마찬가지이다. '수업은 선생님들이 가르치는 것이 아니라 학생들이 배우는 것이다.'라고 관점을 바꾸면 수업이 많이 달라질 것이다.

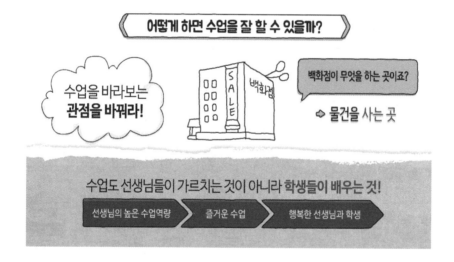

3. 학생들은 어떤 수업과 어떤 선생님을 좋아할까?

'학생들은 어떤 수업을 좋아할까?' '학생들은 어떤 선생님을 좋아할까?'라는 주제로 경기도 혁신학교인 00중학교 1학년, 3학년 학생들에게 설문조사를 해 보았다.

어떤 수업을 좋아할까?

- 나는 활동적이고 좀 시끄러운 수업이 좋다. 왜냐하면, 그로부터 흥미를 느끼고 많은 아이디어가 나오기 때문이다.
- 나는 이해가 잘되는 수업이 좋다. 왜냐하면, 집중력이 쉽게 흐트러지지 않아 공부가 잘되기 때문이다.
- 나는 친구들과 함께 하는 수업이 좋다. 왜냐하면, 친구들과 더 친해질 수 있고 협동심을 발휘할 수 있기 때문이다.
- 나는 자유롭고 즐거운 수업이 좋다. 왜냐하면, 웃으면서 밝게 수업하면 더 참여하려고 노력하기 때문이다.
- 나는 자유로운 분위기의 수업이 좋다. 왜냐하면 학생들이 자유롭게 자신의 의견을 발표할 수 있기 때문이다.

- 나는 친절하고 엄마같은 선생님이 좋다. 왜냐하면 나는 가끔 선생님의 설명을 한번에 이해하지 못하기 때문이다.
- 나는 리더십 있고 공정한 선생님이 좋다. 왜냐하면 리더십 있고 공정한 사람이면 아이들이 말을 잘 듣고 선생님을 잘 따르기 때문이다.
- 나는 우리를 잘 이해해 주는 선생님이 좋다. 왜냐하면 우리의 섬세한 감정변화를 공감해 주기 때문이다.
- 나는 사이다같은 선생님이 좋다. 왜냐하면 우리가 모르는 것을 속 시원하게 해결해 주시기 때문이다.
- 나는 재미있게 말씀하시고 다양한 활동을 하고 학생들과 소통하는 선생님이 좋다. 왜냐하면 학생들과 관계가 좋아지고 서로 이해하면서 수업을 더욱 즐겁게 이끌 수 있기 때문이다.

4. 수업은 요리이다

수업은 일종의 요리이다. 오늘의 수업 내용을 어떻게 전달할지 방법적인 측면에 있어 교사는 다양한 수업 방법, 즉 레시피를 갖고 있어야 한다. 여기서 수업 활동 도구들은 양념에 해당된다. 양념이 다양해야 수업을 더 맛있게 요리할 수 있지 않을까? 바로 이런 데서 교사의 역량이 결정되는 것이다.

좋은 요리는 색, 향과 맛이 모두 훌륭하다. 향과 맛이 요리의 근본인 것처럼 수업도 좋은 수업의 조건이 있다.

- 학생의 사고력을 끌어내는 수업
- 교사·학생 상호작용이 활발한 수업
- 적극적인 상호작용이 전개되는 수업
- 학습자가 흥미를 가지고 재미있게 참여하는 수업
- 자기 주도적 학습 능력을 기르는 학생의 활동이 중심이 되는 수업
- 다양한 수업 활동 도구를 활용하여 학습자의 이해를 높이는 수업

"선생님의 수업 역량이 높아야 수업이 즐거워요.
수업이 즐거우면 선생님도 학생도 모두 행복합니다.
선생님만의 수업 레시피를 만들어 보세요."

5. 좋은 수업

- 좋은 수업은 학생들을 끌어 당길 수 있는 친절한 관심이며, 길들이는 수업이 아니라 기르는 수업이다.
- 좋은 수업의 비밀은 수업의 기술이 아니라 학생과의 관계이다. 서로 소통하고 공감하는 수업이며 '벌써 끝났어!' 하고 아쉬워하는 수업이다.
- 수업은 선생님과 학생 사이의 상호작용이며, 좋은 수업은 열심히 가르치는 수업이 아니라 열심히 공부하는 수업이다.
- 좋은 수업은 선생님이 기다려지는 수업이다. 선생님의 수업 자체가 좋아서, 선생님의 수업 방법이 재미가 있어서 그 시간을 기다리기 때문이다.

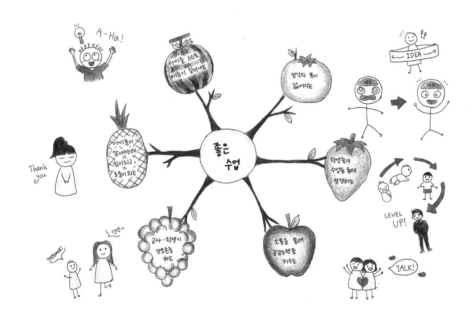

예비 프로젝트 수업
주제망 그리기

1. 예비 프로젝트 학습 활동

이번 프로젝트 학습의 주제는 '○○ 선생 자서전 출판기념회 영상 제작하기' 활동이다. 이
활동은 자신의 진로를 설정한 후 미래의 삶을 자서전으로 작성하고, 영상을 제작하는 것이
다. 본 프로젝트 수업 활동에 앞서 자신의 진로에 대해 고민하고 정리하는 과정이 필요하
여 예비 프로젝트 수업 활동을 실시하였다.

2. 활동 방법 및 지도

1) 활동시기: 3학년 기말고사 이후 국어시간

2) 지도 방법
   ① 고등학교 진학을 앞둔 학생들에게 실제적이고 의미 있는 진로 탐색의 기회를 제공하
   기 위해 학생들에게 예비 프로젝트 주제를 제시하였다.
   ② 예비 프로젝트 주제를 '진로'로 설정하여 브레인스토밍, 유목화, 표제 붙이기, 주제망
   구성 과정을 설명하고 주제에 맞게 적용해 보도록 하였다.
   ③ 자신의 의견을 누구에게도 방해받지 않고 자유롭게 제시할 수 있도록 포스트잇을 제
   공하고, 비구조적인 형태로 붙여 보도록 하였다.
   ④ 모둠에서 작성한 포스트잇을 비슷한 의미를 가진 것들끼리 분류하도록 하고, 분류 기
   준을 정하여 유목화하도록 하였다.

⑤ 마지막으로 주제망을 작성하고, 정리하도록 지도하였다.

소주제	활동 내용	활동 시간
진로	◦ 진로에 대한 브레인스토밍, 그룹핑, 표제 붙이기, 주제망 짜기 ◦ 주제망을 바탕으로 자신의 자서전 작성을 위한 진로 계획 작성하기	기말고사 후 국어시간

프로젝트 학습을 위한 브레인스토밍, 유목화(그룹핑), 주제망 만들기 과정

브레인스토밍	유목화(그룹핑)	표제 붙이기
주제망 그리기 1	주제망 그리기 2	주제망 그리기 3

1단계 브레인스토밍

브레인스토밍은 여러 명이 한 가지 주제를 놓고 아이디어를 무작위로 개진하여 그 중에서 가장 좋은 아이디어를 찾아내는 방법이다.

준비물
포스트잇(여러 가지 크기와 노랑, 분홍, 연두색상 준비)), B4용지, 두꺼운 사인펜(검정, 파랑, 빨강), 벽에 붙일 수 있는 테이프

목적
프로젝트를 위해 수행해야 할 과제와 그 과제에 대한 진행 내용을 이해하기 위해서 생각해 보는 활동이다.

주제
진로하면 떠오르는 것은?

순서
① 모둠별로 포스트잇을 배부한다.
② 브레인스토밍의 사용목적, 특징, 원칙, 진행방법을 설명한다.
③ 신속한 아이디어 창출을 위해 제한시간을 정하고 시작한다.
④ 자신의 아이디어를 포스트잇을 이용하여 적는다.

유목화는 활동 도구에서 다양한 아이디어를 도출하고 이를 묶어낼 필요가 있을 때 사용한다. 브레인스토밍을 통해 도출된 아이디어들을 서로 연관된 내용으로 분류하여 묶는 작업이다.

유목화의 예시

1. 그룹핑으로 과제의 핵심주제를 도출한다.
2. 포스트잇에 쓴 아이디어들을 서로 연관된 내용으로 분류한다.

　　예시) 주제 〈진로〉와 관련된 생각들을 연관된 것끼리 묶는다.

직업, 꿈, 의사, 선생님, 미래의 삶, 직장, 희망, 밥벌이, 어른
목표, 나아갈 길, 계획, 과정, 준비, 놀이동산, 문과, 프랑스 대학교
미래, 부모님, 결혼, 싱글, 현모양처, 가정생활
꿈, 직업, 의사, 선생님,
월급, 억만장자, 돈, 수입

유목화를 하는 이유

주제망 만들기에서는 유목화가 매우 중요하다. 유목화를 하면 도출된 아이디어의 주요 특성을 파악할 수 있다. 각 활동 도구에서 도출된 핵심주제를 중심으로 문제 해결방안을 생각할 수 있다. 유목화가 잘 진행되면 해결과제를 논리적으로 구성하고 정리할 때 오류를 줄일 수 있다.

3단계 표제 붙이기

- 유목화로 주제의 핵심내용을 도출하여 분류하기
- 포스트잇에 쓴 해결 아이디어들을 서로 연관된 내용으로 분류하여 표제 정하기

표제	분류 내용
내가 닮고 싶은 사람	롤 모델, 나○○ PD
꿈을 이루기 위해 준비하는 과정	목표, 나아갈 길, 계획, 과정, 준비, 놀이동산, 문과, 프랑스 대학교
가정생활	미래 , 부모님, 결혼, 싱글, 현모양처, 가정생활
내가 원하는 최종적인 꿈	꿈, 직업, 의사, 선생님, PD
꿈에 대한 보상	월급, 억만장자, 돈, 수입

4단계 주제망 그리기

주제망 그리기는 프로젝트를 수행하기 전에 프로젝트 수업 준비 단계에서 학생들이 주제에 관한 생각을 이미지화하여 그려서 전반적인 프로젝트 수업의 과정을 한 눈에 알아보기 위한 활동이다. 주제망을 만들 때에는 마인드맵형 비주얼씽킹으로 내용을 정리하고 시각적으로 표현한다.

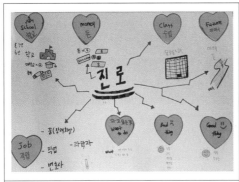

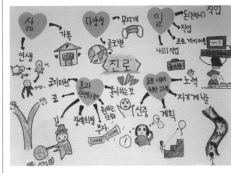

■ 자기성찰평가

평가영역	평가요소	평가기준	평가척도		
			상	중	하
인지적 영역	사고의 확장	브레인스토밍 활동으로 다양한 생각을 표현했으며 유목화 활동에 구체적인 아이디어를 제시하였다.			
정의적 영역	책임감	주제망 만들기 활동 시 단계마다 구체적인 의견을 제시하여 모둠 활동에 도움을 주었다.			

■ 모둠 내 동료평가

평가영역	평가요소	평가기준	평가척도(상, 중, 하)			
			모둠원 1	모둠원 2	모둠원 3	모둠원 4
인지적 영역	문제 해결력	브레인스토밍 활동 시 다양한 의견을 제안하였고 서로 연관된 것끼리 내용을 분류하여 적절한 표제를 만들어 제시하였다.				
정의적 영역	의사소통	모둠원과의 적극적인 협의를 통해 주제망 만들기를 완성하였다.				
	참여도	모둠 활동 시 유목화 및 표제 붙이기 활동에 적극적으로 참여하였다.				

■ 모둠 간 동료평가

평가영역	평가요소	평가기준	평가척도(상, 중, 하)							
			1 모둠	2 모둠	3 모둠	4 모둠	5 모둠	6 모둠	7 모둠	8 모둠
인지적 영역	내용의 적절성	주제망 구성 시 주제와 연관 지어 내용을 구성하고 작성하였다.								
	표현의 창의성	주제망 작성 시 참신하고 독창적인 아이디어를 포함하여 표현하였다.								
정의적 영역	발표 태도	주제망 작성 과정과 내용을 구체적으로 설명하였으며 질문에 성의 있게 답하였다.								

■ 교사평가(개인평가, 모둠평가)

평가영역	평가요소	평가기준	평가척도		
			상	중	하
정의적 영역	책임감	자신이 맡은 역할을 알고, 의견 제시 등 구체적인 활동을 하고자 노력하였다.			
	협동력	모둠원들과의 활발한 협의를 바탕으로 유목화 및 주제망의 내용을 완성하였다.			
	소통, 공감	유목화 활동 후 표제 붙이기 활동에서 나온 다양한 의견을 공감하여 조정하였다.			
인지적 영역	내용의 정확성	유목화에 따른 표제에 오류가 없으며, 참신하고 적절한 핵심어로 나타내었다.			
	구성의 적절성	주제망을 마인드맵형으로 정리하였으며, 적절한 이미지와 설명으로 표현하였다.			

■ 평가 Tip

예비 프로젝트 수업에서는 위에서 제시한 자기성찰평가, 동료평가, 교사평가 등을 꼭 실시할 필요는 없다. 그러나 선생님들이 실질적으로 프로젝트 수업을 진행할 때 참고하도록 제시하였다.

프로젝트 수업으로
협력적 문제 해결력 키우기

1. 프로젝트 수업

2015 개정 교육과정은 '미래 사회가 요구하는 창의융합형 인재 양성'과, '학습 경험의 질 개선을 통한 행복한 학습의 구현'이라는 비전을 설정하였다. 교육과정-수업-평가-기록의 일체화에서 왜 프로젝트 수업에 주목해야 할까? 학생 참여형 수업인 프로젝트 수업을 통해 학생의 성장과 발달을 도와줄 수 있는 협력적 문제 해결력과 의사소통 능력 그리고 창의성 등의 역량을 함양할 수 있다. 그것이 우리가 다시 프로젝트 수업에 주목해야 하는 이유이다.

프로젝트 수업은 학습자가 스스로 문제를 찾아내고, 과제 해결방안을 계획하며, 합리적인 조사 탐구를 통해 계획을 실행하여 과제를 해결하고 공유하는 과정에서 자연스럽게 학습이 이루어지도록 유도하는 교수·학습이다.

2. 프로젝트 수업은 왜 중요할까?

프로젝트 수업은 2~4개의 성취기준을 통합한 교과 재구성이나 교과 간 주제통합 수업에 적용하기 적합한 학습이라 할 수 있다. 왜냐하면 지금까지 학생들은 분절되고 경계가 명확한 교과 내 또는 각 교과 학습으로 지식의 연관성이나 깊이 있는 탐구를 하지 못하고 단편적이고 분절적인 지식을 가졌으며, 지식-탐구-실천이 분리되어 평가가 끝나면 배움도 사라지는 학습을 하고 있었다.

프로젝트 수업은 주제와 연관된 정보 수집과 조사 활동을 통해 2015 개정 교육과정에서 제시하고 있는 핵심 역량뿐 아니라 교과 내 통합된 교과 역량과 학년에서 지향하고 있는 성취목표를 다양한 탐구 활동과 프로젝트 발표를 통해 성장시킬 수 있다. 각 교과의 성취기준을 반영한 주제를 조사·탐구하고 자신의 생각을 표현할 수 있게 통합적으로 재구성하고, 교과를 넘나들며 삶과 사회적 실천을 연결해 준다. 프로젝트를 수행하면서 학습자의 필요에 의한 선택과 집중은 학습자들에게 사고의 유연성을 길러 주며, 스스로 해결해 보면서 배우는 체험적 학습 기회를 제공한다.

의사소통 능력, 창의적 사고 역량 및 협력적 문제 해결력 등의 역량을 함양할 수 있도록 학생 스스로 자기주도적으로 계획하고 탐구하며, 자신의 생각과 메시지를 표현하고, 그것을 수업의 과정에서 있는 그대로를 관찰하고 평가하는 프로젝트 수업이야말로 학습자의 배움과 성장의 과정을 하나로 통합한 일체화된 학습이라고 할 수 있다.

3. 프로젝트 수업의 주제

- 2015 개정 교육과정에서 제시한 각 교과의 교과 역량을 반영할 수 있어야 한다.
- 학생들의 호기심을 자극(흥미유발, 학습동기 부여)할 수 있어야 한다.
- 과제 수행을 통하여 학생의 협력적 문제 해결력 신장에 도움이 되는 것이어야 한다.
- 교과의 주요 내용을 포함하고 실생활과 밀접한 관련이 있어야 한다.

실생활과 관련된 주제란?

> 미래를 살아갈 학생들에게 필요한 것은 암기능력이 아닌 '지식활용 능력'과 '문제 해결 능력', '의사소통 능력'이기 때문에 실제 현실 상황에서의 경험을 통해 삶을 체험할 수 있는 실생활과 관련된 주제를 말한다.

4. 프로젝트 수업의 설계

1) 프로젝트 수업 구상하기

주제 선정하기	◦ 교육과정과 연계된 흥미 있는 주제 ◦ 지역사회나 사회적 관심사, 문제와 연결 ◦ 구체적인 것 ◦ 교실환경, 학교환경 고려/모둠 구성
성취기준 선정하기	◦ 프로젝트의 목적 ◦ 성취기준 선정 ◦ 프로젝트를 통해 얻고자 하는 것
활동 내용 선정하기	◦ 목적과 주제에 따른 구체적 활동 ◦ 주제망 만들기 ◦ 주제를 구체적으로 어떻게 수행할지 결정 ◦ 실천 가능한 구체적 활동 선정
스토리 보드 (수업 흐름도) 작성하기	◦ 어떤 활동을 어떻게 구성할까? ◦ 꼼꼼히 계획(프로젝트 흐름)을 세워 보는 것 ◦ 머릿속으로 어떻게 진행될지 미리 그려 보는 것(순서, 흐름) ◦ 과정을 시각화해 보는 것
수행 결과물 및 평가하기	◦ 프로젝트 수업의 수행 결과물 ◦ PPT, 보고서, 토론, 역할극, 영상 등 다양한 형태 ◦ 프로젝트 수업 과정과 결과물에 대한 평가방법

■ 프로젝트 수업 Tip

첫 시간에 프로젝트 수업이 무엇인지 학생들이 이해할 수 있는 시간을 가지면 학생들은 앞으로 6~8 차시 동안에 자신들이 무엇을 할 것인지, 어떻게 해야 하는지에 대한 방향성을 찾게 되어, 교사가 혼자서 진행하는 수업이 아니라 학생들이 주도성을 가지고 스스로 과제를 수행하며, 모둠원들과 협력적 학습을 해야 한다는 것을 인지하게 된다.

프로젝트 수업은 학생 주도적인 요소와 교사의 안내가 적절히 조화를 이루어야 한다. 학습 내용에 따라 프로젝트를 다양하게 탐구하고 응용하여 표현하는 데 교사의 적절한 안내는 자기주도적으로 학습을 수행해야 하는 학생에게 프로젝트를 끝까지 흥미를 가지고 몰입할 수 있도록 하는 토대가 된다.

2) 프로젝트 수업의 절차

(1) 프로젝트 단원 선정을 위한 교육과정 재구성	• 교과의 성취기준 분석 • 교과 역량 반영 • 평가계획 수립
(2) 프로젝트 준비 단계	• 프로젝트 수업 소개 및 안내 • 평가표 제시 • 예비 주제망 그리기
(3) 프로젝트 계획 단계	• 프로젝트 수행계획 세우기 　– 주제망 그리기, 모둠 주제선정 　– 정보탐색 및 자료 수집계획 　– 과제활동을 위한 역할 분담
(4) 프로젝트 수행 단계	• 주제 탐구 　– 자료조사 및 종합, 분석 　– 프로젝트 결과물 제작 사전 안내 　– 프로젝트 결과물 제작하기 　– 프리젠테이션(PPT) 자료 제작
(5) 발표 및 평가	• 수행 과정, 수행 결과 발표 　– 프로젝트 발표 활동 사전 안내 • 평가(자기성찰평가, 동료평가, 교사평가)

(1) 프로젝트 단원 선정을 위한 교육과정 재구성

① 교과의 성취기준 분석
- 성취기준은 학생이 무엇을 학습하고 성취해야 하는지, 교사가 무엇을 가르치고 평가해야 하는지에 대한 실질적인 지침이다.
- 성취기준은 학생들이 학습을 통해 성취해야 할 지식, 기능, 태도의 능력과 특성이 진술되어 있으므로 프로젝트 수업을 진행하기 전에 성취기준을 분석하여 2~4개 정도 통합하여 프로젝트 학습에 적합한 주제를 추출한다.
- 교과의 성취기준을 중심으로 교과서를 분석하여 교육과정을 재구성하면서 교수·학습의 방향과 평가요소를 추출한다.

[예시] **중학교 도덕교과 성취기준 분석**

[9도02-02] 친구와의 우정의 중요성에 대해 생각해 보고, 진정한 우정을 맺는 방법에 대한 도덕적 이야기를 구성할 수 있다.

내용요소
·우정의 중요성 ·진정한 우정을 맺는 방법

가능(행동 특성)
·우정을 경험과 연결하여 표현하기 ·진정한 우정을 맺는 방법 구체적으로 제시하기

⬇ 분석   분석 ⬇

·진정한 우정의 의미 ·진정한 우정의 중요성 ·진정한 우정을 맺는 방법

·자신의 경험 속 우정의 의미 자각 ·갈등 발생 시 평화적 해결방안 제시 ·친구에게 전하는 우정의 메세지

교과 역량	자기존중 및 관리 능력, 도덕적사고 능력

교과 역량	도덕적 정서 능력, 도덕적 대인관계 능력, 윤리적 성찰 및 실천 성향

교수·학습의 방향
- 자신의 가치 있는 경험(갈등사례)을 바탕으로 우정의 의미를 연꽃기법을 활용하여 발표하기 - 청소년기의 진정한 교우관계를 위한 자신의 행동 성찰하기 프로젝트 학습

。내용요소 : 학생들이 교과를 통해 배워야 할 내용

。기능(행동 특성) : 수업 후 할 수 있거나 할 수 있기를 기대하는 능력

② 교과 역량 반영

2015 개정 교육과정 교과 역량

교 과	교과 역량
국어	비판적·창의적 사고 역량, 자료·정보 활용 역량, 의사소통 역량, 공동체·대인관계 역량, 문화 향유 역량, 자기성찰·계발 역량
수학	문제 해결, 추론, 창의·융합, 의사소통, 정보처리, 태도 및 실천
도덕	자기존중 및 관리 능력, 도덕적 사고 능력, 도덕적 대인관계 능력, 도덕적 정서 능력, 도덕적 공동체 의식, 윤리적 성찰 및 실천 성향

③ 평가계획 수립

프로젝트 수업 시 분석한 성취기준을 근거로 자기성찰평가, 동료평가, 교사평가 등 인지적 영역 요소와 정의적 영역 요소, 교과 역량을 포함하는 평가요소를 선정하여 구체적 계획을 수립한다.

❶ 수행과제가 의도한 성과에 도달하였는가를 평가
❷ 학습과정에서 중요한 내용에 대한 평가
❸ 수행으로 드러낼 수 있는 평가방법 제시
❹ 교육과정-수업-평가(기록)과 연계하여 평가 실시

평가요소	평가기준	평가도구
도덕적 정서 능력	◦ 어떤 상황을 도덕적 문제 상황으로 인지 ◦ 문제 상황에 대한 도덕적 공감력	개인 활동지 자기성찰평가/교사평가
도덕적 사고 능력	◦ 자기존중 방안을 적절히 제시 ◦ 도덕성을 바탕으로 한 바람직한 교우관계 방안 제시	모둠토의(연꽃기법) 자기성찰평가/동료평가/교사평가
도덕적 의사소통 능력	◦ 일상생활에서 타인존중의 방법 제시	모둠토의 동료평가/교사평가
도덕적 대인관계 능력	◦ 일상생활에서 실천 의지 내면화 ◦ 토의 및 탐구 규칙의 준수	자기성찰평가/동료평가/교사평가

[예시] **중학교 1학년 도덕과 교육과정 재구성**

- **교 과:** 도덕
- **단원명:** Ⅱ. 타인과의 관계　02. 참된 우정이란 무엇인가?
　　　　　　　　　　　　　03. 성(性)의 도덕적 의미는 무엇인가?
　　　　　　　　　　　　　04. 사이버 공간에서 지켜야 할 윤리
- **대상학년:** 중학교 1학년
- **학습주제:** 청소년 문화 탐구

2015 개정 교육과정 성취기준	[9도02-02] 친구와의 우정의 중요성에 대해 생각해 보고, 진정한 우정을 맺는 방법에 대한 도덕적 이야기를 구성할 수 있다. [9도02-03] 성과 사랑의 다양한 의미를 이해하고, 청소년기의 성 문제를 도덕적 시각에서 평가하며, 일상생활에서 이성 친구에 대한 예절을 지키는 실천 방법을 제시할 수 있다. [9도02-05] 정보화 시대에 요구되는 도덕적 자세와 책임의 도덕적 근거와 이유를 제시하고, 타인존중의 태도를 통해 다양한 방식으로 의사소통할 수 있다.
교과 역량	· 도덕적 대인관계 형성 능력　· 도덕적 의사소통 능력　· 도덕적 사고 능력　· 도덕적 정서 능력

청소년기에 가장 관심 있는 분야는 친구 관계, 이성교제와 정보통신(컴퓨터, 휴대폰, SNS, 게임 등) 관련 문화이다. 도덕과 교육과정에서는 이 두 분야를 중단원으로 구분하여 배치하였고, 청소년들에게 그들의 대표적 관심사에 대해 진지하게 고민하게 하기 보다는 도덕성과 책임성에 기반을 두고 의무와 문제 해결방안에 초점을 두고 있다.

그래서 'Ⅱ-02 친구 관계와 도덕' 단원의 2개 소단원과 'Ⅱ-03 사이버 윤리와 예절' 3개 소단원을 '청소년 문화 탐구'로 통합하여 교육과정을 재구성하였다. 청소년 문화라는 큰 틀에서 청소년기의 관심 영역을 스스로 선정하고 탐색하고, 성찰하는 기회를 통해 도덕적 대인관계 형성 능력 및 공감·경청을 기반으로 다양한 방식으로 의사소통하는 능력, 도덕적 정서 이해·표현·조절능력을 함양하고자 교육과정의 순서를 조정하고 내용을 통합하여 '청소년 문화탐구' 프로젝트 수업을 시도하였다.

교육과정 재구성 전 단원 학습 순서			교육과정 재구성 후 단원 학습 순서		
대단원	중(소)단원	비고	대단원	중(소)단원	비고
Ⅱ. 타인과의 관계	02. 친구 관계와 도덕 　1. 우정의 의미와 중요성 　2. 친구 간의 갈등사례, 예방과 해결방안 　3. 성과 사랑에 대한 올바른 인식 　4. 이성친구와의 바람직한 관계와 예절 03. 사이버 윤리와 예절 　1. 사이버 공간의 특징과 도덕적 책임 　2. 사생활 존중과 보호 　3. 사이버 공간에서 지켜야 할 일		Ⅱ. 타인과의 관계	02. 친구 관계와 도덕 　3. 성과 사랑에 대한 올바른 인식 　4. 이성친구와의 바람직한 관계와 예절 03. 사이버 윤리와 예절 　1. 사이버 공간의 특징과 도덕적 책임 　2. 사생활 존중과 보호 　3. 사이버 공간에서 지켜야 할 일	성실

(2) 프로젝트 준비 단계

① 프로젝트 수업 소개 및 안내

교사는 프로젝트 수행 전에 학생들에게 미리 계획서와 평가계획, 역할 분담의 중요성, 일정 등을 확인하고 점검한다.

준비 단계	계획 단계	수행 단계	발표 및 평가
1. 프로젝트 사전 단계 - 프로젝트 수업 소개 - 모둠구성, 평가계획안내	2. 자료 조사 및 분석 방향(모둠별) - 모둠 주제 선정 - 모둠의 역할 - 조사방향 및 방법모색	3. 자료 조사 - 개인별 자료조사 - 모둠 활동 - 개별 자료조사 모으기, 발표자료 제작	5. 수행 결과물 발표하기 - 역할 나누어 발표 하기

■ 프로젝트 수업 Tip

프로젝트 수업의 준비 단계에서는 학생들에게 프로젝트 수업이 무엇인지, 교과서 단원이 어떻게 통합되었는지, 어떤 의도로 수업을 구성하게 되었는지, 기간은 어느 정도 걸리는지, 과제 수행을 통해 어떤 결과물이 요구되는지 수업의 흐름을 알려 준다.

이번 프로젝트는 친구 간의 우정, 바람직한 이성 관계, 정보통신윤리 세 중단원을 통합하였다. 프로젝트 수업의 대주제는 사춘기 학생들의 주요 관심사인 '청소년기 이성교제', '진로', '청소년들의 여가', '청소년기의 소비생활' 등의 영역을 추가 확대하여 스스로 주제를 선정하여 탐구해 보는 프로젝트 수업임을 알려 주고 이해시킨다.

프로젝트는 개인 또는 모둠으로 수행할 수 있는데, 협력적 모둠 활동을 통해 학습자 간에 서로 배움이 일어나도록 모둠 학습으로 구성하는 것이 더 의미가 크다. 모둠의 구성은 주제망을 통해 관심사가 같은 친구들끼리 모둠을 정하도록 할 수도 있고(동일 관심사이기 때문에 모둠 활동이 활발할 수 있으나 모둠 구성원이 친한 친구들끼리 모일 수 있어 소외되는 학생이 나올 수도 있음), 무작위로 모둠을 구성할 수도 있다.(제비뽑기 하거나 교사가 모둠을 구성할 수도 있음)

또한 청소년기를 스스로 탐색하고, 성찰해 보는 기회를 가져 보고, 나와 같으면서 다른 또래들의 생각을 들어 보고, 알아 보면서 자기정체성을 탐색하고, 평화롭고, 안전한 학교생활을 하는데 도움이 되기를 바라는 것이 프로젝트 수업의 목적임을 수업의 흐름을 통해 학생들에게 알려 준다.

[예시] 청소년 문화 탐구 프로젝트 흐름도

1. 프로젝트 사전 단계(예비 프로젝트)

　가. 주제망 그리기 - '청소년 문화' 하면 떠오르는 것은?

　나. 프로젝트 수업 소개 - 프로젝트 수업이란, 대주제 선정의 이유

　다. 모둠 구성하기

　라. 프로젝트 평가계획 안내하기

2. 자료 조사 및 분석 방향(모둠별)

　가. 주제망을 통해 무엇을 조사해야 하나?(소주제 선정)

　나. 조사방법, 조사도구(구체적 - 사이트, 참고자료 등)

　다. 모둠역할 분담(조사할 소주제 선정)

　라. 수행과정 결과물(예측) - (산출물 유형-PPT, 동영상 제작, 캠페인 등)

3. 자료 조사 개인별 활동

　가. 내가 조사해야 할 주제

　나. 소주제 탐구를 위해 내가 조사해야 할 구체적 내용

　다. 신뢰성 있는 다양한 자료 출처 제시

　라. 내가 조사한 자료를 종합하여 분석하고 정리하기(PPT- 산출물 발표 시 PPT로 개별 작성해서
　　　모둠 대표에게 보내기)

4. 모둠 활동

　가. 자료를 분류, 분석하여 모둠원들에게 공유하기

　나. 모둠에서 조사한 자료를 종합하여 주제에 맞게 선정하기

　다. 공평하게 역할을 분담하여 수행 결과물 제작하기

5. 수행 결과물 발표하기-역할 나누어 발표하기

　가. 우리 모둠의 자료조사 내용 정리- PPT(각자 조사 내용 PPT로 만들어 모둠 대표에게 보내기)
　　　또는 발표자료 만들기(동영상, 프레지, 보고서 발표 등 선정)

　나. 수행 결과물을 발표할 때는 모둠원 모두가 한 번씩은 발표할 수 있도록 한다.

② 평가표 제시

학생들에게 프로젝트 흐름을 소개한 후 평가계획을 사전에 알려 주어 프로젝트 수행 시 목표 및 중점 사항과 유의 사항을 알게 하여 프로젝트 수행의 방향을 이해하도록 돕는다. 프로젝트는 협력적 모둠학습이기 때문에 모둠 활동에서의 자기 역할 수행과 모둠원 간의 협업과 정보를 수집, 분석하여 창의적이고, 구체적, 체계적인 내용구성이 중요함을 알려 준다.

[예시] **청소년 문화 탐구 평가표**

■ 모둠 내 동료평가

평가영역	평가요소	평가기준	평가척도(A, B, C)			
			모둠원 1	모둠원 2	모둠원 3	모둠원 4
인지적 영역	문제 해결력	수행 과제를 다각적으로 분석하고, 창의적인 해결방안을 제시하였다.				
	창의력	주제를 탐구하고 조사하여 제시한 자료가 참신하고 창의적으로 표현되었다.				
정의적 영역	협동력 및 책임감	역할 분담에서 자신의 역할을 책임감 있게 수행하고 구성원으로서 양보하고 타협하면서 협력하였다.				
교과 역량	도덕적 의사소통 능력	모둠의 구성원으로서 함께 의견을 모아 과제를 해결하였다.				
우리 모둠원 중 친구 ( )를 칭찬합니다. 칭찬 이유는?						

* 평가척도(A, B, C)에서 A는 잘함-3점, B는 보통-2점, C는 미흡함-1점임.

■ 모둠 간 동료평가 예시(1)

평가요소	평 가 기 준	평가척도(A, B, C)							
		1 모둠	2 모둠	3 모둠	4 모둠	5 모둠	6 모둠	7 모둠	8 모둠
자료조사	주제를 다양한 관점에서 탐구하고 사실적인 자료를 찾아 조사하였다.								
자료분석	조사한 자료를 합리적으로 분석하고 이해하여 모둠원들에게 논리적으로 설명하였다.								
수행 결과물 발표	발표 내용을 짜임새 있게 구성하고 다양한 시각적 자료를 활용하여 효과적으로 발표하였다.								

* 평가척도(A, B, C)에서 A는 잘함-3점, B는 보통-2점, C는 미흡함-1점임.

■ 모둠 간 동료평가 예시(2)

평가요소	평 가 기 준	평가척도 (하-중-상)		
1. 내용의 충실성 (5점)	참신하고 창의적인 주제로 청소년의 문화 알기와 연관성이 있다.	1	2	3
	객관적 자료를 조사하기 위해 노력했다.(조사 대상이 30명 이상이다.)	0	1	2
2. 탐구 및 분석 (5점)	조사한 자료를 종합하여 정확하게 이해하고 분석하였다.	1	2	3
	주제를 다양한 관점에서 탐구하고 참신한 아이디어를 제시하였다.	0	1	2
3. 수행 결과물 (5점)	짜임새 있게 구성하고 디자인이 주제에 맞게 창의적이며 완성도가 높다.	0	1	2
	내용의 구성과 순서가 논리적이고 중심 내용을 강조하여 발표하였다.	1	2	3
합 계				

* 평가척도(상, 중, 하)에서 상은 잘함 , 중은 보통 , 하는 미흡함 임.

■ 모둠 발표 기록 및 평가지 예시

'청소년 문화 탐구 프로젝트 수업' 발표 기록 및 평가				
	학년 반 번 이름 :			
모둠	탐구주제 및 주요 내용	점 수		
		1	2	3
1				
2				
3				
4				
5				
6				
7				
8				
소감				

* 이 평가지는 모둠발표 시 경청하도록 하기 위한 장치이며, 개인 활동지로 평가할 수 있음.

③ 예비 주제망 그리기

❶ 주제망 그리기 연습

주제망 구성이란 프로젝트 활동에 들어가기 전 프로젝트 준비 단계에서 교사가 주제에 관한 생각을 나름대로 조사해 보는 것이다. 즉, 교사가 그 주제에 대하여 현재 가지고 있는 지식, 개념, 아이디어 등을 모두 생각해 내어 망의 형태로 조직하는 것이다.

❷ 주제망 구성 절차

㉠ 브레인스토밍

○ 주제에 관한 연상: 주제에 관한 것을 머릿속으로 그려 본다.

○ 떠오르는 생각 적기: 머릿속에서 떠오르는 생각들을 20~30개가 될 때까지 적어서 순서 없이 펼쳐 놓는다.(포스트잇 사용 시 유목화 용이)

㉡ 유목화: 유사성에 따라 그룹으로 분류하기

○ 유사한 단어끼리 그룹 짓기

㉢ 표제 붙이기: 분류한 그룹에 제목 붙이기

[예시] 예비 주제망 그리기

본 수업 주제망 그리기에 앞서 학생들에게 주제망에 대한 사전 교육 활동으로 실시하면 주제망을 작성할 때 브레인스토밍을 통해 다양한 아이디어를 발산하는 것이라는 사전 지식을 가지게 되어 본 수업의 주제망을 작성할 때 도움이 된다.

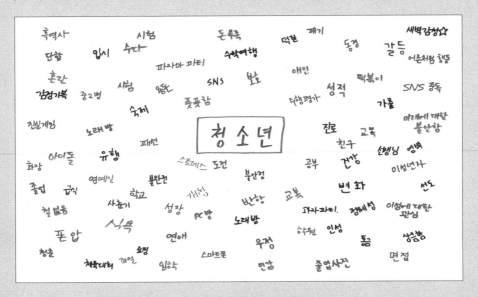

(3) 프로젝트 계획 단계

① 프로젝트 수행계획 세우기

　❶ 모둠 구성

　　◦ 모둠의 크기와 구성 방법은 수업 내용, 교실 환경, 학생 수준 등 여러 가지 여건에 따라 달라질 수 있다. 주로 4인 1모둠이 교실에 따른 자리 배치에 유리하다.

　　◦ 교사 중심: 교사가 학생들의 성별, 수준(성적), 성격, 친밀도(관계) 등을 고려하여 구성한다.

　　◦ 학생 중심: 교사가 모둠장만 선정하고, 모둠장이 모둠원을 구성하는 방식이다.

　　◦ 주제 중심: 관심 주제가 같은 학생들끼리 모둠을 구성한다. 단, 모둠마다 인원의 수가 다를 수 있다. 어느 한 주제에 몰리거나, 주제보다는 친한 친구들끼리 모이는 경우도 발생하므로 경우에 따라 교사의 숨은 개입이 필요하다.

　❷ 프로젝트 주제 선정

　　◦ 어떤 주제를 선택하는가에 따라 교육과정의 성격이나 방향이 결정되므로 주제 선정은 매우 중요하다.

　　◦ 단순한 교과 내용이 아닌 실생활과 연관된 주제를 선정한다.

　　◦ 교사가 의도적으로 학생의 흥미를 유발하는 주제를 제안하기도 하지만, 프로젝트 수업의 주제 선정부터 아이들에게 맡겨 볼 수도 있다. 이때 아이들에게 프로젝트 제안서를 받아 본다.

　　◦ 주제 선정의 규칙

　　　- 실생활과 연관이 있고, 학습자의 창의력과 협력적 문제 해결력 신장에 도움을 주어야 한다.

　　　- 수행 결과물을 결합하고 제시하는 과정이 포함될 수 있는 주제여야 한다.

　㉠ 교사 주도 제시형

　　◦ 프로젝트 수업을 처음 시작할 경우 학생들은 프로젝트 학습에 대해 알지 못하기 때문에 교사가 교과 내용을 중심으로 학습 주제를 선정하여 제시한다.

　　◦ 교사도 처음 시도하는 경우는 실패의 두려움과 학생들의 수준을 잘 모르고 있기 때문에 불안감이 있다. 이때는 교사의 준비가 더욱 철저해야 하며, 성취기준을 분석하여 선정한다. 교과 내용의 성취기준에서 행동영역 요소(기능)를 찾아내어 선정할 수 있다.

예) [9도02-02] 친구와의 우정의 중요성에 대해 생각해 보고, 진정한 우정을 맺는 방법에 대한 도덕적 이야기를 구성할 수 있다.

⇒ '우정은 어떤 모습일까?', ' 나의 친구를 소개합니다.' 등

◦ 교사도 주제를 선정하는데 어려움이 있다. 이때는 2015 개정 교육과정에 의거하여 경기도 교육과정 각 교과 각론에서 제시하고 있는 포괄적 질문이나 핵심 질문을 주제로 선정해도 좋다.

* 포괄적 질문은 학습자의 호기심과 탐구심을 유발하고, 학습자가 핵심 개념이나 일반화된 지식에 도달할 수 있도록 이끌어 주는 질문을 한다.

예) 중학교 도덕: 도덕적 정체성을 형성하고, 인간다운 삶을 살기 위해 어떤 노력을 해야 하는가?

Ⓛ 교사 + 학생 조합형

◦ 교사가 프로젝트 주제 단원을 선정하고, 주제망이나 연꽃기법을 활용하여 학생들에게 소주제를 탐색하게 하여 그중 관심이 가는 주제를 선정한다.

Ⓒ 학생 주도형

◦ 학생들에게 프로젝트 제안서를 받아, 학생들 스스로 가장 관심있는 주제를 선정하도록 한다.

1. 주제망 그리기

본 수업에서는 예비주제망으로 작성해 본 '청소년'으로 생각을 열었던 것을 바탕으로 '문화'의 개념을 살펴 본 후 '청소년 문화'에 영향을 미치는 요소들을 중심으로 브레인스토밍을 통해 모둠 주제 선정을 위한 주제 탐색을 한다. 이 활동지는 써클맵을 활용하여 작성해 보도록 했다.

써클맵은 가운데 원에 탐색 주제를 쓰고 바깥 원에 주제와 관련된 정보나 생각들을 쓰는 구조화된 맵의 한 종류이다.

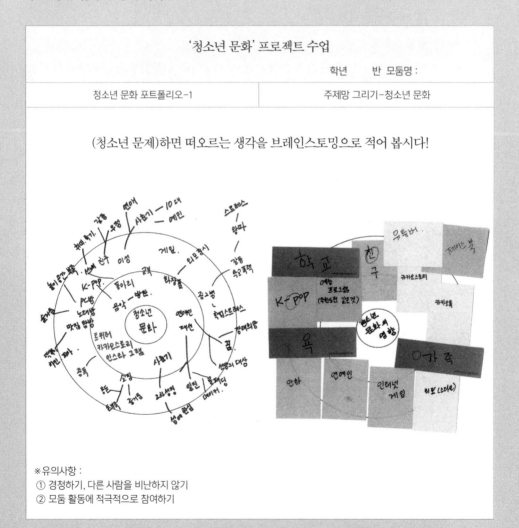

'청소년 문화' 프로젝트 수업

학년   반 모둠명 :

청소년 문화 포트폴리오-1	주제망 그리기-청소년 문화

(청소년 문제)하면 떠오르는 생각을 브레인스토밍으로 적어 봅시다!

※유의사항 :
① 경청하기, 다른 사람을 비난하지 않기
② 모둠 활동에 적극적으로 참여하기

2. 모둠 주제선정하기

'청소년 문화' 주제망 그리기에서 나온 다양한 정보와 생각들을 유사성에 따라 분류하여 유목화(그룹핑)하고, 분류한 그룹에 제목을 붙이는 활동을 한다.

유목화와 표제 붙이기가 끝나면, 각 모둠에게 가장 관심 있는 주제를 선정하게 한다. 어떤 기준으로 주제를 선정했는지, 주제를 탐색하기 위해 어떤 자료를 탐색해야 하는지 1차 협의하는 과정이다.

'청소년 문화' 프로젝트 수업	
학년 반 번 모둠명 :	
청소년 문화 포트폴리오-2	주제 선정하기-청소년 문화

주제 : 청소년 문화형성에 영향을 미치는 환경적 요인을 찾기

1. 그룹핑 하기

· 놀이 : 게임 영화, 스포츠, 힙합

· 미디어 : 인터넷, TV, 스마트폰, 책

· 여가생활 : TV, 인터넷, 노래방, 책, 웹툰, 타임킬링.

· 이성교제 : 여친, 남친, 100일, 투닥, 스킨십.

· 일탈 : 자살, 가출, 술, 문배, 여성복.

· 유행성 : 연예인 · 음식, 언어.

2. 우리 모둠의 선정 탐구 주제는?

     미디어 - SNS

3. 선정 이유?

     학생들이 미디어를 제일 많이 쓰기 때문이다

4. 위의 주제 형성의 환경적 요인(배경)

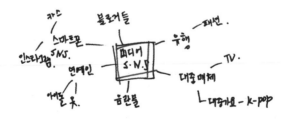

※유의사항 :
① 경청하기, 다른 사람을 비난하지 않기
② 모둠 활동에 적극적으로 참여하기

'청소년 문화' 프로젝트 수업

학년   반   번 모둠명 :

청소년 문화 포트폴리오-2	주제 선정하기-청소년 문화

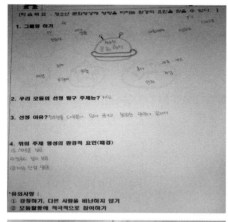
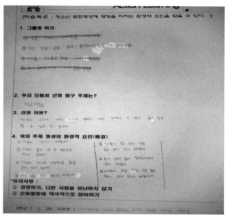

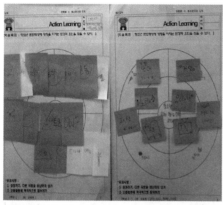
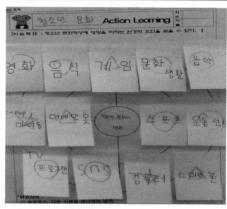

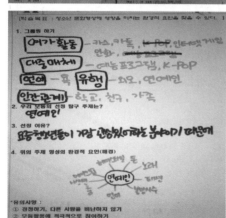
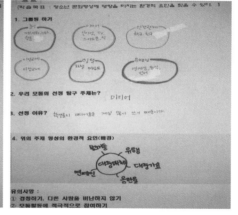

3. 정보탐색 및 자료 수집계획과 과제활동을 위한 역할 분담

'청소년 문화'와 관련된 주제망 그리기로 모둠에서 가장 관심있는 분야를 선정하였다. 이제는 주제를 좀 더 명확하게 구체화하여, 어떤 자료들로 내용을 구성해야 하는지에 대한 협의를 하는 단계이다. 어떻게 자료와 정보를 모으고 담당 역할은 무엇인지, 전반적인 계획을 수립한다.

모둠의 조사 주제는 이제부터 모둠 프로젝트의 주제이다. 이 주제가 갖는 의미를 깊이 있게 협의해야 프로젝트의 과제가 분명해지고, 과정에 혼란이 줄어든다고 할 수 있다.

프로젝트 과제를 수행하기 위한 자료 조사의 난이도에 따라 모둠원의 역할을 나누는 과정이다. 공평하게 협업한다는 의미가 똑같이 나눈다는 것이 아니라 모둠원 간의 배려가 있어야 함을 강조하여 모둠 활동이 협력적이고 원활하게 이루어지도록 관계를 세우는 단계이기도 하다.

'청소년 문화' 프로젝트 수업

		학년 반 번 모둠명:
청소년 문화 포트폴리오-3		프로젝트 계획 세우기(모둠별, 개별-역할분담)

조사주제 정하기	연예인이 청소년 문화에 미치는 영향은 무엇일까?	
주제선정의 이유	요즘 청소년들이 가장 관심을 가진 분야고, 연예인은 청소년의 모방의 주체가 되기 때문이다.	
분석방향 (1. 무엇을 조사해야 하나? 2. 조사를 통해 모둠이 무엇을 알고자(얻고자) 하는가? 3. 청소년의 실생활과 어떤 연관성이 있는가?)	1. 청소년들이 연예인에 관심을 가지는 이유 2. 연예인이 대중성을 가지는 이유 3. 연예인이 청소년의 문화 형성에 얼마나 영향을 미치는가	
내가 조사해야 할 소주제 (모둠역할선정)	모둠원(학번/이름)	역할/ 발표영역
		청소년들이 연예인에 관심을 가지는 이유
		연예인이 대중성을 가지는 이유
		연예인이 청소년의 문화형성에 얼마나 영향을 미치는가
		청소년의 문화중 어떤 부분에 영향을 주는가
조사대상과 방법	한국의 유명한 연예인을 조사하고 그들이 어떻게 청소년에게 영향을 주는지 자세하게 알아본다. 인터넷, 인터뷰 신문, 통계 자료 등을 조사한다.	
조사도구 (조사표 또는 질문지) 제작	·좋아하는 연예인 설문 ·연예인 광고 상품 구입하는지 설문. ·연예인 패션을 따라하는지 설문.	

■ 프로젝트 수업 Tip

연관이 있는 주제 3~4개를 조사하여 자료를 정리하고, 자료를 분석하여 모둠원들 간 개인 자료를 서로 연결 지어 청소년 문화 실태를 보고한다.

(4) 프로젝트 수행 단계

① 주제 탐구 자료 수집 및 종합·분석·정리

주제 탐구 및 개인 자료를 조사하는 것은 학생의 입장에서 가장 어려운 부분이다. 주제에 따라서는 교사는 참고할 만한 자료를 몇 가지 제시하여 학생이 주제를 탐구하는 데 도움을 줄 수 있으며, 주제의 탐색 방향이 엉뚱한 곳으로 가는 것을 막는데도 유용하다. 검색 사이트나, 관련 홈페이지, 관련 기관 등을 학습지 형태로 배부해 주어도 좋다.[사회과 조사자료 안내 학습지 참고]

학생들에게 자료를 찾는 시간을 줄 경우 모둠별 1~2개의 휴대폰을 사용하도록 할 수도 있고, 학교 도서관이나 정보실(컴퓨터실)을 이용할 수 있다. 특히, 학교 도서관을 활용 시 사서선생님께 사전에 주제를 알려드려 관련 도서를 준비해 주시면, 시간도 단축될 뿐더러 도서관 활용 협업 수업이 가능해 의미가 있다. 이 단계에서는 개인이 조사한 내용을 바탕으로 모둠원들의 자료를 점검하고, 차후에 각 모둠이 해야 할 과제와 부족한 부분을 찾아 자료를 보완하도록 한다.

❶ 자료 수집하기(개별 활동)

'청소년 문화' 프로젝트 수업	
학년 반 번 이름 :	
청소년 문화 포트폴리오-4	자료 수집하기(개별)

모둠선정주제	연예인이 청소년 문화에 미치는 영향은 무엇인가?
내가 조사해야 할 소주제 (모둠주제와의 연관성)	연예인이 청소년의 문화 형성에 얼마나 영향을 미치는가?
조사 도구 제작 (설문지 작성 등)	설문 질문 1. 연예인이 청소년의 문화에서 어떤 부분에 영향을 미친다고 생각하나요? 2. 연예인으로 하여금 믿는 좋은 영향은 무엇이라고 생각하나요? 3. 연예인으로 하여금 가져가게되는 악영향·역효과는 무엇이라고 생각하나요?
내가 찾아 본 자료 목록	네이버, 구글, 인터넷 신문
내가 찾은 자료 핵심 내용 적기 (3가지 이상)	1. 연예인은 대중성을 가지는 공인이므로 이 사실 자체가 청소년을 포함한 사람들의 문화 형성에 영향을 미친다. 2. 대중성을 가지는 공인 중 일부는 곡, 음악을 만드는 아티스트 이고, 일부는 청소년의 여가 중 영화를 책임지는 배우이다. 영화나 음악 등으로 세상을 통해 모비되기 때문에, 이 문화는 곧 모방성이 풍부한 청소년에게 빠르게 접해지게 된다. 3. 연예인 중 아역들의 경우는 주 소비자층이 청소년이기 때문에,
앞으로 우리 모둠의 해야 할 과제 (자료의 통합 방법 모색 등)	각자조사한 소주제를 어떻게 기사화하고 통합할 것인지 생각해야 한다.

아이들의 이상 적 유형을 결국 시민 대상이 아이즉, 곧 연예인이라고 할 수 있다.

[예시] **사회과 조사자료 안내 학습지**

■ 교육감 선거 공약 조사자료 안내

내가 조사해야 할 부분의 주제를 탐구하여, 자료를 종합하여 분석해 보세요.

사이트 소개	자료 화면	조사 활동
1. 중앙선거관리위원회 홈페이지		- 홍보영상 - 간행물 - 인포그래픽 - 이미지 - 이슈카드
2. 한국 매니페스토 실천본부		- 매니페스토 공약정보센터 - 매니페스토 활동 - 각종 공약집 - 문서, 사진, 영상 자료
3. 구글 이미지 검색	**경기도교육감 후보자들 어떤 정책을 공약으로 내세웠나?** 2018.06.03 14:00 · 수원장애인복지연합회 **5인 후보자들이 공약으로 내세운 장애학생들 정책** 6.13전국동시지방선거가 13일간의 선거유세로 열기가 뜨겁다. 이번 지방선거에는 각 시·도 교육감 선거가 함께 치러진다. 경기도교육감에는 5명의 후보자가 출사표를 던지고 저마다 적임자라고 목소리를 높이고 있다. 그들 5명의 후보자가 내세운 장애학생들에 대한 정책은 어떤 것이 있나? 그 정책공약을 살펴본다.(가나다순)	- 후보 간 공약 비교 - 분야별 공약 사항 - 역대 후보 공약 비교 - 타시도 후보 공약 비교
4. 각종 공약집	각종 포털 싸이트에 후보 이름만 검색하면 공약집이 나옴 선거를 앞둔 시점엔 유권자의 선택을 돕는 더 많은 정보 제공	- 대선 공약집 - 정당 공약집 - 정책 공약집 - 지방선거 공약집 등

❷ 자료 정리하기(개별 활동)

이 과정은 4단계에서 개별로 자료 조사 및 수집한 내용에 추가로 보완한 자료를 가지고 모둠 내 자신의 주제를 모둠의 주제와 연관 지어 정리하는 활동이다. 각자 자신이 조사한 내용을 프로젝트 수업의 의도에 합당하게 방향성을 잡고 유의미하도록 제시해야 함을 강조한다. 조사한 내용과 모둠의 주제에 대한 자기 생각을 자료 제시나 근거 자료를 통해 반드시 작성하도록 하여 단순히 자료 수집을 위한 프로젝트가 아님을 강조한다.

'청소년 문화' 프로젝트 수업	
학년　반　번 모둠명:	
청소년 문화 포트폴리오-5	자료 정리하기(개별)

모둠선정주제	연예인이 청소년 문화에 미치는 영향은 무엇일까?
내가 조사한 소주제	연예인이 청소년 문화의 형성에 얼마나 영향을 미치는가?

@ 내가 조사한 자료 정리 (모둠 주제와 연관지어 정리 - 신문의 한 기사의 내용으로 정리해 보기)

　연예인은 청소년이 가진 이상, 욕구를 충족해주는 사람이다. 왜냐하 대중매체를 통해 보여지는 연예인은 항상 완벽해 보이기 때문에 청소년들이 모방하고 싶어한다. 그래서 연예인은 청소년의 문화에 큰 영향을 주고 있다.

그의 예로. [연예인] 에도 그 직업의 종류가 있는데. 곡을 만들어 세상에 내비치는 프로듀서와 가수주 소비자 층이 청소년인 아이돌, 영화·드라마로 소비되는 배우, 운동선수, 개그 프로 쪽의 개그맨, 패션 쪽의 소비를 '돕는 모델'… 등이 있다. 그 연예인의 패션, 스타일, 자주 찾는 물건… 등등이 자체가 소비 되거나 그 연예인이 참여한 작품 ex) 드라마, 영화… 등이 아이들의 여가 생활에도 큰 영향을 미친다.

모둠주제와 나의 소주제를 연결하여 주장하는(설득하는) 글쓰기

　연예인은 청소년 문화에 큰 영향을 미치지만 긍정적인 부분만 있는 것은 아니다. 연예인이 대중매체를 통해 보이는 모습은 완벽해 보여서 자신은 그렇지 못한 것에 자존감이 떨어지거나 외모의 기준이 연예인이 된다. 결국 외모지상 주의로 이어질 가능성이 높다. 사람은 항상 완벽할 수 없다는 것을 인정하고

　외면에만 집중하는 청소년들의 잘못된 인식을 바로 잡으려는 노력이 필요하다.

② 프로젝트 수행 결과물 제작 및 PPT 발표 사전 안내

❶ 모둠별 수행 결과물 자료 PPT 제작 활동 안내

프로젝트 수행 결과물을 제작-발표하기 전 수행 결과물을 어떻게 만들 것인지, 어떻게 내용을 담아 구성하는지를 '모둠별 수행 결과물 자료 PPT 제작 방법 안내문'을 학생들에게 배부하여 PPT제작과 발표의 방향에 도움을 주도록 한다. 프로젝트 수행 결과물의 형식에 대해서도 구체적으로 제시해 주어 프로젝트 수행 결과물의 완성도를 높일 수 있게 해야 한다.

모둠원들이 조사한 내용들을 어떻게 연결 지어 구성해야 하는지, 수행 결과물의 평가 요소, 평가기준 등을 자세하게 제시한다. 모둠별로 '모둠별 수행 결과물 자료 PPT 제작 방법 안내문'을 학생들에게 1장씩 배부 한다.

[예시] **모둠별 수행 결과물 자료 PPT 제작 방법 안내문**

▣ 모둠별 수행 결과물 자료 PPT 제작 활동 안내

모둠원이 함께 또는 각자 조사한 텍스트 자료, 정보, 사진, 영상 등을 구조적으로 연결하여 배치하는 활동이다.

1. 모둠별로 모둠원들이 조사한 자료 및 통계적으로 처리한 작업을 PPT로 제작한다.
2. PPT는 보고서의 형식을 갖춰야 하며, 사진, 그림, 영상 등을 넣어 자유롭게 제작한다.
3. PPT의 내용은 탐구 주제를 뒷받침하는 근거(도구)자료를 활용하여 자료를 분석하는 내용이 들어가야 한다.
4. 모둠의 수행과제와 관련된 주장하는(설득하는) 글쓰기가 들어가야 한다.
5. PPT의 내용은 최소 인원수만큼의 소탐구 주제를 포함해야 한다.

▣ 모둠별 수행 결과물 자료 PPT 슬라이드 제작 방법

1. 텍스트 구성 ◦ 제목은 간결하면서도 눈에 잘 띄게 표현한다.
　　　　　　　 ◦ 본문은 핵심적인 요소를 전달할 수 있도록 한다.

2. 글자체 ◦ 각이 진 고딕체, 헤드라인, 울릉도M 등을 사용한다.

3. 글자체의 크기 ◦ 제목은 40-60 포인트로 한다.
　　　　　　　　 ◦ 부제목은 20-28 포인트로 한다.
　　　　　　　　 ◦ 본문은 16-20 포인트가 적절하다.

4. 색상 ◦ 하나의 슬라이드에 여러 가지 색상을 쓰지 않는다.
　　　　 ◦ 핵심내용을 표기할 때는 원색보다 한 톤 낮은 색을 사용한다.

5. 슬라이드 ◦ 슬라이드 1장에 하나의 주제만을 담아야한다.
　　　　　　 ◦ 슬라이드 1장에 이미지는 보통 1장 또는 최대 2장 정도 배치한다.
　　　　　　 ◦ 텍스트는 되도록 한 슬라이드에 3줄 정도 짧은 〈캐치프레이즈〉 방식으로 구성한다.

❷ 모둠별 수행 결과물 자료 PPT 발표 활동 안내

프로젝트 모둠별 PPT 발표 활동은 각 모둠이 탐구·조사한 프로젝트 수행 결과물을 구조화하여 제작한 것을 설득력있게 전달하는 활동이다. 프로젝트 수업에서 수행 결과물 발표는 가장 중요하고 핵심이 되는 부분이며 모둠원 모두가 발표하도록 해야 한다.

　　모둠별 PPT 발표 활동은 프로젝트 수업에서 가장 중요한 수업 활동이다. 프리젠테이션 발표는 PPT 시각자료를 가지고 친구들 앞에서 발표한다. '프로젝트 모둠별 PPT 발표 활동 안내문'을 학생들에게 1장씩 배부한다.

[예시] **모둠별 프로젝트 PPT 발표 활동 안내문**

▣ 모둠별 수행 결과물 자료 PPT 발표 활동 안내

1. 체계적이고 전달력 있게 구성한 수행 결과물을 명료하고 창의적으로 드러나도록 표현해야 한다.
2. 프로젝트 수업에서 수행 결과물 발표는 가장 중요하고 핵심이 되는 부분이기 때문에 모둠원 모두가 발표에 참여하는 것이 좋다.
3. 모둠의 발표 내용을 서로 공유함으로써 학습자 간 Teaching과 Learening이 동시에 일어나는 활동이므로 경청해야 한다.
4. PPT 발표는 〈탐구의 주제, 동기, 목적, 과정, 결과〉 순으로 프로젝트 수행 결과물의 '핵심 내용'을 요약하여 텍스트, 사진, 그림, 영상 등을 활용하여 발표한다.
5. 발표할 때는 정확하고 큰 소리로 발표하며, 말끝을 흐리지 않으며, 주머니에 손넣기, 짝다리 등 예의 없는 행동은 하지 않는다.
6. 발표는 짧고 간결하게 하되, PPT에 쓰여있는 내용을 그대로 읽는 것보다 스토리 텔링하는 것이 좋다.

▣ 모둠별 수행 결과물 자료 PPT 슬라이드 발표 방법

1. 안녕하십니까! 000 모둠의 발표를 시작하겠습니다.
2. 저의 모둠은 000(모둠명)이며 모둠원은 000, 000, 000, 000 입니다.
3. 저의 모둠의 프로젝트 주제는 '000'입니다.
4. 주제 선정 이유는(동기) ~이며, 000한 목적으로 주제를 탐구하였습니다.
5. 저희는 이러 이런한 내용으로 조사 했습니다. (발표 목차 제시)
　　먼저 1.~~~~~ , 2. ~~~~~~~~~~
　　* 핵심내용을 중심으로 텍스트, 사진, 연상 등의 자료를 활용하여 발표하도록 한다.
6. 이상 ○○○ 모둠의 발표를 마치겠습니다.
　　* 발표 시 되도록이면 ①로 시작하고, 마무리는 ⑥으로 마치도록 한다.

③ 프로젝트 수행 결과물 제작하기

프로젝트 수행 결과물을 제작·발표하기 전 수행 산출물을 어떻게 만들 것인지, 어떻게 내용을 담아 구성하는지 사전에 다시 한 번 알려주어 제작의 방향에 도움을 준다. 수행 결과물의 형식에 대해서도 구체적으로 제시해 주어 수행 결과물의 완성도를 높일 수 있다.

모둠원들이 조사한 내용들을 어떻게 연결 지어 구성해야 하는지, 수행 결과물의 평가요소, 평가기준을 명확하게 제시한다. 모둠별로 프린트하여 1장씩 나누어 주어도 좋다.

[예시] **중학교 도덕교과 탐구보고서(신문) 만들기**

1. 이 과제는 4인(5~6인) 1조의 조별 과제이다.

2. 각자가 지금까지 조사한 자료를 통계적으로 처리한 작업을 통해 도덕신문을 만든다.
   (4절 종이에 학습 준비물을 이용하여 만들고, 필요하면 ppt 자료 등을 첨부해도 좋다.)

3. 도덕신문은 보고서의 형식을 갖춰야 하며(타이틀을 갖출 것, 기사를 적을 것) 광고나 만화 등을 넣어 자유롭게 꾸며도 좋다.

4. 한 개의 기사는 다음과 같은 내용을 포함해야 한다.
   제목: 신문의 큰 글씨로 된 부분을 의미한다.
   설명하는 글: 말 그대로 이 부분이 기사가 된다.
   근거(통계적) 자료: 자료의 해석 및 주장의 근거가 되는 자료가 제시되어야 한다.
   기자: 기사를 작성하고 통계적 자료를 처리한 사람

5. 보고서(기사)는 탐구 주제를 뒷받침하는 근거(도구)자료를 활용하여 자료를 분석하는 내용이 들어가야 한다.

6. 모둠주제와 관련된 주장하는(설득하는) 글쓰기가 들어가야 한다.

7. 도덕신문(보고서)은 최소 인원수만큼의 기사(주제를) 포함해야 한다.

'청소년 문화' 프로젝트 수업	
학년 반 번 모둠명:	
청소년 문화 포트폴리오-6	도덕탐구 보고서(신문) 만들기

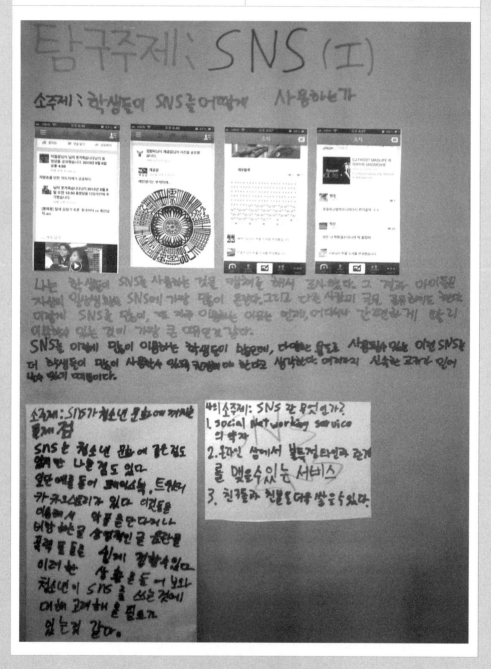

(5) 발표 및 평가

프로젝트 학습에서 수행 결과물을 발표하거나 전체 공유하는 것은 프로젝트 학습의 꽃이라고 말한다. 프로젝트 전과정이 총망라된 결정체이므로 발표나 공유는 반드시 이루어져야 한다. 이 과정을 통해 학생들은 자신의 프로젝트뿐만 아니라 다른 모둠의 프로젝트에서더 많은 것을 배우고 공감하며, 이때 자기성찰평가, 동료평가, 교사평가가 이루어진다.

① 평가 실시

❶ 자기성찰평가

학생들이 프로젝트 평가를 마무리하는 작업에서 각자 프로젝트 수업 활동에서 자신의역할과 책임감, 성취감 등을 자기성찰평가지를 통해 자유반응법이나 추인법으로 평가해 보는 것은 수업 활동 전체를 학생 스스로도 평가하여 자신의 흥미과 소질을 찾아볼수 있는 기회가 될 뿐만 아니라 프로젝트 활동을 되돌아보는 기회를 제공하기도 한다.

또한 자기성찰평가지를 참고로 하여 교과 세부능력 및 특기사항을 기록하는데도 도움을 받을 수 있다. 자기성찰평가지에 모둠원 동료에 대한 자유반응 평가지를 함께 제시하여 모둠원들 중 리더십과 협력적인 활동을 한 친구를 칭찬하고, 자신도 차후에 본보기로 삼을 수 있다.

	자기성찰평가 & 모둠 내 평가					
	학년 반 번 모둠명 :					
연번	평가기준	평가척도				
		A	B	C	D	E
1	나는 청소년 탐구 활동 과정에서 주어진 역할에 대하여 과제 수행을 적극적으로 하였다.					
2	나는 청소년 문화 탐구 활동을 위해 구체적으로 무엇을 했는지 적어 보세요.					
모둠원						
평가	A, B, C, D, E	A, B, C, D, E	A, B, C, D, E	A, B, C, D, E	A, B, C, D, E	
1	우리 모둠원 중 가장 성실하게 활동한 친구 ( )를 칭찬합니다.					
	구체적으로 무엇을 열심히 했는지 적어 보세요					

* 평가척도(A, B, C, D, E)에서 A는 매우잘함-5점, B는 잘함-4점, C는 보통-3점, D는 미흡함-2점, E는 매우 미흡함-1점 임.

❷ 교사평가

'청소년 문화' 프로젝트 평가기준안(교사용)					
평가영역		평가기준	점수 (상-하)/(상-중-하)		
Ⓐ 개인 평가	주제망	브레인스토밍으로 구체적인 아이디어를 제시하였다.	0		1
	자료조사	주제를 탐구하고 사실적인 다양한 자료를 찾아 조사하고 정리하였다.	1	2	3
	자료제시	자료를 합리적으로 분석하여 신뢰성 있는 자료를 제시하였다.	0		1
	협력 및 참여도	상호 협력적으로 의견을 제시하고 경청하며 참여하였다.	1	2	3
	신문만들기	자신의 맡은 역할을 알고, 창의적으로 과제를 수행하였다.	1		2

평가영역		평가기준	배점	1 모둠	2 모둠	3 모둠	4 모둠	5 모둠	6 모둠	7 모둠	8 모둠
Ⓑ 모둠별 평가	수행 결과물 완성	모둠원이 협력적으로 수행 결과물을 주제에 맞게 완성하였다.	1								
	수행 결과물 구성	수행 결과물을 구조화하여 창의적으로 작성하였다.	1								
		수행 결과물을 전달력 있게 시각적으로 표현하였다.	1								
	수행 결과물 발표	수행 결과물을 적절한 예시와 사례를 제시하여 효과적으로 발표했다.	2								
합계			5								

■ 프로젝트 수업 Tip

Ⓐ 프로젝트 개인평가

프로젝트 수업에서는 학생들의 활동이 다양하고 많기 때문에 프로젝트 수업의 평가 전체 배점(20점)을 정하고 개인평가(10점), 모둠평가(10점) 배점으로 나눈 후 개인평가는 활동별로 각 평가영역별 평가기준에 따라 평가척도는 상, 하 또는 상, 중, 하로 각 활동 영역별 0점 ~3점 배점의 기준을 정하는 것이 평가 시 용이하다.

교사가 프로젝트의 특징에 따라 모둠평가와 개인평가의 배점 비율은 정하면 된다.(단, 반드시 모둠평가와 개인평가를 구분해서 실시하여야 하며, 모둠 활동의 배점 비율이 너무 높을 경우 모둠 구성 및 모둠 점수에 대한 불만이 더 많아진다.

Ⓑ 프로젝트 모둠평가

프로젝트 수업에서는 개인별 과제 수행뿐만 아니라 모둠의 협력적 과제 수행을 통해 의사소통 능력과 협력적 문제 해결 능력을 키울 수 있도록 디자인해야 한다.

모둠원이 협력적으로 수행 결과물을 도출했는지 과정과 결과(산출)를 평가할 수 있도록 개인평가뿐 아니라 모둠평가 요소도 만들어야 한다. 교사는 학생들이 협의하고, 자료를 탐색하고, 산출물을 만들어 내는 과정을 관찰하고, 기록하며 평가하는 것이 필요하다.

모둠평가 시에는 모둠원이 협력적으로 과제를 수행했는지와 결과물에 대한 피드백을 줄 수 있는 평가가 함께 이루어져야 한다.

또한 모둠 내 동료평가와 모둠 간 동료평가를 점수에 반영할 것인가도 고민해야 한다. 학생들에게 평가를 하도록 하지만 점수 반영보다는 학생활동을 독려하고, 세부능력 및 특기사항 기록 시 유의미한 자료로 활용할 수도 있다.

Ⓒ 프로젝트 학급별 평가

개인평가, 모둠 평가지를 각각 낱장으로 가지고 학생 30여 명을 평가하려고 하면 평가지만 해도 학급별로 40여 장을 가지고 다니며 채점을 해야 한다. 그래서 한 장에 학급별 평가지를 만들어 그때그때 활동 내용이나 활동지를 평가하도록 한다.(예시. 교사용 채점표).

평가기준표를 한 쪽 면에 붙여 수시로 확인하며, 학급별 채점표를 만들어 한 장에 개인별 영역과 모둠별 영역을 분류하고, 평가영역별 평가기준에 의거하여 0점에서 4점으로 채점하여 합산하면 편리하다.(프로젝트는 여러 활동을 종합적으로 평가해야 하므로 한 항목에 너무 큰 배점을 주게 되면 하나의 프로젝트에 배점이 30점 이상이 되기 때문에 한 항목에 5점 이하 배점이 좋음)

각 영역별 평가 중 학생의 특이사항이 있으면 비고란에 특징만 간단히 적어, 교과 세부능력 및 특기사항 기록이나 개별 피드백을 해 줄 때 활용하면 좋다.

ⓒ 학급별 평가지(교사용 채점표)

평가 영역 학번 이름	개인별 평가					모둠별 평가			합계 (15)	비고 (특이사항)
	주제망 (1)	자료 조사 (3)	자료 제시 (1)	협력 참여도 (3)	신문 만들기 (2)	산출물 완성 (1)	산출물 구성 (2)	산출물 발표 (2)		
1. 000										
2. 000										
3. 000										

(6) 기록

[예시] **프로젝트 수업 세부능력 및 특기사항 기록**

> **우수:** 청소년 문화 탐구 프로젝트 수업에서 주제망을 통해 청소년 문화에 영향을 미치는 다양한 요소를 유목화하였으며, '연예인이 청소년 문화에 미치는 영향'을 주제로 구글 설문으로 현장감있는 자료를 수집하였으며, 인터넷 자료 검색을 통해 유의미한 자료를 찾아 조사하여 청소년의 모방적 특성으로 인해 대중매체로 쉽게 접하는 연예인의 다방면의 모습이 청소년기에 큰 영향을 미친다는 점을 도덕적 시각에서 평가하였으며, 모둠원의 자료 조사 내용을 종합적으로 아울러 긍정적 요소와 더불어 부정적 요소를 해결하기 위한 구체적 실천 방법으로 진로탐색과 연관지어 종합적으로 제시하였음.

> **보통:** 청소년 문화 탐구 프로젝트 수업에서 청소년 문화에 영향을 미치는 다양한 요소를 주제망을 통해 제시하였으며, 인터넷 자료 검색과 청소년 소비 성향 보고서를 도덕적 시각에서 분석하여 연예인의 패션이나, 사용하는 상품 등이 청소년의 일상생활에서 모방적 소비 생활로 이어지는 요소를 분석적으로 제시하였음.

> **미흡:** 청소년 문화 탐구 프로젝트 수업에서 연예인을 선망하는 청소년기에는 긍정적 영향뿐 아니라 부정적 영향을 미치는 것을 도덕적 시각에서 바라보려고 노력하며, 자기다운 개성을 찾아보자고 제시하였음.

(7) 프로젝트 수업 Q&A

Q1. 프로젝트 수업을 진행하는데 필요한 최소 시간은?

처음으로 프로젝트 수업을 진행하는 선생님은 많은 차시로 프로젝트 수업을 설계하면 운영에 어려움이 있기 때문에 보통 4~5차시가 적절하다. 프로젝트 수업 진행에 익숙해지면 점차 운영시간을 늘려 가면 된다.

Q2. 프로젝트 수업 활동 전에 〈채점기준표〉를 안내하는 이유는?

학생들에게 항상 프로젝트 수업을 시작하기 전에 〈채점기준표〉를 미리 나누어 주고 충분히 자세하게 안내해 주어야 한다. 학생들은 〈채점기준표〉 내용의 충분한 안내를 통해 프로젝트 탐구 수행의 방향이 무엇인지 정확하게 알 수 있다. 또한 자기성찰평가와 동료평가에서 수행과정의 협력, 기여도 등을 공정하게 평가할 수 있다.

Q3. 프로젝트 수업 전에 예비 프로젝트 활동이 왜 필요할까?

프로젝트 수업은 학생들이 과제의 특성을 분석하고, 정보를 수집하고, PPT를 만들어 발표하는 기술적 습득(수행 능력)이 필요하다. 이러한 기술적 습득 연습은 프로젝트 수업 설계전에 다른 협력수업에서 충분히 이루어져야 한다.

예비 프로젝트 활동은 예비 주제망 그리기, 주제 조사, 자료 종합, 분석활동, PPT 제작 및 발표 등이다. 학생들이 쉽게 아이디어를 도출할 수 있도록 〈흥미를 유발하는 주제〉를 선정해야 하며 활동 시간은 각각 1차시 정도면 충분하다.

Q3. 프로젝트 수업 각 단계마다 평가항목을 최소로 정하는 이유는?

프로젝트 수업은 보통 4~5차시로 운영된다. 다른 활동수업처럼 평가계획을 수립할 때 각 단계마다 평가영역과 평가항목이 많으면 교사평가에 어려움이 많다. 그래서 각 단계마다 평가항목을 최소로 정해야 한다. 개인평가도 체크리스트를 활용하여 각 단계마다 평가하는 것이 좋다.

소통과 협업역량을 위한
프로젝트 수업

1. 프로젝트 수업을 위한 준비

교육과정-수업-평가-기록의 일체화를 이야기하며 학생 참여수업의 대표적인 사례로 꼽았던 프로젝트 수업을 소개하고자 한다. 프로젝트 수업은 이번 학기 수행평가 계획의 가장 큰 비중을 차지하는 영역으로 총배점이 무려 40점에 해당한다. 교육과정을 재구성하여 9단원 문화의 이해와 창조에 나오는 대중문화의 의미와 특징을 좀 더 우리 학생들의 삶과 연결해 보기 위해 '청소년과 대중문화'라는 주제를 선정하였다. 6차시에 걸쳐 모둠 활동으로 진행되었기 때문에 프로젝트 수업의 계획 단계와 수행 단계, 결과 발표 단계를 나누어 수행평가 배점을 세분화했고, 각 단계마다 자기성찰평가 및 동료평가를 할 수 있도록 모둠 전체 활동지와 개별 활동지를 만들고 수업을 설계해 보았다.

1) 수업설계의 주안점

2015 개정 교육과정 도입에 맞춰 교육과정-수업-평가-기록의 일체화에 대한 관심이 높아지고 있다. 교육과정을 성취기준 근거로 재구성해서 학생 참여형 수업을 설계하고 과정중심평가를 하고자 할 때 가장 바람직한 수업 형태가 프로젝트 수업이다. 이번 수업공개는 과정중심평가를 염두에 두고 교사평가와 학생(동료 및 자기성찰)평가를 병행하여 설계하였다. 또한 학생들의 참여를 극대화시키기 위하여 청소년기의 발달 과정과 청소년이 열광하거나 몰입하는 대중문화를 소재로 계획에서 결과 발표까지를 수행평가에 반영하고자 했다.

■ 자유학기제 프로젝트 수업

① 교육과정 재구성을 좀 더 유연하게 시도할 수 있다. 교육과정 재구성은 수업뿐만 아니라 평가에 있어서도 교과 간 연계 융합 수업을 통해 학생들에게는 평가에 대한 부담을 줄여줄 수 있고, 토론, 논술, 역할극 등 다양하게 접근할 수 있다.

② 모둠에서 역할 분담이 명확하게 나누어지며 모둠의 일원으로 참여하고 협력하는 과정이 모둠 및 자기성찰평가에 반영되므로 모둠 활동이 활발히 이루어질 수 있다. 무임승차 하는 학생이 거의 없고 모둠 안에서 도움을 주고받으며 책임을 다하려는 모습이 보인다.

③ 교사는 프로젝트 수업에 대한 안내를 해 주는 정도로 강의를 줄이고, 학생들의 조사 활동으로 수업 주제를 스스로 찾아가기 때문에 자기주도적 학습 분위기가 조성되고, 결과 발표까지 학생들은 지속적으로 문제 해결력과 협업 능력을 발휘해 나간다.

④ 장기간에 걸친 프로젝트 수업을 진행하는 동안 창의적 아이디어 발산(연꽃기법), 역할 분담 및 모둠 활동의 걸림돌과 디딤돌(모둠 토론), 대중문화 속 자화상(비주얼씽킹), 수업에서 배운 점과 느낀 점(논술), 과정평가(자기성찰평가 및 모둠평가) 등 학생들의 다양한 역량을 발견할 수 있다.

⑤ 교사는 학생들의 활동을 관찰하며 체크리스트 등의 평가를 활용하여 프로젝트 수업 참여 과정을 누가기록해 가며 학생들의 변화와 성장을 생활기록부에 기록해 준다. 프로젝트 수업의 단계별로 교사나 동료의 피드백은 이후의 활동에 긍정적인 영향을 줄 수 있다.

---

1) 단원명: Ⅸ. 문화의 이해와 창조
2) 성취기준:
　[9사(일사)01-01] 사회화의 의미와 과정을 이해하고, 사회화 과정에서 청소년기에 나타나는 특징을 설명한다.
　[9사(일사)02-03] 대중매체와 대중문화의 의미와 특징을 이해하고, 대중문화를 비판적으로 평가하는 태도를 가진다.
3) 교과 역량: 의사소통 능력, 문제 해결력

2) 프로젝트 수업 차시별 계획

■ 1~2차시 수업 설계

차시	단계	교수·학습 활동	활동 자료

1, 2차시
 	
블록 타임
	도입	◦ 전시 학습 확인
		  - 초성퀴즈로 복습
		◦ 동기 유발
		  - 대중문화에 대한 동영상 시청
		  - 포스트잇에 동영상 시청 소감 작성
		  - 사진 자료로 스토리텔링
			◦ PPT
			◦ 동영상

	전개	◦ 개별 활동
		  - PPT로 주요 개념 설명
		  - 다양한 발문과 답변으로 개념 이해
		  - 청소년기 발달 특징과 대중문화 연결짓기
		  - 하브루타 짝 활동
		◦ 모둠 활동
		  - 연꽃기법으로 주제 정하기
		  - 프로젝트 수업 역할 분담 정하기
		  - 모둠 전체 활동지 작성
			◦ PPT
			◦ 개별 활동지
			  → 하브루타
			◦ 전체 활동지
			  → 연꽃기법
			◦ 전체 활동지
			  → 역할 분담

	정리	◦ 과정평가
		  - 자기성찰평가 및 모둠 내 동료평가
		◦ 차시 예고
		  - 프로젝트 수업 주제별 조사활동
			◦ 자기성찰평가
			◦ 모둠 내 동료평가

■ 3~4차시 수업 설계

차시	단계	교수·학습 활동	활동 자료

3, 4차시
 	
블록 타임
	도입	◦ 전시 학습 확인
		  - 모둠별 주제 확인
		◦ 동기 유발
		  - 모둠에서 주제를 선정한 이유 발표
			◦ 모둠별 주제 소개
			  (칠판에 부착)

	전개	◦ 개별 활동
		  - 조사활동 방법 및 사이트 찾기
		  - 대중문화 속 자화상 포스트잇에 표현하기
		◦ 모둠 활동
		  - 조사활동 방법 및 사이트 공유
		  - 조사활동 및 결과 발표에 따른 역할 분담
		  - 모둠 활동의 걸림돌과 디딤돌 토론
			◦ 스마트폰
			  → 조사활동
			◦ 포스트잇
			  → 대중문화 속 자화상
			    (전체 활동지에 부착)
			◦ 전체 활동지
			  → 역할 분담
			  → 모둠 활동 토론 내용 작성

3, 4차시
 	
블록 타임
	정리	◦ 과정평가
		  - 자기성찰평가 및 모둠 내 동료평가
		◦ 차시 예고
		  - 프로젝트 수행 결과물 발표
			◦ 자기성찰평가
			◦ 모둠 내 동료평가

■ 5~6차시 수업 설계

차시	단계	교수·학습 활동	활동 자료
5, 6차시 블록 타임	도입	◦전시 학습 확인 　- 대중매체와 대중문화 연결짓기 ◦동기 유발 　- 사다리 타기로 모둠 발표 순서 정하기 　- 모둠 간 동료평가 유의사항 전달 　- 학습목표 제시	◦교과서 ◦개별 활동지
	전개	◦개별 활동 　- 대중문화의 긍정적 영향과 부정적 영향 비교하기 　- 대중문화를 대하는 우리의 자세(비판적 수용) 　- 짝끼리 하브루타 활동 ◦모둠 활동 　- 모둠 발표 　- 경청하며 모둠 간 평가 및 포스트잇에 피드백 작성 　- 모둠 전체 활동지 작성 　 (수업에서 느낀 점/새로 알게 된 사실) 　- 모둠 활동에 따른 기여도 자기성찰평가	◦개별 활동지 　→ 대중문화의 영향 ◦개별 활동지 　→ 대중문화 수용 태도 ◦전체 활동지 　→ 느낀 점 　→ 새로 알게 된 사실 　 활동지 빈 칸에 작성 ◦전체 활동지 　→ 모둠 간 동료평가
	정리	◦과정평가 　- 모둠 간 평가 ◦차시 예고 　- 논술평가	◦모둠 간 동료평가

3) 프로젝트 수업의 흐름과 활동지 안내

■ 활동지 속 수업 설계

학생들의 상호작용과 의사소통 능력을 키워 주고 싶어서 단원마다 하브루타 활동지를 만들었다. 교과서에 나오는 주요 내용을 필기하듯 정리하는 학습지 대신 그날의 배움을 짝과의 문답을 통해 심화시키고 생활 속에 적용시켜보는 하브루타 활동지엔 짧은 괄호가 아닌 여백이 많다. 짝과 협력하여 자신의 생각과 의견을 주고받되, 자기 혼자 빈칸을 채워가지 않도록 포스트잇에 질문을 적어 선물처럼 주고받게 했다. 활동을 마친 후 짝이 준 답을 보며 자기가 낸 문제를 기억할 수 있는 학습효과도 염두에 두고 활동지를 구성했다.

■ 활동지 속 수업 내용 분석

이번 프로젝트 수업은 문화의 이해와 창조를 청소년기의 사회화 과정과 융합하여 재구성한 수업이라 활동지의 구성도 앞부분은 문화를 바라보는 태도에 대한 내용을 다루었고, 뒷부분은 대중문화에 대한 비판적인 사고가 필요함을 다루었다. 사회 수업은 블록타임으로 진행되고 6차시에 걸친 프로젝트 수업이라 계획 단계인 1, 2차시에서는 활동지 앞부분(문화를 바라보는 태도)을 다루게 되고, 발표 단계인 5, 6차시에서 활동지 뒷부분(대중문화의 영향)을 다루게 된다. 학생들의 활동지는 개인파일에 정리해 두고 그때그때 과정중심평가의 근거로 활용하였다.

■ 활동지와 프로젝트 수업 다리 놓기

프로젝트 수업의 주제를 '청소년들의 대중문화 바로 알기' 쪽으로 가닥을 잡다보니 계획 단계에서는 최근 청소년들이 열광하는 대중문화를 소개하는 유튜브 동영상을 수업 소재로 골라 보았다. 교사의 설명보다도 쉽게 주제에 접근할 수 있고, 흥겹게 동기유발이 될 것 같아서 2개 정도를 시청하였다. 5분 정도 시간이 소요되었으며 학생들의 몰입도는 높았다. 프로젝트 수업 계획 단계에서는 이 동영상 시청 소감을 포스트잇에 적게 했고, 이어서 연꽃기법으로 동영상 속에 등장했던 여러 대중문화 가운데 자기 모둠의 주제를 선택하도록 했다. 그리고 프로젝트 수업 실행 단계에서는 어떤 식으로 역할 분담이 이루어져야 할지 모둠 토론을 거쳐 결정하도록 했다. 프로젝트 수업 계획 단계에서는 개별 활동지의 하브루타 활동 내용과 모둠 활동지의 연꽃기법, 역할분담, 동영상 시청소감을 과정평가에 담았다.

단원: Ⅸ. 문화의 이해와 창조 / 주제: 대중문화의 의미와 특징	
1	문화를 바라보는 태도에 대하여(p.190~192)
〈나의 질문 짝한테 선물하기〉	〈짝의 질문에 답변하기〉
2	문화 상대주의 설명하기

〈상대주의 관점은 늘 옳은 것일까?〉

◦ 나의 생각:

◦ 짝의 생각:

→ 인권, 생명 존중, 정의와 같은 보편적 가치를 바탕으로 다양한 문화를 그 사회의 맥락에서 이해하려는 태도를 가져야 한다.

3	대중매체의 발달과 대중문화에 대하여(p.196~200)
〈대중문화의 긍정적 영향과 부정적 영향〉	〈대중문화를 대하는 우리의 자세〉

IX. 문화의 이해와 창조

1학년 ( )반 ( )번 이름(   )

하브루타 질문 만들기 (짝토론)	
1	**문화를 바라보는 태도에 대하여... (p.190~192)**

< 자문화 중심주의 > 나의 질문 짝한테 선물하기	< 문화적 사대주의 > 짝의 질문에 답변하기
자문화 중심주의의 극단적인 예를 1가지 쓰시오.	고대그리스나 로마가 그들이 정복한 지역에 자신들의 종교나 경제제도를 강요 한다.

2	**문화 상대주의 설명하기**

< 상대주의 판정은 늘 옳은 것일까? >

1. 우리나라는 고기를 먹지만 우리와 다른 나라는 종교나 문화때문에 고기를 먹지 않는다.
2. 여성의 인권 차별을 금지하고 여성의 인권을 보호하려고 노력해야된다.
3. 보신탕을 먹는 것에 많은 반대와 찬성 시위를 벌인다.
→ 인권. 생명 존중. 정의와 같은 보편적 가치를 바탕으로 다양한 문화를 그 사회의 맥락에서 이해하려는 태도를 가져야 한다.

3	**대중매체의 발달과 대중문화에 대하여... (p.196~200)**

< 대중문화의 긍정적 영향과 부정적 영향 >	< 대중문화를 대하는 우리의 자세 >
대중문화의 장점은 상대방과 전화나 문자를 할 수 있고, 대다수 사람들이 큰 부담없이 즐길 수 있다. 하지만 대중문화의 단점은 잘못하면 초상권 침해나 불법이 될 수 있. 상업성을 띠기도 한다. 획일화 되고 개성없는 유행에 민감해 질 수도 있다	그대로 받아들이지 말고 냉정하고 비판적인 시선으로 바라보고 자신의 환경에서 해석하고 검토할 필요가 있다. 주체적인 문화 생산자로서 미디어를 올바로 활용하려는 자세가 필요하다.

첫 시간에는 문화에 대한 개념 정의와 특징을 이해하기 위한 사진 자료를 PPT에 담아 학생들과 스토리텔링과 발문을 병행하며 수업을 진행하였다. 문화를 보는 관점을 중심으로 자문화 중심주의, 문화 사대주의, 문화 상대주의를 비교하여 설명해 주고 짝과 하브루타 활동을 하며 궁금한 내용을 더 깊이 질문하며 서로의 생각을 주고받게 했다. 활동지엔 질문을 포스트잇에 적어 짝한테 선물하도록 했고, 선물로 받은 질문에는 꼭 답을 주도록 약속했다. 본격적인 프로젝트 수업 모둠 활동으로 들어가서 맨 처음 한 것은 이번 수업 주제와 연관된 동영상 시청이었다. 문화의 다양성을 이해하고 앞으로 더 훌륭한 문화를 창조해 낼 청소년들이 대중문화를 제대로 해석하고 건강하게 이끌어가는 건 매우 중요한 의미가 있다고 생각했기에 '청소년과 대중문화'라는 주제를 정해 보았다. 모둠 활동 전체 활동지엔 5분 분량의 동영상으로 보여 준 대중문화에 대한 소감을 포스트잇에 써서 붙이는 칸을 만들어 두었다. 모둠원이 각자의 역할을 전체 활동지에 채워 가며 전체가 공유하도록, 조금이라도 더 많은 참여를 유도하기 위한 장치였다. 소감을 나눈 후 이번 프로젝트 수업을 진행하기 위한 모둠별 주제 정하는 시간을 주었다.

1) 연꽃기법으로 〈청소년과 대중문화〉 모둠 주제 정하기

게임	인터넷	한류(K-POP)
외모 지상주의	청소년과 대중문화	SNS
웹툰	소비	신조어(급식체)

　　연꽃기법으로 모둠의 주제를 정한 뒤, 모둠 주제를 중심으로 모둠에서 어떤 조사를 하면 좋을지 다시 한 번 연꽃기법으로 분류를 하게 했다. 두 번째 연꽃기법 토론 중에 프로젝트 수업 결과물을 어떤 형태로 발표하면 좋을지도 결정하게 했다.

웹툰 소개	웹툰에 몰입하는 이유	유명 웹툰 작가
웹툰의 문제점 (소비, 눈건강, 가족관계)	웹툰	웹툰 산업 전망
웹툰 관련 직업	나에게 웹툰이란?	웹툰에 관한 설문조사

【청소년과 대중문화】프로젝트수업 모둠활동 계획서

모둠명: (사탕 먹조)

①	②	③
K-POP	스마트폰	~~웹툰~~
④		⑤
신조어	대중문화	SNS
⑥	⑦	⑧
게임	화장	연예인

<주제> 웹툰, 그것이 알고싶다	
주제 선정 이유	요즘, 청소년들은 매일 매일 업로드 되는 인터넷 속 만화, 웹툰을 보고 ~~꺼~~ 장점과 단점을 알고 싶기 때문이다.
발표 형태	발표, ~~프리젠테이션~~, ~~UCC 동영상~~, 역할극, 뉴스, 랩, 노래 개사하여 부르기 기타 ( )

역할 분담	이름	역할	열심	보통	미흡
		UCC연기자, 카메라맨	◯		
		필기자, UCC연기자, 카메라맨	◯		
		UCC연기자, 카메라맨	◯		
		아이디어스케치, 카메라맨, 장소제공	◯		

동영상 시청 소감	대중문화에 따라 성격도 무작용과 좋은 것에 대한 것들도 보고, 너무 여럴 때부터 대중문화를 접하게 될 아이에게 어떻게 될지 궁금해 지기도 됐어. 대중문화에 대해서 알 수 있었고 좋은점과 나쁜점이 있었다 그래서 더 자세히 좋은점과 나쁜점을 알 수 있었다. 대중문화가 좋은점도 있지만 나쁜점도 많다는 것이 궁금했다. 나쁜점보다는 좋은점이 더 많이 생겨났으면 좋겠다. 대중문화에 대해 더잘 알수있었고 다른 문화에 좋은점이 있는반면 어떤 것이든 나쁜 점도 따른 다는 걸 알수있다.

3. 프로젝트 수업의 실행

막상 프로젝트 수업에 대한 계획 단계가 끝나자 학생들은 뭘 해야 할지 우왕좌왕하기 시작했다. 교사의 안내와 지시를 기다리는 모둠도 있었고, 여학생과 남학생이 편을 가른 채 타협점을 찾지 못하는 모둠도 있었다. 두 번째 전체 활동지엔 프로젝트 수업의 결과까지 가는 동안 모둠 활동을 어렵게 하는 걸림돌은 무엇이며 모둠에서 어떻게 극복해야 할지를 토론해서 정리하는 칸을 만들어두었다. K-POP이라는 주제를 가지고 어떤 내용을 설정하여 만들지 각자의 주장이 너무 강하다는 걸림돌과 다른 때와는 달리 청소년의 관심사라 참여도가 높다는 디딤돌을 제시한 모둠도 있었다. 수행 시나리오가 거의 완성되면 대중문화 속 자화상을 포스트잇에 비주얼씽킹으로 표현해서 전체 활동지에 붙이게 했다. 침대에 누워서도 스마트폰을 들여다보고 있는 모습도 있고, 밥 먹는 동안에도 웹툰에 빠져 있는 모습도 있다. 오늘 내가 한 일을 과정평가에서 별점으로 평가해야 하기 때문인지 빈둥대거나 엎드린 학생은 한 사람도 보이지 않았다. 공식적인 스마트폰 활용 수업이라 조사활동이 열심히 이루어지기도 했다. 블록 타임으로 수업을 진행하다 보니 연속적인 활동이 가능해서 차시별 수업계획에서 시간이 부족하지 않았으며 프로젝트 수업의 종착지인 수행 결과물 발표까지 방향을 잃지 않도록 스토리보드나 시나리오를 촘촘히 짜보도록 요구했다.

1) 프로젝트 수행 결과물에 대한 시나리오 및 스토리보드 작성 예시

ppt 슬라이드 순서 및 주요 내용 안내

동영상 제작에 따른 시나리오 협의

| 발표 내용의 흐름을 이미지나 맵으로 나열 | 모둠에서 조사한 내용을 요약해서 정리 |

★ 모둠토의 단계를 반드시 거쳐야 함(교사평가, 동료평가, 자기성찰평가에 반영)

2) 프로젝트 수업의 성패를 좌우하는 팀워크와 스토리보드

프로젝트 수업을 준비하며 가장 고민이 되었던 부분은 모둠원 개개인의 역할 분담이 원활히 이루어져 결과를 발표할 때까지 누군가에게 역할 비중이 치우치거나, 소외되지 않게 골고루 참여하는가에 있었다. 모둠 전체 활동지의 구성이 허술하면 대충 빈칸을 채우고 남은 시간을 허비할 수 있기 때문에 특히 프로젝트 수업의 실행 단계에서는 모둠원이 열심히 조사한 활동이 결과 발표에 효과적으로 영향을 줄 수 있게끔 스토리보드를 작성하게 했다. 학생 참여중심 수업을 진행하며 모둠을 조직하고 모둠 활동을 이끌 때 학생들에게 늘 강조했던 점은 팀워크였다. 팀워크야말로 프로젝트 수업에서 좋은 결과물을 만들어 내는 관건이다.

모둠 구성원의 특징에 따라 수행 결과물은 PPT, 동영상, 조사활동 브리핑 자료 등으로 나눠졌는데, 모둠을 순회하다 보니 스토리보드 표현 방식이 제각기 달랐다. PPT로 프리젠테이션 할 때 슬라이드 구성을 어떻게 해야 할지 순서대로 핵심 내용을 글로 쓰거나 마인드맵으로 작성하기도 했다. 동영상을 찍기로 결정한 모둠은 짧은 시간 안에 주제를 효과적으로 부각시키기 위해 머리를 맞대고 줄거리의 흐름을 몇 개의 장면으로 편집하고 있었다. 늦게까지 모둠원의 합의가 잘 이루어지지 않던 어떤 모둠에서는 조사한 내용을 여학생들이 전지에 큰 글씨로 써서 남학생들이 발표하기로 협상을 하기도 했다.

모둠 활동지에는 이번 시간에 모둠원들이 함께 조사하고 협의하는 동안 어떤 점이 모둠 활동의 걸림돌이 되며 어떤 점이 그 어려움을 극복하게 할지를 작성해 보도록 했다. 교사 입장에서도 학생들이 왜 모둠 활동에 부담을 느끼거나 불편해 하는지 솔직한 생각을 들어 보고 싶었다. 설문조사나 스마트폰 검색활동을 마치고 스토리보드를 완성하면 포스트잇에 대중문화 속의 자화상을 그려 마무리하게 했다. 여전히 이미지로 표현하는 게 편한 학생은 비주얼씽킹으로 자화상을 그려 주었고, 이미지화 시키는 게 어렵다 싶은 학생은 짧은 글로 대신해 주었다.

　과정중심평가에서는 오늘 수업 중 자신이 한 일을 성찰하며 조사활동에서 자신이 맡았던 부분과 결과물 발표에 어떤 역할을 할지, 그리고 스토리보드 작성할 때 얼만큼 참여했는지 등을 자기성찰평가 하게 했다. 모둠 전체 활동지에 과정중심평가 양식을 넣었으므로 자신의 성찰평가가 제3자인 모둠 친구들에게 떳떳할 수 있도록 정직하게 작성해야 한다. 그리고 별점은 친구들이 매겨 주기로 했다. 과정중심평가가 수업에 참여도를 높인다는 사실을 확인하는 시간이었다. 열심히 참여한 학생에게 모둠 동료들은 서슴없이 최고점을 주었고, 모둠 활동에 재미를 못 붙이고 섞이지 못했던 친구들이 자신의 역할을 찾기 시작했다. 팀의 협력적 태도가 무엇보다 중요함을 인식한 모둠장은 부적응 친구에게 역할을 주며 모둠 안으로 끌어들였다.

【청소년과 대중문화】 프로젝트수업 모둠활동 과정평가

모둠명: (사탕먹조   )

종류	보는 시간	드는 비용
장점	웹툰	보는 시간 대
단점	보는 방법	이용하는 사이트

<모둠활동의 걸림돌> 무엇이 어려운가?	<모둠활동의 디딤돌> 어떻게 극복할까?
촬영 장소를 찾기 어렵다 시간을 맞추기 어렵다	- 부모님께 들어보거나 공유장소를 이용한다 - 주말이나 쉬는 날을 이용해서 땐다

역할 진행 과정	이름	오늘의 과업	점수
		의견을 많이 냈다 대답도 열심히함	★ ★ ★ ★ ★
		글씨를 열심히 쓰고 의견을 많이 냄	★ ★ ★ ★ ★
		의견을 많이 내고 대답을 열심히 했다	★ ★ ★ ★ ★
		스토리 보드를 열심히 만들었다	★ ★ ★ ★ ★

대중문화	10.22 이수빈

교사 피드백 >>>

A: 모둠 활동을 진행하기 위해 적극적인 자세로 대화의 장을 마련함
B: 모둠 활동이 어려울 때 해결책을 구체적으로 제시함
C: 웹툰에 대한 해박한 지식을 친구들에게 잘 전달함
D: 웹툰과 비주얼씽킹에 소질이 있어 보임
*(사탕먹조)는 모둠원 전원의 협력이 돋보이며 주제를 웹툰으로 정한 뒤 치밀한 계획을 세우고 알찬 내용을 담기 위해 열심히 토론에 참여하고 방향을 잘 잡아감

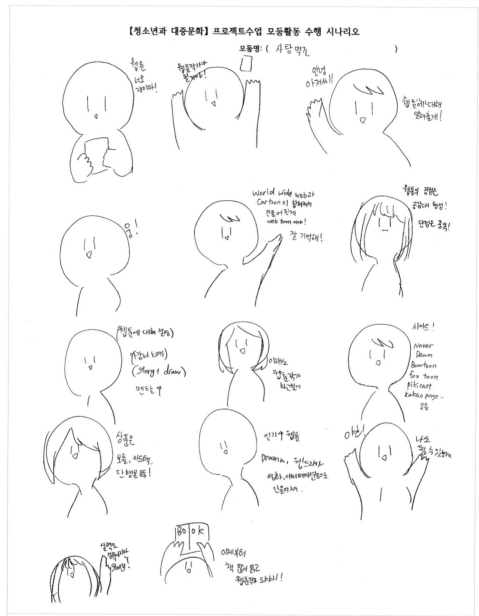

교사 피드백 >>>

A: 모둠원의 의견을 물어가며 조사활동의 흐름을 놓치지 않음

B: 기획력이 뛰어나며 전반적인 스토리보드를 제시함

C: 상징적인 장면에 대한 아이디어를 제안함

D: 웹툰으로 조사활동 시나리오를 그려냄

*(사탕먹조)는 모둠원 전원의 협력이 돋보이며 주제를 웹툰으로 정한 뒤 치밀한 계획을 세우고 알찬 내용을 담기 위
해 열심히 토론에 참여하고 방향을 잘 잡아감

【청소년과 대중문화】 프로젝트수업 모둠활동 수행 시나리오

모둠명: (　　새내기 조.　　)

I ☆ DOL

BILLBOARD 빌보드

사진

오래된 아이돌 연습생의 고민

그림

아이돌의 연봉

별로 뜨지 못한 걸·보이그룹

★하이들
다이어트

-김준-

그림

아이돌이 미치는 영향

-강정여-

아이돌의 안무

그림

【청소년과 대중문화】프로젝트수업 모둠활동 수행 시나리오

모둠명: (　　중1병온꺄　　　　　)

4. 프로젝트 수업의 결과

프로젝트 수업도 과정중심평가로 진행된 만큼 학생들에게 결과 발표에 따른 시간과 노력도 수업 안으로 끌어들이고자 애썼지만 마지막 PPT나 동영상 편집 때만큼은 방과 후에 모둠원이 모여서 학교 또는 친구 집이나 공원에서 작품을 완성해 주었다. 수행평가 폭탄이라는 말이 나올 정도로 모든 교과에서 수행평가를 하는 시기가 겹쳐지면 학생한테는 큰 부담으로 작용할 수 있다. 그래서 평가계획 점검에서 수행평가 시기가 몰려 있으면 조정해주곤 한다. 또 여러 교과가 주제통합 수업을 진행하며 한 학생의 주제에 따른 조사활동과 연습만으로 여러 교과가 수행평가를 동시에 진행하기도 한다.

모둠 활동의 수행 결과물을 발표하고 모둠 간 동료평가를 실시하는 프로젝트 수업 마지막 시간에 자기 모둠은 평가에서 제외되고 다른 모둠의 발표를 경청한 후 5단계로 평가한다는 유의사항을 안내해 주었다. 또 경청의 자세를 교사평가의 채점기준에 포함시켰다는 설명도 해 주었다.

모둠 전체 활동지엔 프로젝트 수업에서 느낀 점과 프로젝트 수업을 통해서 새로 알게 된 사실을 한 사람씩 쓰게 했다. 개별적으로 실시되는 수행평가보다 친구들과 협력해서 하는 프로젝트 수업이 더 의미있다고 쓴 학생도 있고, 배운 것도 많지만 자기 스스로 PPT를 잘 만드는 사람인 줄 이번 기회에 처음 알게 되었다고 쓴 학생도 있다. 모둠 전체 활동지에도 어김없이 평가란을 만들어 프로젝트 수업 계획 단계부터 결과발표까지 모둠 활동 기여도를 5단계로 나누어 채점하게 했다. 뿐만 아니라 프로젝트 수업에 대한 피드백으로 칭찬하고 싶은 친구와 너무나 열심히 노력해서 상을 주기에 마땅한 친구를 선정하게 했다.(감독상, 연기상, 발표상)

프로젝트 수업 발표에 대한 피드백 사례

프로젝트 수업에서 느낀 점	프로젝트 수업에서 새로 알게 된 사실
- 모둠활동 결과물 만들면서 힘든 점도 있었는데 다 하고 나니 뿌듯했다. - 친구들이 PPT를 잘 만들었고, 청소년들이 좋아하는 대중문화가 다양하고 흥미로웠다. - 모둠의 주제가 서로 달라서 많은 걸 배울 수 있었다. - 우리 모둠이 조사했던 SNS에 대하여 더 알게 되었다. - 친구랑 같이 PPT를 만들면서 재밌게 준비했던 것 같아서 좋았다. - 발표할 때 친구들 앞에 서는 것이 부담스러웠지만 발표를 끝내고 난 후엔 보람을 느꼈다. - 요즘 청소년들이 좋아하는 대중문화를 알게 되었다. - 우리도 청소년이지만 우리가 몰랐던 청소년의 대중문화를 알 수 있어서 너무 좋았다.	- 청소년이 관심을 갖는 대중문화 중 화장에 대해 자세히 알게 되었다. - 우리 모둠이 조사한 것 말고도 다른 모둠의 발표를 통해 K-POP, 인터넷 방송, SNS 등 다양한 것을 알았다. - 드라마, 신조어, 인터넷 방송 등을 알게 되었다. - SNS의 종류와 SNS의 장단점을 비교해 보았다. - K-POP을 조사하면서 우리가 좋아하는 BTS의 위상을 확인할 수 있어서 너무 좋았다. - 우리반 친구들이 즐겨보는 영상이 무엇인지 잘 알게 되어서 좋았다. - 친구들이 발표를 잘 한다는 사실을 알게 되었다. - 인터넷 방송과 K-POP 등 청소년의 대중문화에 대해 자세히 알게 되었다.

프로젝트 수업에서 느낀 점	프로젝트 수업에서 새로 알게 된 사실
- 모둠활동 결과물 만들면서 힘든 점도 있었는데 다 하고 나니 뿌듯했다. - 친구들이 PPT를 잘 만들었고, 청소년들이 좋아하는 대중문화가 다양하고 흥미로웠다. - 모둠의 주제가 서로 달라서 많은 걸 배울 수 있었다. - 우리 모둠이 조사했던 SNS에 대하여 더 알게 되었다. - 친구랑 같이 PPT를 만들면서 재밌게 준비했던 것 같아서 좋았다. - 발표할 때 친구들 앞에 서는 것이 부담스러웠지만 발표를 끝내고 난 후엔 보람을 느꼈다. - 요즘 청소년들이 좋아하는 대중문화를 알게 되었다. - 우리도 청소년이지만 우리가 몰랐던 청소년의 대중문화를 알 수 있어서 너무 좋았다.	- 청소년이 관심을 갖는 대중문화 중 화장에 대해 자세히 알게 되었다. - 우리 모둠이 조사한 것 말고도 다른 모둠의 발표를 통해 K-POP, 인터넷 방송, SNS 등 다양한 것을 알았다. - 드라마, 신조어, 인터넷 방송 등을 알게 되었다. - SNS의 종류와 SNS의 장단점을 비교해 보았다. - K-POP을 조사하면서 우리가 좋아하는 BTS의 위상을 확인할 수 있어서 너무 좋았다. - 우리반 친구들이 즐겨보는 영상이 무엇인지 잘 알게 되어서 좋았다. - 친구들이 발표를 잘 한다는 사실을 알게 되었다. - 인터넷 방송과 K-POP 등 청소년의 대중문화에 대해 자세히 알게 되었다.

【청소년과 대중문화】 프로젝트수업 모둠활동 결과 발표

모둠명: (사탕먹조)

1모둠 ★ ★ ★ ★ ☆	2모둠 ☆ ☆ ☆ ☆ ☆	3모둠 ☆ ☆ ☆ ☆ ☆
4모둠 ★ ★ ☆ ★ ☆	경청 후 공정한 채점	5모둠 ★ ★ ☆ ☆ ☆
6모둠 ★ ★ ★ ☆ ☆	7모둠 ★ ★ ★ ☆ ☆	8모둠 ★ ★ ☆ ☆ ☆

<프로젝트 수업>에서 느낀 점
- 친구들과 친해질 수 있어서 좋았다
- 친구들의 연기실력을 알 수 있었다
- 서로의 성격 알게 되어서 좋았다
- 즐겁게 촬영해서 정말 재미 있었다

<프로젝트 수업>에서 새로 알게 된 사실
- 웹툰을 이용하는 시간대
- 웹툰의 정의에 대해 알 수 있었다
- 웹툰의 장단점을 자세히 알게 되었다
- 웹툰작가는 어떻게 되는지 알게 되었다

역할 수행	이름	모둠활동 기여도	5	4	3	2	1
	강동훈	UCC 연기와 카메라맨을 열심히함	O				
	박지훈	UCC 연기와 카메라맨을 열심히 했다 모둠 집합을 적극적으로, 모이게 주도했다	O				
	김태연	UCC연기와, 카메라맨을 열심히하고 우리모둠 울위터 따라 가짐	O				
	이수빈	UCC 촬영전 시나리오, 아이디어 스케치를 담당하고, 장소제공을 했고, 열심히 참여하겠다.	O				

프로젝트 수업 피드백	우리 모둠	모둠활동을 잘 한 친구는? 전부 다 이유: 서로 협력하고 자신 역할를 열심히 해서 친구에게서 배우고 싶은 것: 모든 일을 열심히 해서 다 배우고 싶다.	노력이 필요한 친구는? 없다 이유: X 친구에게 조언하고 싶은 것: X
	다른 모둠	프로젝트 수업을 잘 한 친구는? 박기범 이유: 연기로 자신의 모둠을 돋보이게 해서 친구에게서 배우고 싶은 것: 엄청난 연기력을 배우고 싶다.	최우수 감독상 후보: 최세연 최우수 연기상 후보: 김태연 최우수 발표상 후보: 박호진

교사 피드백 >>>
A: 모둠 간 평가에 공정성을 유지하기 위한 중심 역할을 잘 해냄
B: 모둠 발표를 경청한 후 잘한 점과 아쉬운 점을 잘 찾아냄
C: 긍정적인 자세로 친구들의 활동에 대해 경청하고 평가함
D: 프로젝트 수업에서 느낀 점과 새롭게 배운 점을 성의있게 작성함
*(사탕먹조)는 프로젝트 수업 전반에 걸쳐 협력하는 모습을 잘 보여주었지만 결과물 발표에서도 친구들의 호응을 이끌어 내었고 다른 모둠 발표를 경청한 후 따뜻하게 피드백 해줌

【청소년과 대중문화】 프로젝트수업 모둠활동 결과에 대한 피드백

<1모둠> 주제 / 칭찬 / 질문 / ★	<2모둠> 주제 / 칭찬 / 질문 / ☆
주제: K-POP 칭찬: 발표를 매우 잘하였고 PPT 또한 잘 만들었다. 출원지나 내용이 들어가 있어 신뢰성이 높았다. 질문: X. ☆☆☆☆☆	주제:

<3모둠> 주제 / 칭찬 / 질문 / ☆	<4모둠> 주제 / 칭찬 / 질문 / ★
주제: 웹툰. 칭찬: 팀원 4명 다 참여되고 높아보였다. 재미있게 UCC를 만들어서 보기에도 좋았다. 질문: 웹툰작가가 하는일, 연봉은 어떻게 되나요? ★★★☆ 반	주제: 급식체. 칭찬: 사진, 영상이 같이 첨부되어 있어서 지루하지 않은 발표였다. 새로운 언어도 알게 되었다. 질문: 급식체에 주로 쓰이는 또다른 단어는 무엇이 있습니까? ★ ☆ ☆ ☆

<5모둠> 주제 / 칭찬 / 질문 / ★	<6모둠> 주제 / 칭찬 / 질문 / ☆
주제: SNS 칭찬: SNS의 정의 부터 많이 사용되는 SNS 순위, 장단점까지 다양하게 나타내었다. 단점 ㅇ 질문: SNS 순위는 어떤 사람들을 대상으로 통계를 낸 것입니까? ★★★★★	주제: 게임. 칭찬: UCC 자막이 보기 좋았고 단체적인 내용이 이해되기 쉬웠다. 교훈 또한 얻을 수 있었다. 질문: UCC를 찍는 배경상황은 어땠습니까? ☆ ☆ ☆ ☆ ☆

<7모둠> 주제 / 칭찬 / 질문 / ☆	<8모둠> 주제 / 칭찬 / 질문 / ★
주제: 화장품 칭찬: 화장품 뿐만 아니라 관련직업까지 나타내어서 더욱 보기 좋았다. 또한 나라별로 화장특징을 나타내어서 새로운 것을 알게 되었다. 질문: 화장품 부작용을 당하지 않으려면 어떻게 해야 합니까? ☆☆☆☆	주제: 아이돌 칭찬: 조사결과에 기타는 어떠한 내용이 있었는지 알기는 힘들었지만 설문조사 결과를 여러 들어 신뢰하기 쉬웠다. 질문: 조사결과에 기타에는 어떠한 내용이 있었습니까? ☆ ☆ ☆ 반.

- 조사 활동과 발표까지 열심히 수고해준 친구들에게 아낌없는 응원의 박수를 보냅시다! -
짝짝짝짝

6. 프로젝트 수업 수행평가 채점기준표

1) 프로젝트 수업 계획

성취기준			[9사(일사)02-03] 대중매체와 대중문화의 의미와 특징을 이해하고, 대중문화를 비판적으로 평가하는 태도를 가진다.	
성취수준		상	대중매체와 대중문화의 의미와 특징을 이해하고, 사례 분석을 통해 대중문화의 영향을 개인적·사회적 차원에서 비판적으로 평가할 수 있다.	
		중	대중매체와 대중문화의 의미와 특징을 이해하고, 대중문화의 영향을 평가할 수 있다.	
		하	대중매체와 대중문화의 의미와 특징을 설명할 수 있다.	

학기	영역 (만점)	등급	평가척도		배점
2 학 기	계획서 (10점)	평 가 기 준	인지적 영역	1. 대중문화의 특징을 잘 이해하고 주제를 선정하였다. 2. 대중문화와 청소년기의 특징을 효과적으로 연결하고 있다. 3. 대중문화의 순기능과 역기능을 잘 비교하였다. 4. 대중문화에 대한 비판적 사고를 할 수 있다.	10
			정의적 영역	1. 모둠원 간의 역할 분담이 잘 이루어져 있다. 2. 모둠이 전하고자 하는 메시지(가치)를 계획서에 잘 담고 있다.	
		A	모든 항목을 만족		10
		B	5개 항목 만족		9
		C	4개 항목 만족		8
		D	3개 항목 만족		7
		E	2개 항목 만족		6
		F	1개 항목 만족		5
		G	만족하는 항목이 없음		4
		H	고의적 미응시(기본 점수)		3

2) 프로젝트 수업 과정

성취기준	[9사(일사)01-01] 사회화의 의미와 과정을 이해하고, 사회화 과정에서 청소년기에 나타나는 특징을 설명한다.

성취수준		
	상	사회화의 의미와 과정을 이해하고, 사회화 과정에서 청소년기에 나타나는 특징을 사례와 연결 지어 설명할 수 있다.
	중	사회화의 의미와 과정을 이해하고, 사회화 과정에서 청소년기의 특징을 제시할 수 있다.
	하	사회화의 의미를 이해하고, 청소년기의 특징을 제시할 수 있다.

학기	영역 (만점)	등급	평가척도		배점
2 학 기	역할 수행 (20점)	평 가 기 준	인지적 영역	1. 청소년의 사회화 과정의 특징을 청소년 문화에 연결시켜 구성하였다. 2. 청소년 문화에 비쳐진 대중문화와 미디어의 영향을 다루고 있다. 3. 청소년 문화의 문제점을 비판적 사고로 접근하였다. 4. 현실적이며 구체적인 사례를 소개하였다. 5. 모둠의 주제를 효과적인 방법으로 전달하고자 노력했다.	20
			정의적 영역	1. 자료 수집 과정이 드러나 있으며 수집된 자료가 풍부하다. 2. 모둠 구성원 간의 소통과 역할 분담이 잘 이루어지고 있다.	
		A	모든 항목을 만족		20
		B	6개 항목 만족		18
		C	5개 항목 만족		16
		D	4개 항목 만족		14
		E	3개 항목 만족		12
		F	2개 항목 만족		10
		G	1개 항목 만족		8
		H	만족하는 항목이 없음		6
		I	고의적 미응시(기본 점수)		4

3) 프로젝트 수업 결과

성취기준			[9사(일사)02-02] 문화를 바라보는 여러 가지 태도를 비교하고, 다른 문화들을 이해하기 위한 바람직한 태도를 가진다.
성취수준		상	문화를 바라보는 여러 가지 태도를 비교한 후, 다른 문화들을 이해하기 위한 바람직한 태도를 제시하고 그 이유를 설명할 수 있다.
		중	문화를 바라보는 여러 가지 태도를 이해하고, 다른 문화들을 이해하기 위한 바람직한 태도를 제시할 수 있다.
		하	문화를 바라보는 여러 가지 태도를 제시할 수 있다.

학기	영역 (만점)	등급		평가척도		배점
2학기	발표 (10점)	평가기준	인지적 영역	1. 대중문화와 청소년기 발달과정의 상관관계를 잘 표현하였다. 2. 효과적인 도구 또는 활동으로 조사내용을 설득력 있게 전달하였다. 3. 청소년과 대중문화 탐구를 통해 문화에 대한 바람직한 태도와 청소년기 사회화 과정의 정체성을 찾고자 하는 의지를 보여주었다. 4. 문화와 상대성과 다양성을 바탕으로 서로 다른 문화를 비교할 수 있다.		10
			정의적 영역	1. 모둠원의 협력이 조화롭게 반영되어 있다. 2. 다른 모둠의 발표에 경청하고 어려운 내용은 질문하여 해결하였다.		
		A	모든 항목을 만족			10
		B	5개 항목 만족			9
		C	4개 항목 만족			8
		D	3개 항목 만족			7
		E	2개 항목 만족			6
		F	1개 항목 만족			5
		G	만족하는 항목이 없음			4
		H	고의적 미응시(기본 점수)			3

7. 프로젝트 수업 세부능력 및 특기사항 기록 예시

우수: 기후 단원에서 다양한 기후의 특징을 비주얼씽킹으로 잘 표현하며 짝과 하브루타 활동을 통해 개념 이해와 사례를 정확히 이해함. 조각퍼즐 맞추기 활동에서 모둠원들과 협력하여 묻고 답하며 그 지역에 대한 정보를 넓혀갔으며 친구들의 질문에 친절하게 답해 줌. 청소년과 대중문화를 주제로 한 프로젝트 수업에서 창의적인 아이디어를 많이 제공하고, 자기 역할을 책임감 있게 수행하며, 그 모둠이 좋은 결과를 만들어 내는데 기여함. 두 차례에 걸쳐 실시된 논술에서 배경지식이 풍부하고 논리적인 문장으로 자신의 생각과 의견을 전개함. 독서토론 시간에 책을 읽고 주인공에 대해 공감력이 뛰어나며 갈등 상황을 극복하기 위해 문제 해결책을 선택한 이유를 잘 설명함.

보통: 기후 단원에서 기후의 특징을 비주얼씽킹과 하브루타 활동을 통해 잘 표현하고 정리함. 조각 퍼즐 맞추기 활동에서 모둠에 주어진 미션을 수행하고자 열심히 참여하였으며 청소년과 대중문화를 주제로 한 프로젝트 수업에서는 각 단계마다 자기 역할을 성실하게 수행함. 두 차례에 걸쳐 실시된 논술에서 1차 때보다 2차 때 좀 더 정하고 논리적인 글로 성장한 모습을 보여 줌. 독서토론 시간에 책읽기에 집중하고 주인공에 대해 공감을 잘하고 내용을 잘 이해함.

미흡: 기후 단원에서 기후의 특징에서 어려운 개념을 비주얼씽킹과 하브루타 활동을 통해 이해하고자 노력함. 친구들과 묻고 답하는 활동에 소극적인 모습을 보이기도 하지만 주어진 미션을 수행하고자 책과 자료를 활용함. 처음 접한 청소년과 대중문화를 주제로 한 프로젝트 수업에서 개별학습은 잘 이루어졌으나 모둠 활동에 조금 더 적극적으로 협력하는 자세가 요망됨.

8. 프로젝트 수업 자기성찰평가, 동료평가, 교사평가

1) 프로젝트 수업 계획 단계 자기성찰평가

평가영역	평가요소	평가기준	우수	보통	미흡
인지적 영역	문제 해결 능력	동영상 시청 소감문을 잘 작성하고 하브루타 활동을 통해 탐구 활동지를 스스로 해결하였다.			
정의적 영역	책임감	모둠 토론에서 자신의 의견을 제시하고 모둠에서 결정한 역할 분담에 따라 모둠 활동에 협력하였다.			

2) 프로젝트 수업 수행 단계 동료평가

평가영역	평가요소	평가기준	별점
인지적 영역	의사 결정력	모둠의 주제를 조사활동하기 위한 소주제를 분류하고, 스토리보드를 체계적으로 설계하였다.	☆ ☆ ☆ ☆ ☆
정의적 영역	참여도	모둠 활동의 걸림돌과 디딤돌을 분석하여 진행을 원활히 하며 자신이 맡은 조사활동에 열심히 참여하였다.	☆ ☆ ☆ ☆ ☆

3) 프로젝트 수업 발표 단계 모둠 간 동료평가

평가영역	평가요소	평가기준	5	4	3	2	1
인지적 영역	의사소통 능력	준비한 결과물을 친구들이 이해하기 좋게 효과적으로 제작하고 설명력과 전달력이 우수함.					
정의적 영역	상호작용	모둠원들의 협력이 잘 이루어졌으며 자기 모둠뿐만 아니라 다른 모둠의 발표에 경청함.					

4) 프로젝트 수업 교사평가

평가영역	평가요소	평가기준	매우 우수	우수	보통	미흡	매우 미흡
인지적영역	의사소통 능력	준비한 결과물을 친구들이 이해하기 좋게 효과적으로 제작하고 설명력과 전달력을 보여주었다.					
정의적 영역	협동력	모둠 토론에서 자신의 의견을 제시하고 모둠에서 결정한 역할 분담에 따라 모둠 활동에 협력하였다.					
교과 역량	비판적 사고력	청소년 문화에 대한 폭넓은 이해로 바람직한 청소년 문화의 방향을 제시하였다.					

9. 프로젝트 수업 후기

교육과정-수업-평가-기록의 일체화 연구회에서 공부하며 프로젝트 수업에 대한 매력을 느끼고 1학기 때 준비가 덜 된 채 교육과정 재구성(순서 바꾸기)을 통한 프로젝트 수업을 처음 해 보았다. 이번에는 계획 단계, 실행 단계, 발표 단계에 따른 과정평가를 염두에 두고 두 번째 프로젝트 수업을 시도해 보았다. 교사들은 매시간 수업 준비에 가장 공을 들인다. 다른 업무도 중요하지만 교사들의 본업은 역시 수업이다. 수업과 평가에 인지적인 영역뿐 아니라 정의적 영역을 다뤄 주며 학생들에게 미래 사회가 요구하는 핵심 역량을 키워 줘야 하는 교사들은 프로젝트 수업과 과정중심평가에 좀 더 관심을 가질 필요가 있다.

강의식 수업에 익숙했던 내가 모둠 활동 수업을 어색하고 어려워하며 꽤 오랜 부적응 기간을 거쳤던 것처럼 교사가 주도하는 수동적인 수업에 길들여진 학생들은 개별적으로 칭찬받고 인정받고 싶어한다. 교사가 묻는 질문에 대답도 잘하고 손들고 발표도 잘하는 학생인데 모둠 속에서는 존재감이 1/n로 줄어든다고 생각하는지, 친구들과 협력하는 활동을 불편해하기도 한다. 모둠을 새로 편성할 때부터 불만을 토로하다가 그 모둠을 새로 바꾸면 또 새 모둠원이 마음에 안 든다고 투덜댄다. 여학생은 남학생이 비협조적이라고 하고 남학생은 여학생들이 자기들을 무시한다고 한다. 서로 도와가며 좋은 관계로 활동에 임해 주는 모둠은 참 드물고 귀하다.

프로젝트 수업으로 장시간에 걸친 모둠 활동을 끝까지 잘해낼 수 있을까? 하는 우려로 시작했으나 결과부터 얘기하자면 모둠의 협력을 끌어내기에 아주 좋은 수업이었다. 공부를 잘하는 친구, 못하는 친구에 대한 편견도 크게 가질 필요가 없다. 조사활동이 적극적으로 이루어지기 때문에 지식과 정보는 함께 찾아보면 된다. 프로젝트 수업은 의사소통 및 의사결정 능력, 문제 해결력 등 협력을 통해 도달해야 할 과업이 있는 수업이다. 혼자가 아닌 다수의 보다 합리적이고 바람직한 결과를 위해 토론을 하고, 아이디어를 모으고, 함께 작업을 한다. 그래서 학생과 교사 모두가 과정중심평가의 주체로 참여한다. 평가 때문에 어쩔 수 없이 수업에 참여하는 게 아니라 나의 수업 참여가 그때그때 평가로 피드백되며 의미를 갖는다.

진도 때문에 엄두를 못 내거나 포기했던 학생 참여중심수업을 교육과정 재구성하여 프로젝트 수업으로 묶어 보았다. 6차시에 걸친 수업 속에는 문화를 바라보는 태도를 비롯해서 대중문화가 아무리 좋아도 비판적으로 받아들여야 한다는 메시지가 담겨있다. 그리고 개별 활동지와 모둠 전체 활동지로 나누어 개별 활동지엔 하브루타로 짝과 함께 단원의 핵심 주제에 대한 자기 생각을 질문과 답으로 주고받게 했고 프로젝트 수업의 계획, 실행, 결과를 과정평가 할 수 있도록 모둠 전체 활동지를 만들었다. 어떻게 하면 모둠에 참여한 개별적인 활동 내용을 활동지에 담을 수 있을까 고민하다가 자기 몫의 포스트잇에 동영상 소감문을 작성하거나, 대중문화 속 자화상을 비주얼씽킹으로 표현하게 했다. 모둠 토론에서 자기 의견을 적는 칸도 만들어 두었다.

피드백은 성장을 위해 필요하다. 과정중심평가는 수업 속에서 배움을 확인하고 자신을 성찰하며 피드백을 통해 장점은 살리고 단점은 보완해 가는 평가다. 중학교 1학년 자유학기제를 빌어 진도와 시험에 쫓기지 않고 부담 갖지 않고 조금은 편안한 마음으로 프로젝트 수업을 준비할 수 있었다. 물론 여유있게 차근차근 풀어 가기엔 시간이 많이 걸릴 것 같아 6차시를 넘지 않도록 속도감 있게 진행했던 수업이다. 마지막 발표를 앞두고 수업 속에서 결과물을 편집하고 다듬는 데 시간이 부족해서 방과 후에 교실에 남아 동영상을 찍거나 PPT를 편집하는 학생들한테 미안했다. 학생들의 수업 소감을 들어 보니 그런 점이 힘들기도 했지만 바로 그런 점이 추억으로 남을 수 있어서 좋았다고 프로젝트 수업에 긍정적인 평가를 해 주었다.

종량제 봉투에 호환되는
쓰레기통 만들기 프로젝트 수업

종량제 봉투에 호환되는 쓰레기통 만들기 프로젝트 수업의 절차

(1) 프로젝트 단원 선정을 위한 교육과정 재구성
- 교과의 성취기준 분석
- 평가계획 수립
- 교과 역량 반영

(2) 프로젝트 준비 단계
- 프로젝트 사전 준비 단계
  - 프로젝트 수업 소개
  - 평가계획 안내
  - 모둠 구성 및 소개
  - 과제 제시

(3) 프로젝트 계획 단계
- 자료 조사 및 분석(모둠별)
  - 문제 분석 및 학습과제 도출(Idea, Facts, Learning Issues)
  - 실천계획(Action Plans): 역할 분담, 자료 조사 방법 계획

(4) 프로젝트 수행 단계
- 학습 내용 공유 및 제품 제작
  - 학습 내용 공유(자료 조사 내용 공유)
  - 자료 조사 내용 논의 결정(1차)
  - 나만의 구상도 및 제작도 그리기
  - 구상도 및 제작도 수정 논의 결정(2차)
  - 최적의 구상도 및 프로토타입 제품 제작
  - 발표 준비

(5) 발표 및 평가
- 수행 결과물 발표
  - 발표순서
    ① 모둠 소개
    ③ 제작 과정
    ⑤ 소감(배운 점, 느낀 점, 성장한 점)
    ② 역할 분담 내용
    ④ 제품 특징(핵심 아이디어)
    ⑥ 질의응답
- 평가(교사평가, 자기성찰평가, 동료평가)
- 학교생활기록부 세부능력 및 특기사항 기록

(1) 프로젝트 단원 선정을 위한 교육과정 재구성

1) 교과의 성취기준 분석

- **교 과:** 기술·가정②
- **단원명:** Ⅳ. 제조 기술과 자동화　　01. 제조 기술의 세계
　　　　　　　　　　　　　　　　03. 제조 기술 체험과 문제 해결 활동
- **대상학년:** 중학교 2학년
- **학습주제:** 다양한 종류의 종량제 봉투에 호환되는 표준화된 쓰레기통 만들기

2009 개정 교육과정	[기9241-3] 재료의 특성과 이용, 제품 개발과 표준화를 설명할 수 있다. [기9243-2] 제조 기술과 관련된 문제를 창의적으로 해결할 수 있다.
2015 개정 교육과정	[9기가04-02] 제조 기술 시스템의 의미와 단계별 세부 요소를 이해하고 제품의 생산 과정을 설명한다. [9기가04-04] 제조 기술과 관련된 문제를 이해하고, 해결책을 창의적으로 탐색하고 실현하며 탐색한다.

교육과정 재구성 전 단원 학습 순서			교육과정 재구성 후 단원 학습 순서		
대단원	중(소)단원	비고	대단원	중(소)단원	비고
Ⅳ. 제조 기술과 자동화	01 제조 기술의 세계 　1. 제조 기술의 이해 　2. 제조 기술의 발달 　3. 우리나라 전통 제조 기술 　4. 재료의 특성과 이용 　5. 제품 개발과 표준화 02 자동화와 로봇 　1. 전기·전자의 이해 　2. 기계의 이해 　3. 자동화와 자동 제어 03 제조 기술 체험과 문제 해결 활동 　1. 로봇 체험 활동 　2. 제조 기술 문제 해결 활동	교과 내용 분석 성취기준 통합	Ⅳ. 제조 기술과 자동화	01 제조 기술의 세계 　1. 제조 기술의 이해 　2. 제조 기술의 발달 　3. 우리나라 전통 제조 기술 　4. 재료의 특성과 이용 　5. 제품 개발과 표준화 03 제조 기술 체험과 문제 해결 활동 　2. 제조 기술 문제 해결 활동 〈과제〉 다양한 종류의 종량제 봉투에 호환되는 표준화된 쓰레기통 만들기 02 자동화와 로봇 　1. 전기·전자의 이해 　2. 기계의 이해 　3. 자동화와 자동 제어	성취기준에 따른 교육과정 재구성 (내용 통합)

2) 교과 역량 반영

교과 역량	◦ 기술적 문제 해결 능력 ◦ 기술 시스템 설계 능력 ◦ 기술 활용 능력

3) 평가계획 수립

① 평가방법 및 반영 비율

구분 / 영역	지필평가		수행평가		
	중간고사	기말고사	표준화 제품 개발 프로젝트	포트폴리오	식생활 프로젝트
반영 비율	·	40%	25%	20%	15%
방법	·	지필평가	개인평가 + 모둠평가	개인평가	개인평가 + 모둠평가
시기	·	12월	8~12월	8~12월	9월
횟수	·	1회	4단계	수시	3단계
성취기준	·	기9241~2 가9141~2 가9151	기9241 기9242 기9243	가9141 가9142 가9151	가9151
대단원	Ⅰ. 가족의 이해 Ⅱ. 녹색 가정생활의 실천 Ⅵ. 제조 기술과 자동화				

② 수행평가 세부계획

영역	평가내용	배점		반영 비율	비고
		과정별 배점	합계		
표준화 제품 개발 프로젝트	보고서 (활동지, 포토폴리오)	40점	100점	25%	
	제작품 평가: 교사평가, 동료평가 (기능성, 완성도, 창의성, 실현 가능성)	40점			
	협업 능력: 교사평가, 동료평가 (협조, 지지, 공헌, 동의, 소통)	20점			
포트폴리오	자료가 충실하게, 개성과 창의적인 아이디어가 드러나게 작성된 경우	70점	100점	20%	
	발표	30점			
식생활 프로젝트	녹색 식생활을 실천할 수 있는 내용으로 충실히 완성한 경우	70점	100점	15%	
	협동력	30점			

③ 채점기준표

영역 \ 평가요소 \ 평가척도		A	B	C
표준화 제품 개발 프로젝트 (만점: 100점)	보고서 (교사 관찰)	과제를 잘 이해하고 제작 원리, 과정 등이 그림, 도표 등으로 알기 쉽게 빠짐없이 설명되어 있다.	과제를 이해하고 제작 원리, 과정 등이 나타나 있으나 미완성 활동 내용이 1개가 있다.	과제를 이해하고 제작 원리, 과정 등이 나타나 있으나 미완성 활동 내용이 2개 이상이 있다.
		40점	30점	25점
	제작품 평가 (교사, 동료)	기능성, 완성도, 창의성이 모두 우수했다.	기능성, 완성도, 창의성 중 미흡한 부분이 1가지가 있다.	기능성, 완성도, 창의성 중 미흡한 부분이 2가지 이상이 있다.
		40점	30점	25점
	협동력 (교사, 동료)	역할 분담에 따라 모범(협력)을 보이고 문제 해결에 아이디어를 제공(공헌)하며 열린 마음으로 격려(지지), 타협(동의)하는 자세를 보이고 있다.	협력, 공헌, 지지, 동의 등의 자세 중 미흡한 부분이 1가지가 있다.	협력, 공헌, 지지, 동의 등의 자세 중 미흡한 부분이 2가지 이상이 있다.
		20점	15점	10점

(2) 프로젝트 준비 단계

1) 프로젝트 수업 소개 및 안내
프로젝트 수업 실시 전에 프로젝트 수업의 의미와 목적, 단계 등을 안내하고, 모둠 구성, 평가방법, 평가내용, 반영 비율 등을 공개하여 사전에 알고 수업에 참여하도록 한다.

준비 단계	계획 단계(1차시)	수행 단계(2~5차시)	발표 및 평가(6차시)
1. 프로젝트 사전 단계 – 프로젝트 수업 소개 – 모둠 구성 및 소개 – 평가계획 안내 – 과제 제시	2. 자료 조사 및 분석 방향(모둠별) – 문제 분석 및 학습과제 도출(Idea, Facts, Learning Issues) – 실천계획(Action Plans): 역할 분담, 자료 조사 방법 계획	3. 학습 내용 공유 및 제품 제작 – 학습 내용 공유(자료 조사 내용 공유) – 자료 조사 내용 논의 및 결정(1차) – 나만의 구상도 및 제작도 그리기 – 구상도 및 제작도 수정 논의 결정(2차) – 최적의 구상도 및 프로토타입 제품 제작 – 발표 준비	5. 수행 결과물 발표 – 발표순서 ① 모둠 소개 ② 역할 분담 내용 ③ 제작 과정 ④ 제품 특징(핵심 아이디어) ⑤ 소감(배운 점, 느낀 점, 성장한 점) ⑥ 질의응답 – 평가(교사평가, 자기성찰평가, 동료평가) – 학교생활기록부 세부 능력 및 특기사항 기록

2) 모둠 구성 및 소개

모둠 구성원은 프로젝트 및 학급 인원에 따라 달라질 수 있으나 남녀 비율과 모둠별 인원이 골고루 분포되도록 하였고, 평소 알고 지내던 사이지만 서먹함을 없애고 프로젝트를 원만하게 수행하기 위해서 자기소개를 하도록 하였다. 돌아가면서 자기의 특징과 잘 할 수 있는 것을 발표하게 하거나 글이나 그림으로 작성해서 돌려 가면서 읽어 보게 하였다.

3) 평가계획 안내

학업성적관리규정에서 제시한 영역, 방법 및 반영 비율, 세부계획, 채점기준 등을 사전에 안내하고 성취기준을 인식하여 수행평가를 준비할 수 있도록 한다.

4) 과제 제시

성취기준을 분석하고 교과 역량이 반영된 실생활과 밀접한 관계가 있는 과제를 제시하여 학생들의 호기심을 자극할 수 있어야 한다.

대단원	IV. 제조 기술과 자동화	01. 제조 기술의 세계		
소단원	2. 제조 기술의 발달 (5) 제품 개발과 표준화		차시	5/17
성취기준	기9241-3. 재료의 특성과 이용, 제품 개발과 표준화를 설명할 수 있다. 기9243-2. 제조 기술과 관련된 문제를 창의적으로 해결할 수 있다.			
수업목표	다양한 종류의 종량제 봉투에 호환되는 쓰레기통을 모형으로 제작하여 표준화 방안을 설명할 수 있다.			

〈과제〉	다양한 종류의 종량제 봉투에 호환되는 쓰레기통 제작과 표준화
문제	〈제13회 국제표준올림피아드 대회 참가 안내〉 ○○중학교 2학년 학생들 중 모둠을 3~4명으로 구성하여 2018년 8월에 개최될 제13회 국제표준올림피아드 대회에 참가하려고 합니다. 모둠별로 주어진 문제를 해결하여 2017년 11월 10일까지 제출하여 주십시오. 우수한 결과물을 도출한 모둠을 우리학교 대표로 예선 및 본선대회에 출전시키도록 하겠습니다. 종량제 봉투는 일반용(매립용, 소각용, 음식물) 및 공공용 봉투로 구분되며, 봉투의 용량은 작게는 1부터 크게는 100까지 다양하다. 봉투의 디자인과 가격은 지자체마다 다르지만 크기는 어느 정도 표준화되어 있다. 예를 들어 일반 매립용 봉투의 크기는 5, 10, 20, 30, 50, 100 등으로 되어 있다. 주어진 재료만을 이용하여, 세 가지 크기의 쓰레기 종량제 봉투($2l$, $5l$, $10l$)에 호환되는 쓰레기통을 제작하고, 제작 과정중의 아이디어 및 설계과정, 표준화 방안 등을 포트폴리오에 구체적으로 작성하시오.

(3) 프로젝트 계획 단계

주어진 문제를 분석하여 문제 해결에 도움이 되는 다양한 아이디어를 쏟아내고, 이미 알고 있는 사실들을 바탕으로 문제 해결을 위해 학습해야 할 내용들을 실천 계획에 따라 역할을 분담한다. 모둠에서 서로 협력하여 대화는 나누되, 협의한 내용을 개별 활동지에 작성하도록 한다. 이는 포트폴리오 평가에 반영된다.

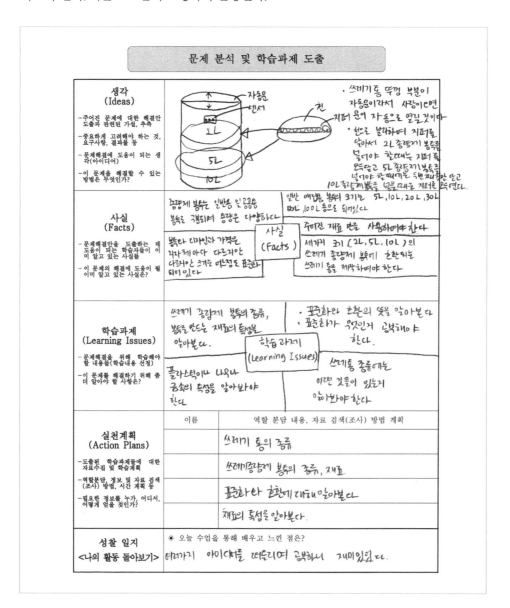

1) 학습 내용 공유

제 2학년 (　　)반 (　　)번　이름 : (　　　　　　)

대단원	IV. 제조 기술과 자동화	01 제조 기술의 세계		
소단원	2. 제조 기술의 발달　(5) 제품 개발과 표준화		차시	6~8/17
성취기준	기9241-3. 재료의 특성과 이용, 제품 개발과 표준화를 설명할 수 있다.			
수업목표	다양한 종류의 종량제 봉투에 호환되는 쓰레기통을 모형으로 제작하여 표준화 방안을 설명할 수 있다.			

학습 내용 공유(회의록)

PBL 과제명	다양한 종류의 종량제 봉투에 호환되는 쓰레기통 제작과 표준화	모둠명 (모둠원)	6 모둠

락앤락 형식 / 뚜껑 / 구멍 / 〈위〉 〈옆〉

나사골 / 나사산 / 피치

호환 : 서로 교환함

표준 : 사물의 정도나 성격 따위를 알기 위한 근거나 기준

+ 표준화 : 표준을 만들고 않은 사람에게 알려서 모두가 활용하는 것

쓰레기통의 디자인
· 원통형
· 사각기둥형
· 캐릭터 삽입
· 자연 이미지
· 텍스트
· 색
· 윗의 (패턴)

쓰레기통의 재료가 될 수 있는 것들
- 플라스틱 - frp (섬유강화 플라스틱)
- 고무 ↳ 배양
- 스테인리스

〈논의 및 결정 사항〉

(냄새) 악취 차단을 위해 후경간을 추가한다. - 자재료 : 플라스틱 / 고무

뚜껑: 〈옆모습〉 고무패킹

버튼: 누르면 뚜껑이 분리용

- 자재료 : 플라스틱 / 고무
- 쓰레기 통의 디자인 : 원기둥모양 통
- 규격 : 축 10ℓ의 종량제 봉투의 길이 + 10cm
　　　원통의 지름 : 30cm 정도
⊕ 나사원리를 이용한 통 끼리의 연결방법 을 사용하지 않기로 함.

각자가 생각한 쓰레기통의 구상도를 그려보고 함께 논의를 하자.
(제작도)

2) 나만의 구상도 및 제작도 그리기

학습한 내용을 바탕으로 협의되고 결정된 사항을 나만의 창의적인 구상도에 적용한 후 모둠원의 평가를 받아 수정하여 개별 활동지에 제작도를 완성한다. 이는 포트폴리오 평가에 반영한다.

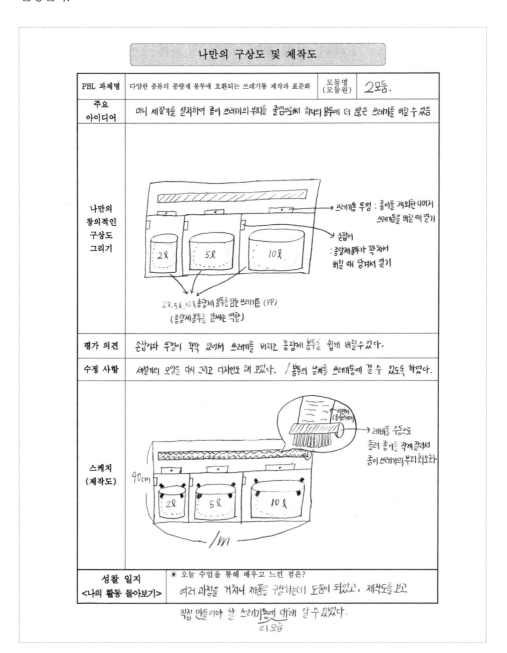

3) 최적의 구상도 및 프로토타입 제품 제작

개별 활동지에 작성한 나만의 창의적인 구상도와 제작도를 모둠에서 평가하여 장점을 살린 모둠의 창의적인 제품 아이디어를 모아서 개별 활동지에 최적의 구상도와 프로토타입을 완성하고 모형 제품을 제작하여 완성한다. 개별 활동지는 포토폴리오 평가에, 모형 제품은 동료평가에 반영한다.

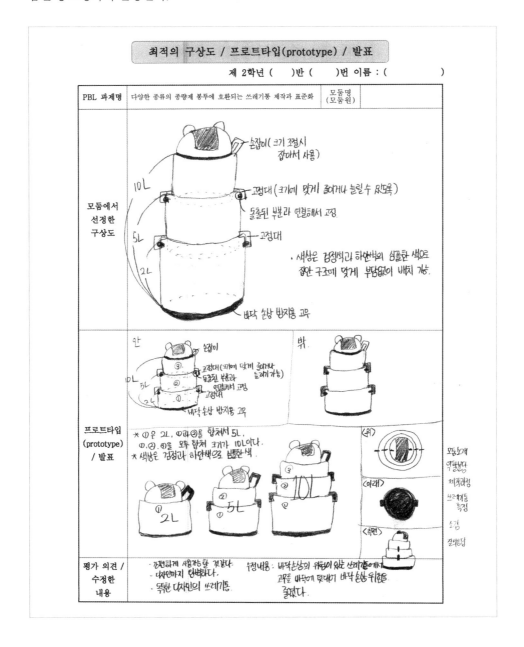

(5) 발표 및 평가

- 수행 결과물 발표
  ① 모둠 소개   ② 역할 분담 내용   ③ 제작 과정   ④ 제품 특징(핵심 아이디어)
  ⑤ 소감(배운 점, 느낀 점, 성장한 점)   ⑥ 질의응답
- 평가(교사평가, 자기성찰평가, 동료평가)
- 학교생활기록부 세부능력 및 특기사항 기록

1) 수행 결과물 발표

모둠별로 발표는 모둠원 소개 → 역할 분담 → 제작 과정 → 제품 특징(핵심 아이디어) → 소감(배운 점, 느낀 점, 성장한 점) → 질의응답 순서로 진행하며 특히 질의응답은 모둠원의 역할에 따라 답변하며, 상대방을 설득할 수 있어야한다. 수행 결과물과 협업 능력은 교사 및 모둠 간 동료평가에 반영한다.

모둠별 산출물 ①

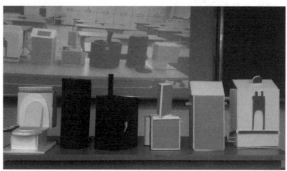

모둠별 산출물 ②

2) 평가(교사평가, 자기성찰평가, 동료평가)

교사평가 및 모둠 간 동료평가는 제작품 평가표(기능성, 완성도, 창의성)와 포트폴리오 평가표(표준의 이해와 논리성, 제작의 원리, 표준화 실현 가능성)를 활용하여 항목별 점수가 높은 순서로 나열하고 채점기준표의 3단계로 나누어 점수를 부여하였다. 특히 모둠 간 동료평가는 자기 모둠을 제외한 다른 모둠을 평가하여 모둠원의 평균 점수를 나열하고 3단계로 점수를 산출하도록 하였으며, 반영비율은 교사평가의 10% 이내로 하였다. 자기성찰평가는 학교생활기록부 세부능력 및 특기사항 기록에 참고 자료로 활용하였다.

A. 제작품 및 포트폴리오 평가계획

① 제작품 평가

구분		평가내용		배점
항목	등급	세부사항	점수	
기능성 (20점)	A	가. 쓰레기통의 일반적 기능이 포함되어 있으며, 나. 3종류의 종량제 봉투에 모두 완벽히 호환됨.	20	20
	B	가. 쓰레기통의 일반적 기능이 일부 포함되어 있으며, 나. 일부 종량제 봉투에만 호환됨.	16	
	C	가. 쓰레기통의 일반적 기능이 일부 포함되어 있으며, 나. 일부 종량제 봉투에만 호환됨.	12	
	D	가. 쓰레기통의 일반적 기능이 포함되어 있지 않으며, 나. 제시된 모든 종량제 봉투에도 호환되지 않음.	8	
	E	미완성	4	
완성도 (20점)	A	주어진 재료를 효율적으로 사용하였고, 쓰레기통과 종량제 봉투와의 탈부착이 용이함.	20	20
	B	주어진 재료를 효율적으로 사용하지 못하였으나, 쓰레기통과 종량제 봉투와의 탈부착이 용이함.	16	
	C	주어진 재료를 효율적으로 사용하였으나, 쓰레기통과 종량제 봉투와의 탈부착이 용이하지 못함.	12	
	D	주어진 재료를 효율적으로 사용하지 못하였고, 쓰레기통과 종량제 봉투와의 탈부착이 용이하지 못함.	8	
	E	미완성	4	
창의성 (20점)	A	과제 해결 시 팀원들이 다양한 아이디어를 제시하고, 독창적인 최적의 아이디어를 선정하여 완성하였음.	20	20
	B	과제 해결 시 팀원들이 다양한 아이디어를 제시하여, 최적의 아이디어를 선정하여 완성하였으나, 선정된 아이디어의 독창성이 부족함.	16	
	C	과제 해결 시 팀원들이 다양한 아이디어를 제시하여, 최적의 아이디어를 선정하여 과제를 완성하였으나, 선정된 아이디어의 독창성이 부족하고, 아이디어와 완제품이 서로 다름.	12	
	D	과제 해결 시 다양한 아이디어가 부족하고, 완성품이 미흡함.	8	
	E	미완성	4	
합계				60

② 포트폴리오 평가

구분		평가내용		배점
항목	등급	세부사항	점수	
표준의 이해와 논리성 (20)	A	과제와 관련된 표준을 잘 이해하고 장치의 표준화 원칙이 매우 논리적임.	20	20
	B	과제와 관련된 표준을 잘 이해하고 장치의 표준화 원칙이 논리적임.	16	
	C	과제와 관련된 표준의 이해 또는 장치의 표준화 원칙 중 한부분이 다소 부족함.	12	
	D	과제와 관련된 표준의 이해 및 장치의 표준화 원칙이 모두 부족함.	8	
	E	관련 부분의 포트폴리오 미완성.	4	
제작의 원리 (10)	A	제작원리가 합리적이고 이해하기 쉽게 설명되어 있음.	10	10
	B	제작원리가 기록되어 있으나 설명이 다소 미흡함.	8	
	C	제작원리가 설명되어 있으나 부분적으로 이해하기 어려움.	6	
	D	제작원리에 대한 설명을 모두 작성하지 못함.	4	
	E	관련 부분의 포트폴리오 미완성.	2	
표준화 실현 가능성 (10)	A	설계된 제품에서 표준화 시킬 수 있는 부분(또는 부품, 재료)을 선정하였고, 그 이유를 논리적으로 설명함.	10	10
	B	설계된 제품에서 표준화 시킬 수 있는 부분(또는 부품, 재료)을 선정하였으나, 그 이유에 대한 설명이 다소 미흡함.	8	
	C	설계된 제품에서 표준화 시킬 수 있는 부분(또는 부품, 재료)을 선정하였으나, 그 이유에 대한 설명이 없음.	6	
	D	설계된 제품에서 표준화 시킬 수 있는 부분(또는 부품, 재료)을 선정하지 못하였고, 이유도 설명하지 못함.	4	
	E	관련 부분의 포트폴리오 미완성.	2	
합계				40

B. 프로젝트 수업 성찰 일지

제 2학년 (　　)반 (　　)번　이름 : (　　　　　)

대단원	IV. 제조 기술과 자동화	01 제조 기술의 세계		
소단원	2. 제조 기술의 발달 　(5) 제품 개발과 표준화		차시	9/17
성취기준	기9241-3. 재료의 특성과 이용, 제품 개발과 표준화를 설명할 수 있다.			
수업목표	일상생활에서 표준화가 되어있지 않아 불편한 사례를 찾아 개선 방안을 말할 수 있다.			

PBL 과제명	다양한 종류의 종량제 봉투에 호환되는 쓰레기통 제작과 표준화	모둠명 (모둠원)	6조

자기 평가 : 나의 활동 되돌아보기

1. 이 수업을 통해 배운 점(느낀 점)은?	표준화의 의미보다 좀 이해하고 아직 이세상에는 표준화 해야할것들이 많이 많다. 같다
2. 배운 것 중 일상생활과 연관 되거나 다른 곳에 적용할 수 있는 것은?	아이폰과 삼성의 충전기, 현관테마 안경알
3. 이 수업을 통해 좋았던 점과 아쉬웠던 점은?	모둠원끼리 협력하여 한 결과물 내서 좋았다. 재료가 한정되어서 표면이 아쉬웠다 (손재주도 부족)
4. 나의 역할 분담에서 내가 더 노력해야 할 점은?	친구들의 의견에 좀더 귀를 기울일 필요가 있다.

동료 평가

5. 우리 모둠을 자체 평가해 보자.

모둠원	역할	잘한 일 또는 노력할 점
조사, 붙이기, 아이디어, 다듬기		모둠친들이 관계에 너잘하게 바버 보안고 다듬었다.
조사, 붙이기, 아이디어		모둠들이 편한데 작은도구를 많이썼다. 좀더 열심히	열셌으면 좋았을것이다.
조사, 자르기, 아이디어, 전체디자인, 발표		제품에 사용될 가능 섬세하게 잘표현했다.
조사, 자르기, 발표, 아이디어		모둠을 잘 주도해서 열심히 나갔다.

6. 각 모둠을 상호 평가해 보자.	1모둠: (85)점	2모둠: (95)점	3모둠: (90)점
	4: (95)점	5: (95)점	6: (우리모둠)점　7: (85)점

7. 내가 기업의 사장이라면 어느 쓰레기통을 실제 제품으로 만들어 시장에 배포할 것인가?	모둠	4, 5.
	이유	자내라 처령하면 좋은 플라스틱으로 제작하고 재료값이 작게들고 다른 제품보다 싶고 단단하게 대응이다

8. 내가 사용자라면 어느 쓰레기통을 마트에서 선택할 것인가?	모둠	2.
	이유	쓰레기통은 바꾸기 쉽고 사용시 연관될것 같다.

■ 프로젝트 수업 Tip

자유학기제를 경험하고 올라온 2학년 학생들을 대상으로 실시한 수업으로 처음에는 프로젝트 문제를 잘 해결할 수 있을까? 반신반의 하였으나 차시가 거듭될수록 서로 소통하고 협력하면서 문제를 진지하게 해결해 나가는 모습을 보며 교사로서의 보람과 자긍심을 느낄 수 있었다. 프로젝트 수업은 사전에 계획 단계부터 성취기준을 분석하고 교과 역량이 반영되고 실생활과 연계된 주제라면 충분히 학생들의 호기심과 흥미를 유발할 수 있다. 비록 일반학기에 적용해 본 프로젝트 수업이지만 자유학기제 또는 자유학년제에서 실시한다면 더욱 완성도 높은 수업이 될 수 있다.

3) 세부능력 및 특기사항 기록

'다양한 종류의 종량제 봉투에 호환되는 표준화된 쓰레기통 만들기' 프로젝트 수업에서 재료의 특성을 이해하고 쓰레기의 종류에 따른 쓰레기통 재료를 선택하는데 합리적인 사례를 제시함으로서 모둠원의 공감을 이끌어 냄. 제시된 문제를 분석하여 해결안을 도출하는 과정에서 쓰레기통의 작동에 대한 창의적인 아이디어를 내놓아 모둠원들을 설득시키고 의견을 한 곳으로 모으는데 결정적인 역할을 하였음. 처음에 막연해 하던 프로젝트 수업을 친구들과 의견을 주고받고 교사의 피드백을 받은 후 생각의 폭이 넓어졌으며 제작과정, 쓰레기통의 프로토타입 등을 알기 쉽게 비주얼씽킹으로 작성하고 발표하여 큰 호응을 얻음.

하브루타 수업

1. '하브루타의 질문 만들기'로 생각의 폭을 넓히기

1) 하브루타란?

하브루타는 '짝, 친구, 파트너십'의 뜻을 내포하고 있으며, 유대인의 교육방식에서 비롯된 토론법으로 '짝을 지어 질문하고 대화하고 토론하고 논쟁하는 것'을 말한다.

2) 하브루타 수업을 위한 준비

하브루타 수업을 하려면 우선 질문에 대한 오해부터 풀어야 한다. '질문은 모르는 것을 물어보는 활동이다.', '질문은 대상이 있어야 하는데 그 대상은 선생님이다.'라는 선입견에서 벗어나야 한다. 아는 것도 질문할 수 있고, 질문의 대상은 자신을 포함하여 누구든지 될 수 있다. 질문 문화가 형성되지 않은 교실 환경에서 하브루타 수업을 진행하기는 어려우므로 우선 학생들의 흥미를 유발하는 가벼운 주제로 짝과 함께 생각을 나누고 질문 만들기를 시작하는 것이 좋다. 그리고 맘껏 질문하게 해야 한다. 어떤 질문도 막지 말고 질문하는 과정에서 스스로 알 수 있는 것부터 터득하게 해 주고 짝과의 대화를 통해 집단지성이 발휘되는 긍정적 경험을 할 수 있도록 교사의 격려와 지지가 우선 되어야 한다.

3) 질문중심 하브루타 수업 방법

질문중심의 하브루타 수업은 학생들이 본문을 읽고 질문을 만들어서 짝과 토론한 다음 가장 좋은 질문을 뽑는다. 그 뽑힌 질문으로 모둠 토론 후 그 모둠에서 가장 좋은 질문을 다시 뽑는다. 그 질문으로 모둠에서 집중 토론한 다음 그 내용을 정리 발표하고 교사가 정리해 주는 수업이다.

질문만들기 ➡ 짝 토론 ➡ 모둠 토론 ➡ 발표 ➡ 쉬우르

– 출처: 전성수(2014), 『최고의 공부법』

① 교재 읽고 질문 만들기

하브루타 수업의 가장 기본이다. 교과서나 교재를 꼼꼼하게 읽고 질문을 만드는 기본
활동이다. 수준이나 학년에 따라 다양한 분량을 제시할 수 있다.

② 질문 유형별로 구분하기

질문의 유형은 내용(사실) → 상상(심화) → 적용(실천) → 메타(종합) 등으로 구분하도
록 지도하면 된다.

③ 질문으로 두 명씩 짝지어 먼저 토론하기

만든 질문으로 둘씩 짝을 지어 질문과 대답, 반박을 주고받는다. 질문은 번갈아가면서
하는 방법과 한 사람이 끝까지 하고 다시 다른 사람이 질문하는 방법이 있다. 대답을
듣고 후속 질문을 하여 한 질문으로 길게 하브루타할수록 좋다.

④ 짝과의 질문 중에서 최고 질문 뽑기

좋은 질문은 독특하고 논쟁을 치열하게 할 수 있으며, 다양하게 상상할 수 있는 질문
이다.

⑤ 최고의 질문으로 모둠별로 토론하기

⑥ 최고의 질문 뽑기

⑦ 그 질문으로 토론하기

⑧ 토론 내용 정리하기

⑨ 각 모둠 발표하기

⑩ 교사와 쉬우르

쉬우르는 예시바에서 짝끼리 탈무드 논쟁을 한 내용을 랍비가 전체 학생과 질문, 토론을
통해 의견을 나누는 시간으로 전체 토론이라고도 한다. 즉 교사와 학생 전체가 짝을 지어
질문하고 대화, 토론, 논쟁을 하는 시간이다.

교사는 설명보다는 질문으로 학생들의 사고를 자극하고 학생들에게서 답이 나올 수 있
도록 이끌어 준다. 학생이 해결하지 못한 질문을 듣고 그 질문에 대해 다시 질문하여 학생
들이 생각한 것을 자유롭게 이야기하도록 이끈다. 또 수업시간에 반드시 알아야 하는 내용
에 대해 질문하여 학생들이 말을 하면서 정리할 수 있도록 돕는다.

수업에서 하브루타를 시작하는데, 일반적인 과정을 밟으면서 각 단계별로 어떻게 수업을 이끌 것인지에 대해서 교사가 직접 디자인하여 수업을 진행해야 한다. 물론 이런 절차들은 필요에 따라서 생략하거나 건너뛸 수 있다.

4) 하브루타 질문 유형

	내용(사실)	상상(심화)	적용(실천)	메타(종합)
누가	지식, 내용의 사실 파악 텍스트를 이해하는 질문	만약 ~ 라면 만약 ~ 했다면 만약 ~ 한다면 의인화, 느낌 무한 상상을 자극하는 질문	유사한 경험 대처 방법 자신의 삶에 적용한 질문	시사점 교훈 주제, 가치 분석, 비판 반성할 점
언제				
어디서				
무엇을				
어떻게				
왜				

– 출처: 전성수(2014), 『최고의 공부법』

■ 하브루타 활동 Tip

- 하브루타의 가장 큰 목적은 생각하는 힘을 기르는 데 있으므로 하브루타를 하기 전에 충분히 내용에 대해 알게 한다. 내용을 알아야 깊이 있는 대화가 가능하고 꼬리를 무는 질문이 나오기 때문이다.
- 하브루타 시 옆 짝과 마주 보고 하며 느낌과 이유를 자유롭게 자세히 말하도록 지도하고 친구의 관점을 이해하는 데 초점을 맞춘다.
- 각자의 생각을 논리적으로 정리하여 제시하게 하고 동의하지 않을 때는 그 이유를 제시하게 한다.
- 쓰기에 집중하면 말하기가 쉽지 않으므로 적절하게 조율하도록 안내하고, 모둠 활동에서 토론하고 정리된 내용이라도 개별 활동지에 각자 정리해 보는 것은 모든 학생의 참여도를 높이는 방법이기도 하다.
- 모둠별 토론을 하는 동안에 자칫 집중력이 흐려지는 학생이 있거나 모둠 토론에서 소외되는 학생이 있는지 살펴보고 격려한다.
- 모둠 발표 시 같은 질문으로 토론한 모둠이 있을 경우 중복 발표가 되지 않도록 한다. 앞에서 발표한 내용은 제외하고 보태기만 한다.
- 토론하며 짝이나 모둠에서 해결하지 못한 질문을 전체 토론에서 하도록 유도하고 학생들끼리 또는 교사와 함께 토론하되 교사가 먼저 대답하지 않도록 유의한다.

[예시] 중학교 국어과 수업

단원명: 5. 설명하는 글
성취기준: 2922. 글이나 매체에 제시된 다양한 자료의 효과와 적절성을 평가하며 읽는다.
　　　　　　　2924. 설명하는 방식을 파악하여 설명하는 글을 읽는다.
활동주제: 생각의 폭을 넓히는 '하브루타' 활동 – 질문 만들고 토의하기
수업 과정: 본 수업은 총 2차로 구성되었다. 1차시(1–2단계), 2차시(3–5단계)

■ 하브루타 수업 과정

함께! 앎과 삶을 채우는 국어 수업	5. 설명하는 글 **(2) 어떤 방법으로 설명할까?**	**22**	생각은 새롭게! 소통은 막힘없이! 어제보다 더 나은 1학년　　반　　번 이름:
수업 주제	영상 보고 질문 만들기 [설명문 쓰기 기초1]		
성취 기준	2922. 글이나 매체에 제시된 다양한 자료의 효과와 적절성을 평가하며 읽는다. 2924. 설명하는 방식을 파악하여 설명하는 글을 읽는다.		

▣ 질문의 유형(조건: 질문을 만들 때 단답형의 질문은 만들지 말 것!!!)

질문의 유형	예시
내용을 묻는 질문	'~'라는 말의 의미는 무엇인가?
상상하는 질문	만약 ~가 ~했다면 어땠을까?
단서를 보고 추론하는 질문	~상황으로 볼 때 어떤 일이 일어나게 될까?
적용하는 질문	내가 ~와 같은 경우에 처한다면 어떻게 해야 할까?
종합하는 질문	이 글의 주제를 정리해 본다면?

▣ 영상을 보고 메모한 후 친구와 대화해 볼 질문을 만들어 봅시다.

연번	내가 만든 질문
메모	
1	
2	
3	
4	
5	
6	
7	
수업 소감	

[1단계] 동영상 보며 메모하기(개별 활동, 활동 시간: 25분)

1. 설명문 작성을 위한 학생의 동기 부여, 배경 지식 쌓기 등을 위해 주제(주제: 군함도의 실체를 알리는 설명문 작성하기)와 관련 있는 동영상을 함께 시청한다.

2. 영상을 시청하며 의미 있다고 생각하는 부분이나 설명문 작성을 위해 유의미한 자료가 제시되면 구체적으로 메모를 작성한다. 메모 작성 시 내용 정리 메모뿐만 아니라 자신의 생각이나 느낌을 정리한 메모를 함께 작성할 수 있도록 지도하여 자신의 생각을 뒷받침할 수 있는 질문 만들기 활동 및 관련 자료를 찾을 때 도움이 되도록 지도한다.

동영상 보며 메모하기

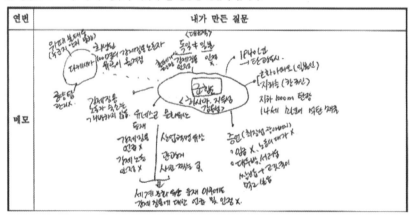

메모하기 예시

[2단계] 개별 질문 만들기(개별 활동, 활동 시간–질문 만들기: 15분, 소감 발표: 5분)

1. 메모한 내용을 바탕으로 개별 질문을 작성한다.

2. 개별 질문 작성 시 내용과 관련 있는 질문, 상상 및 추론하는 질문, 적용하는 질문, 종합하는 질문 등을 섞어서 만들어 보도록 지도하여 추후 짝, 모둠 등에서 토의가 가능하도록 한다.

질문의 유형	학생 질문 예시
내용 관련 질문	일본은 하시마섬이 세계문화유산에 등재된 이후 forced to work가 무엇이라고 말을 바꾸었나? 하시마섬을 왜 지옥섬이라 부를까?
상상(추론) 질문	일본이 독일처럼 강제징용을 인정했다면 어떻게 되었을까?
적용 질문	일본인들에게 역사를 바로 알리기 위해 우리가 해야 할 일은 무엇일까?
종합 질문	하시마섬의 좋은 면만 강조하는 관광 사업이 어떻게 바뀌어야 할까?

3. 개별 질문 만들기 활동 시간은 15분 내외로 한다.

개별 질문 만들기

함께! 앎과	**5. 설명하는 글**	**22**	생각은 새롭게!
삶을 채우는			소통은 막힘없이!
국어 수업	(2) 어떤 방법으로 설명할까?		어제보다 더 나은 1학년 반 번 이름:

수업 주제	영상 보고 질문 만들기 [설명문 쓰기 기초1]
성취 기준	2922. 글이나 매체에 제시된 다양한 자료의 효과와 적절성을 평가하며 읽는다. 2924. 설명하는 방식을 파악하여 설명하는 글을 읽는다.

■ 질문의 유형 (조건: 질문을 만들 때 단답형의 질문은 만들지 말 것!!!)

질문의 유형	예시
내용을 묻는 질문	'~'라는 말의 의미는 무엇인가?
상상하는 질문	만약 ~가 ~했다면 어땠을까?
단서를 보고 추론하는 질문	~상황으로 볼 때 어떤 일이 일어나게 될까?
적용하는 질문	내가 ~와 같은 경우에 처한다면 어떻게 해야 할까?
종합하는 질문	이 글의 주제를 정리해 본다면?

■ 영상을 보고 메모한 후 친구와 대화해 볼 질문을 만들어 봅시다.

연번	내가 만든 질문
메모	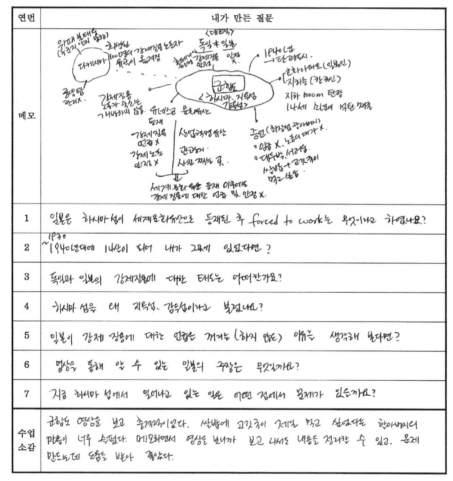
1	일본은 하시마 섬이 세계문화유산으로 등재된 후 forced to work는 무엇이라고 하였나요?
2	~1940년대에 14살이 되어 내가 그곳에 있었다면? (1930)
3	독일과 일본의 강제징용에 대한 태도는 어떠한가요?
4	하시마 섬을 왜 지옥섬, 감옥섬이라고 불렀나요?
5	일본이 강제 징용에 대한 언급을 꺼리는 (하지 않는) 이유를 생각해 본다면?
6	영상을 통해 알 수 있는 일본의 주장은 무엇인가요?
7	지금 하시마 섬에서 일어나고 있는 일은 어떤 점에서 문제가 있는가요?
수업 소감	군함도 영상을 보고 충격적이었다. 쌀밥에 고깃국이 제일 먹고 싶었다는 할아버지 말씀이 너무 슬펐다. 메모하면서 영상을 보니까 보고 나서도 내용을 정리할 수 있고, 문제 만드는데 도움을 받아 좋았다.

메모하기 및 개별 질문 만들기 활동지 예시

함께! 앎과 삶을 채우는 국어 수업	5. 설명하는 글 (2) 어떤 방법으로 설명할까?	22	생각은 새롭게! 소통은 막힘없이! 어제보다 더 나은 1학년 반 번 이름:
수업 주제	짝과 함께 하브루타~! [설명문 쓰기 기초2]		
성취 기준	2922. 글이나 매체에 제시된 다양한 자료의 효과와 적절성을 평가하며 읽는다. 2924. 설명하는 방식을 파악하여 설명하는 글을 읽는다.		

▣ 개별 질문지에서 짝과 함께 의견을 나누어 보고 싶은 문제를 각각 2개씩(총 4문제) 골라 '짝 하브루타' 활동을 해 봅시다.

연번	짝과 함께 선정한 질문	우리가 정한 질문의 답
1		
2		
3		
4		
짝 하브루타 활동 후 짝에게 한 마디		

[3단계] 짝과 함께 하브루타 활동하기(짝 활동, 활동 시간: 15분)

1. 짝과 함께 개별 질문을 비교 및 점검하는 시간을 가진다. 내용과 관련 있는 질문, 상상 및 추론하는 질문, 적용하는 질문, 종합하는 질문을 분류해 보며 주제와 관련 있고 적합한 질문인지 구체적으로 의견을 나누고 정리해 본다.

2. 질문을 만든 목적, 의도 등을 번갈아 가며 서로에게 설명하고 함께 고민해 볼 문제를 4가지 정도 선정하여 토의·토론한다.

3. 4가지 문제에서 토의·토론이 활발히 일어났던 문제를 2개 선정하여 모둠 하브루타 활동을 준비한다. 서로의 질문지에서 균형 있게 선정하도록 한다. 이때, 선정된 문제는 질문지에 잘 표시해 두는 것이 좋다.

모둠별 질문 선정 및 토론하기 활동지 예시

연번	짝 하브루타 활동 선정 질문(예시)
1	공양탑의 개선점은 무엇인가?
2	일본이 독일처럼 강제징용을 인정했다면 어떻게 되었을까?
3	우리가 사람들에게 역사를 바로 알리기 위해 할 수 있는 일은?
4	군함도에서 살아남은 생존자 분께 하고 싶은 말이 있다면?

함께! 앎과 삶을 채우는 국어 수업	5. 설명하는 글 **(2) 어떤 방법으로 설명할까?**	**22**	생각은 새롭게! 소통은 막힘없이! 어제보다 더 나은 1학년　　반　　번 이름:
수업 주제	짝과 함께 하브루타~! [설명문 쓰기 기초2]		
성취 기준	2922. 글이나 매체에 제시된 다양한 자료의 효과와 적절성을 평가하며 읽는다. 2924. 설명하는 방식을 파악하여 설명하는 글을 읽는다.		

▣ 짝 활동을 통해 토의·토론한 질문 중 모둠끼리 의견을 나누어 보고 싶은 질문 4개를 골라 표에 쓰고 친구와 토론하여 질문의 답을 만들어 봅시다. 최종적으로 선택한 대표 질문(좋은 질문)에 동그라미 해 보세요.

연번	모둠으로 토의·토론해 볼 질문	우리가 정한 질문의 답
1		
2		
3		
4		
수업 소감		

[4단계] 토의·토론하며 생각 키우기 및 모둠별 최종 질문 선정(모둠 활동, 활동 시간: 15분)

1. 짝 하브루타 활동에서 선정한 질문을 모아 모둠별 하브루타 토의·토론 시간을 갖는다.

2. 다른 사람이 '군함도'에 대해 생각한 것을 듣고 나누며 자신의 생각을 키우는 시간으로 삼는다.

3. 해결책이나 개선점을 모색하는 경우 여러 의견을 제한 없이 기록하고 실현 가능성이 있거나 중요한 점부터 선택하여 함께 순위를 매겨 보며 해답을 찾아 가도 좋다.

4. 함께 토의·토론해 볼 최종 질문을 선택하여 쉬우르를 위한 준비를 한다.

■ 짝 활동을 통해 토의토론한 질문 중 모둠끼리 의견을 나누어 보고 싶은 질문 4개를 골라 표에 쓰고 친구와 토론하여 질문의 답을 만들어 봅시다. 최종적으로 선택한 대표 질문(좋은 질문)에 동그라미 해 보세요.

연번	모둠으로 토의·토론해 볼 질문	우리가 정한 질문의 답
1	강제징용 한에 얽혀져들은 하시마섬의 산업혁명 유산으로 유네스코에 등재되었을 때 어떤 기분이었을까?	어떤 시각으로 좋은 측면으로 보여줄 뜻한 것이 서운하고 억울했을 것이고, 유네스코에서 잘못된 선정을 한 것 아닌가 생각했을 것이다. 먼저 세상을 떠난 강제징용자들에게 미안한 마음이 들었을 것이고, 우리가 도와준다면 좋겠다는 생각도 했을 것 같다.
2	일본인들이 독일처럼 강제징용을 인정하려면 어떻게 되었을까?	세계 사람들이 한국인이 강제징용을 당했다는 것을 알게 되어, 사람을 하게 하며 서로 지난 일에 대한 반성의 분위기라 분위기(?)가 가능했을 것이다. 똑바로 배상도 받고, 강제징용자 찾아내지도록 한이 조금 풀리게 되었을 것이다.
3	지금 하시마 섬에서 여러모로 있는 외로 어떤 점에서 문제가 있을까요?	일본이 좋은 측면만 공개하고 사과하고 반성해야 하는 것을 공개하지 않는다. 제대로 사실을 밝히지 않는 것도 역사도 왜곡하는 것이라고 생각한다. 하시마 섬도 단순한 관광거리 이상의 사진 찍고 웃고 떠드는 것이 문제가 있다.
④	우리가 하시마섬(군함도)에 대한 ~~진실을~~ 알리기 위해 ~~여러로~~ 할 수 있는 일은?	이런 문제에 관심도 가지고 많은 사람들에게 SNS를 통해 올바른 정보를 알려야 한다. 유네스코에 편지를 보내 관련 문제를 해결할 수 있도록 도움을 요청한다. 군함도 바로 알기 위원회로 결성해서 자료를 조사한다.
수업 소감	모둠에서 다양한 질문과 답이 나와서 토의 시간이 조금 부족했다. 여러 명과 생각을 나누다 보니 알게 되거나 느끼는 점이 더 많은 것 같아 뿌듯하다. 역동적인 외도 한 많이 있었다 생각했는데 무상 활동을 하고 보니 엄청 많은 생각들이 나와서 신기했다. 질문도 만들고 토의해 볼 기회가 또 있었으면 좋겠다.

모둠별 질문 선정 및 토론하기 활동지 예시

[5단계] 쉬우르(전체 활동, 활동 시간: 15분)

1. 교사는 모둠 하브루타에서 아직 해결이 되지 못했거나 토의가 활발하게 일어났던 질문이나 핵심 내용을 담은 질문 등에서 모둠의 최종 질문을 하나씩 제출하도록 지도한다.

2. 학생들과 전체적으로 토의·토론해 볼 만한 질문을 1~2가지 선정한다.

3. 전체 토의·토론으로 나눌만한 질문을 끌어내어 교사와 학생, 학생과 학생들이 함께 적극적으로 이야기를 나누는 시간을 가진다.

4. 설명문 작성 시 자료로 사용할 수 있는 메모나 질문 중 잘못 알고 있거나 오류가 생긴 부분이 없도록 학생들이 반드시 알아야 하는 핵심 내용은 교사가 학생들에게 질문하여 스스로 설명해 보기 과정을 거쳐 정리하거나 바로 잡을 수 있도록 한다.

5. 교사는 강의식 정리가 되지 않도록 적절한 질문을 하고 학생들이 생각할 수 있는 시간을 주도록 한다.

■ 질문 만들기(짝, 모둠) 하브루타 활동 과정 안내 및 수업 소감

1. 위 수업은 설명문을 직접 작성하기 위해 배경지식을 쌓기 위한 활동이다. 영상을 보면서 설명문의 주제와 관련된 자료 및 정보가 있으면 메모할 수 있도록 지도하는 것이 좋다. 메모를 하면서 자신의 설명문에 적용할 설명 방법도 미리 생각해 보도록 지도하였다.

2. 2차시는 단계별 활동 시간을 15분씩 동일하게 부여하였는데 학생들이 짝 활동에 더 많은 시간을 필요로 하는 경우가 있기도 하고, 모둠 활동에 더 많은 시간을 필요로 하는 경우가 있기도 하여 수업 상황에 맞추어 시간을 융통성 있게 배분하는 것도 좋겠다는 생각이 들었다.

3. 쉬우르 활동 시 전체 토의·토론에 적절한 대표 질문을 학생들이 직접 1~2개 선정할 수 있도록 하고 자유로운 분위기 속에서 이야기를 나누어 보도록 허용적인 분위기를 만들 필요가 있다. 설명문 작성에 필요한 배경 지식과 생각 나눔을 질문을 통해 이해하고 알아가는 시간이므로 하브루타 쉬우르 활동 시 오개념이 나오더라도 교사가 즉시 수정하기보다는 학생들이 스스로 잘못된 부분을 찾고 수정할 수 있도록 기다려 주는 시간도 필요하다.

■ 자기성찰평가

1. 자신의 학습에 대해 스스로 되돌아보는 성찰평가이다.
2. 수업 활동에 대한 자신의 태도나 결과에 대한 성찰평가이다.

자기성찰평가(수업 후)

평가영역	평가요소	평가기준	평가척도		
			상	중	하
인지적 영역	내용 이해력	군함도 관련 영상을 보고 다양한 형태의 질문을 작성하였다.			
정의적 영역	참여도	짝 활동 시 짝의 이야기를 경청하고 토의해 볼 질문을 선정하는데 의견을 제시하였다.			
		모둠 활동 시 토의 과정을 거쳐 해답을 찾는 과정에 적극적으로 참여하였다.			

■ 모둠 내 동료평가

평가영역	평가요소	평가기준	평가척도(상, 중, 하)			
			모둠원 1	모둠원 2	모둠원 3	모둠원 4
인지적 영역	문제 해결력	모둠 활동 시 주제에 맞는 중심 질문 선정을 위해 적절한 이유를 제시하였으며 토의를 통해 의미 있는 답을 구성하였다.				
정의적 영역	의사소통	모둠 활동 시 모둠원의 이야기를 경청하고 원활한 의사소통을 위해 노력하였다.				
	참여도	모둠 활동 시 토의 과정을 거쳐 해답을 찾는 과정에 적극적으로 참여하였다.				

■ 하브루타 활동의 세부능력 및 특기사항 기록

‘군함도’ 관련 설명문 작성하기 활동을 위한 질문 만들고 토의하기 하브루타에서 내용과 관련 있는 질문, 상상 및 추론하는 질문, 적용하는 질문, 종합하는 질문을 다양하게 작성하여 짝 활동에 참여하였으며 짝 하브루타 활동을 통해 질문들을 분류하고 점검하는 과정을 거침. 함께 고민하고 토의해 볼 질문으로 ‘군함도에서 살아남은 생존자 분께 하고 싶은 말이 있다면?’을 자신의 대표 질문으로 선정하여 모둠 하브루타 활동에 참여하였으며 ‘군함도’ 영상을 보며 메모한 내용을 바탕으로 해답을 찾아가기 위해 토론 활동에 적극적인 자세로 임함. 유네스코 세계유산으로서 ‘군함도’가 관광지 및 일본의 자랑거리로 치중되어 있는 현실에 문제를 제기하며 올바른 역사 의식을 가지고 우리나라뿐만 아니라 전 세계에 사실에 바탕을 둔 진실을 알리고 싶다는 생각을 다짐. 자신의 질문과 다른 친구들의 질문을 비교 및 분석해 보며 타당하고 합리적이며 종합적인 생각을 하기 위해서는 끊임없이 질문을 던지고 그 답을 찾아보려고 노력하는 자세가 중요하다는 것을 수업을 통해서 깨닫게 되었다는 소감문을 작성함.

2. '하브루타 친구 가르치기 활동'으로 설명을 설명하다

1) 친구 가르치기 하브루타 수업 방법

친구 가르치기 수업은 가르치고 배울 범위를 정한 다음에 그것을 철저하게 공부하고 서로 가르치고 배우는 수업이다. 짝의 수준은 비슷한 경우가 좋은데 서로 실력이 비슷하면 손해나는 느낌 없이 치열하게 질문하고 반박하면서 공부할 수 있다. 설명을 듣는 학생은 내용을 들으면서 생기는 질문을 수시로 하면 된다.

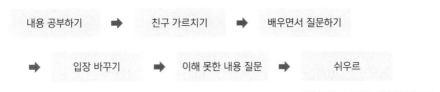

– 출처: 전성수(2014), 『최고의 공부법』

① 교재 범위를 둘로 나누기

   교사가 수업을 하고 학습한 내용의 범위를 나누어도 되고 학습할 내용의 범위를 정하고 시작해도 된다.

② 각자 맡은 부분 철저하게 공부하기

   친구에게 가르치기를 하려면 먼저 학습할 시간이 필요하니 분량에 따라 시간을 정해준다.

③ 한 친구가 먼저 가르치기

   수준의 차이로 가르치기가 어려운 경우는 정리한 내용을 보면서 설명하기로 시작해도 좋다.

④ 배우는 친구는 배우면서 치열하게 질문하기

   배우는 입장의 학생은 배우면서 열심히 질문하는 것이 주요 역할이다. 설명을 듣기만 하는 것이 아니라 들으면서 생기는 궁금증을 질문한다. 질문이 살아야 가르치는 입장의 친구가 훨씬 많이 공부하게 된다. 특히 수준 차이가 나서 가르치는 입장의 친구가 손해라는 생각을 하는 경우가 많은데, 질문이 살아 있다면 자신이 모르는 것을 보완할 수 있기 때문에 서로에게 좋은 방법이 될 수 있다.

⑤ 입장을 바꿔 다른 친구가 가르치기

⑥ 배우면서 치열하게 질문하기

⑦ 서로 토론하면서 이해 못한 내용 정리하기

　　미해결 질문이나 내용이 있으면 정리한다.

⑧ 이해 못한 내용 질문하기

　　친구 가르치기 하브루타 수업에서 학생들이 스스로 조사하고 공부하고 가르치고 배우면서 해결하지 못하거나 이해하지 못한 내용이 있을 수 있다. 이런 내용을 질문으로 만들어 교사에게 질문하는 시간이다. 이것은 친구 가르치기의 한계를 보완하고, 학생들이 어려워하는 부분이 무엇인지를 교사가 파악할 수 있기 위함이다.

⑨ 쉬우르

2) 친구 가르치기 하브루타의 효과

'친구 가르치기'는 메타인지를 발동시킨다. '메타인지'는 내가 아는 것과 안다고 착각하는 것을 파악하는 능력인데 어떻게 하면 메타인지를 상승시킬 수 있을까? 설명에 그 해답이 있다. 설명을 해 보면 내가 아는 것과 모르는 것의 구분이 명확해지고 내가 알고 있는 지식들이 원인과 결과의 관계를 그리면서 정리가 되는 것이다.

　친구 가르치기는 강의보다 18배, 읽기보다 9배의 효율성을 보여주는 최고의 공부방법이다. 교사가 아무리 교수법이 뛰어나다 하더라도 친구에게서 배울 때가 효과적일 때가 더 많다. 공부를 해 보면 어떤 점에서 막히는지, 어떻게 설명해야 잘 이해할 수 있는지 알 수 있기 때문이다.

■ 친구 가르치기 하브루타 활동 Tip

○ 친구 가르치기 하브루타 활동은 "강의보다 18배, 읽기보다 9배의 효율성이 있다."는 연구 결과처럼 학습하고 정리하는 과정을 거쳐 다른 사람에게 설명하면 장기 기억으로 가는데 도움이 된다.

○ 교사가 강의식 수업을 하더라도 15분~20분 내외로 수업 시간을 나누어 친구 가르치기 과정을 하게 되면 학생들의 집중력을 유지하는데도 도움이 되고 지루하지 않게 수업을 진행할 수 있다.

○ 전시 학습 확인 과정이나 수업 정리, 단원 정리 활동에서 친구 가르치기(질문 포함)를 하는 것은 매우 효과적이다.

    단원명: 5. 설명하는 글 (2) 어떤 방법으로 설명할까?
    성취기준: 2924. 설명하는 방식을 파악하여 설명하는 글을 읽는다.
    활동주제: '하브루타 활동'으로 '설명'을 설명하다! – '꼬마책'으로 친구 가르치기
    수업 과정: 본 수업은 총 3차시(5단계)로 구성되었다.

■ 하브루타 수업 과정

[1단계] 짝과 함께 '꼬마책' 만들기

1. 교과서 학습 내용을 바탕으로 '꼬마책'에 설명 방법을 요약 및 정리하고, 짝과 함께 활용 예시를 새롭게 만들어 책에 기록한다.

2. 개념 정의, 부연 상술, 예시, 인용, 분류, 분석, 비교, 대조 등 기본 설명 방법에 대해 정리하면서 내용을 숙지하도록 지도한다.

3. 꼬마책 제작 시 상호 협력하여 중심 내용을 정리할 수 있도록 하고, 이해를 도울 수 있도록 글과 이미지를 함께 사용하는 비주얼씽킹 방법을 활용하도록 한다.

 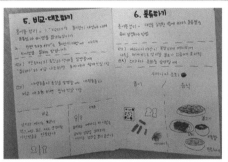

'꼬마책' 만들기

[2단계] 설명을 위한 개별 학습

1. 꼬마책에 정리된 내용을 바탕으로 설명을 잘 할 수 있도록 개별 학습을 할 수 있는 시간을 부여한다.

2. 하브루타 친구 가르치기 활동 시 자신만의 특색 있는 전략을 사용할 수 있도록 연구하여 적용한다.
    예: 쉬운 것부터 가르치기, 친숙한 개념을 적용하여 가르치기, 노래로 가르치기 등

3. 핵심 내용을 빠트리지 않고 가르칠 수 있도록 자율적으로 준비하도록 한다.

4. 개별 활동 시간은 10분 내외로 한다.

[3단계] 친구 가르치기 활동 1

1. 학습한 내용과 꼬마책을 활용하여 친구 가르치기 활동을 한다.

2. 가르치는 순서를 미리 정해 두면 학생들의 혼란을 줄일 수 있다. 왼쪽 혹은 오른쪽 사람 먼저, 번호가 빠른 혹은 늦은 사람 먼저, 가위바위보 순 등

3. 친구의 설명을 들으면서 개념 이해가 어렵거나 궁금한 내용은 질문하도록 한다.

예시) 질문 내용

질문	답
'분류'의 예를 더 들어 본다면 어떤 것이 있을까?	사람을 성별에 따라 '남자'와 '여자'로 나눌 수 있다.
'분석'의 방법을 사용하는 이유는 무엇일까?	복잡한 구조 등을 나누어 설명하는 방법이어서 부분별로 단순하게 설명할 수 있고 이해하기 쉽다.
설명문을 쓸 때 어떤 설명 방법을 사용하는 것이 좋을까?	여러 가지 설명 방법을 알고 있으면 글의 내용에 맞게 필요한 방법을 선택하여 쓰면 된다.

4. 같은 내용을 반복하지 않고 설명 방법을 나누어 설명하는 것도 좋고, 개별 학습을 하면서 알아낸 내용을 공유하는 것도 좋다.

5. 친구 가르치기 활동 후 다른 짝 가르치기 활동을 할 수 있도록 준비한다.

[4단계] 친구 가르치기 활동 2

1. 분단별로 이동하여 다른 짝을 가르치기 활동을 한 번 더 하도록 한다. 이때, 이동하는 사람은 한 번 더 설명함으로써 개념 정리를 완벽하게 할 수 있고, 남아 있는 사람은 다른 짝의 설명을 통해 내용을 깊이 있게 이해할 수 있다.

2. 남아 있는 짝은 다른 짝의 설명을 들으며 자신들이 생각하지 못했던 내용과 설명 방법을 적용한 예를 꼬마책에 보충 기록하여 원래 짝이 돌아왔을 때 새로운 내용을 학습할 수 있도록 도움을 주도록 한다. 이때 보충하여 기록한 내용은 원래 기록과 다른 색 펜을 사용하여 구분이 되도록 한다.

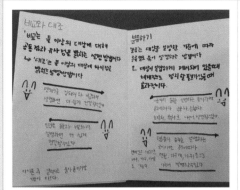
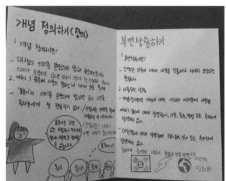

더 배운 내용 '꼬마책' 보충 사례

[5단계] 전체 가르치기 및 쉬우르(질문하기, 정리하기)

1. 전체 가르치기

    1) 남아서 설명을 한 번 더 들은 사람 중에 전체를 가르칠 수 있는 기회를 부여한다. 자발적인 발표를 유도하는 것이 좋지만 그렇지 못한 경우 교사가 선정하거나 학생이 추천하는 방법을 함께 사용한다.

    2) 상호 질문을 주고받을 수 있도록 지도하며 전체 토의 과정에서 나눌 만한 질문은 쉬우르 시간에 정리할 수 있도록 한다.

예시) 전체 가르치기 활동

홍○○	설명 방법 중 '분석'을 선택하여 분석의 개념을 설명하고 자전거의 구조를 분석의 방법으로 설명하면 복잡한 구성을 보다 쉽게 이해할 수 있다고 발표함. 학생들에게 다른 예시를 들어 볼 수 있겠냐고 질문을 하여 사람의 몸을 분석적으로 설명할 수 있다는 대답을 주고받음.
이○○	설명 방법 중 '분류'를 선택하여 분류의 개념과 예시를 자세하게 풀이하여 전달함. 칠판에 그림을 그려 가며 설명하여 친구들에게 이해가 더 잘 되었다는 긍정적인 피드백을 받음.
신○○	설명 방법 중 '예시'를 선택하여 예시의 개념과 예를 들어 구체적으로 설명함. 좋아하는 음식을 설명할 때 구체적으로 피자, 스파게티 등의 예시를 들었으며 '예시'를 나타내는 말, 즉 '예를 들어, 예컨대' 등을 사용하면 효과적이라고 설명함.
이○○	설명 방법 중 '비교·대조'를 선택하여 각 개념과 예시를 활용하여 설명함. 학급 학생들을 예로 들어 설명하여 친숙함과 이해도를 높임. '이 줄에 앉은 ○○와 ○○의 차이점과 공통점은?'이라는 질문을 하여 '공통점은 둘 다 공부를 하기 싫어하는데 차이점은 남자이고 여자라는 점이다.'라는 재치 있는 답을 얻음.

성○○	설명 방법 중 '인용'을 선택하여 개념과 예시를 학생들에게 설명함. 설명을 듣고 학생들이 알고 있는 명언이나 인용할 만한 말을 하나 소개해 달라는 질문에 이순신 장군의 명언 '신에게는 아직 12척의 배가 있사옵니다'라는 명언을 소개하고 이 명언은 포기하지 않는 삶의 모습 등에 대한 내용과 어울린다는 설명을 덧붙임.

2. 쉬우르(질문하기, 정리하기)

　가. 설명 방법 중 핵심적인 부분과 오개념이 생길 수 있는 부분(예: 분류와 분석의 차이 등)을 교사가 한 번 더 정리를 하여 학습에 도움을 주도록 한다.

　나. 전체 토론으로 나눌 만한 질문을 끌어내어 교사와 학생, 학생과 학생들이 함께 이야기를 나누는 시간을 가진다.

■ 친구 가르치기 하브루타 활동 과정 안내 및 수업 소감

　1. 하브루타 활동은 주로 수업 정리 단계에서 5~10분 정도로 많이 사용하지만 위의 친구 가르치기 활동은 총 3차시로 진행하였다. 1, 2차시는 꼬마책 만들기 활동으로, 3차시는 하브루타 친구 가르치기 활동으로 수업을 디자인하여 실시하였다.

　2. 하브루타 활동의 중심은 사고력 확장을 위한 질문 주고받기라 할 수 있다. 친구 가르치기 활동 1에서 학생들이 질문을 정리하지 못해 아쉬움이 남는다. 수업을 보다 의미 있게 하기 위해서는 질문 내용을 직접 기록해 두는 것이 좋겠다는 생각이 든다.

　3. 실제 활동 시 '전체 가르치기' 활동이 제일 많은 호응을 받았다. 발표자가 전체에게 능동적으로 질문을 하였으며 그에 대한 해답을 내기 위해 학생들이 함께 고민하는 과정이 인상적이었다. 하브루타 활동은 주로 짝 활동이 중심이 된다. 그렇지만 이번 활동에서는 하브루타의 범위를 좀 더 넓게 설정하여 적용하였다. 학생들은 친구의 설명을 들으며 적극적으로 질문을 이어 나갔으며 학생 1인의 설명이 중심이 되기보다는 질문이 오고가는 과정이 주를 이루었다. 칠판에 이미지 표현과 예를 적어 가며 재미있게 설명하여 학생들의 호응을 받았다. 이러한 질문과 토의 과정을 통해 학생들이 핵심 학습 내용에 대해 정리하고 깊게 이해하는데 도움이 되었다.

■ 꼬마책 제작 활동 소개

꼬마책은 총 8면으로 된 작은 책을 말한다. 이 활동의 경우 교사가 각 면에 반드시 기록해야 하는 내용을 제시해 주는 것이 좋다. 표지 및 설명 방법 8가지에 대한 핵심 내용을 정리하도록 지도한다.

1. B4 용지를 준비한다.	2. 8칸으로 접어 점선을 만든다.
3. 전체를 펼친 후 가로로 반 접는다.	4. 접은 상태로 붙어 있는 쪽에서 한 칸만 자른다.
5. 전체를 다시 펼친다.	6. 사진처럼 양쪽을 잡아 벌린 후 선대로 내린다.
7. 완성	

■ 학생 수업 참여 소감

김○○	꼬마책을 만드는 과정이 쉽지는 않았지만 짝과 함께 설명 방법에 대한 중요한 내용을 정리하고 꼬마책에 기록하며 쉽게 내용을 알게 되었다.
최○○	솔직히 짝의 설명을 듣고 질문을 해 보는 것이 어렵기도 했다. 짝에게 예를 더 들어 달라고 했을 때 짝이 내 얘기를 듣고 예를 하나 더 들어 주어서 기억에 남는다. 나도 다음에는 더 열심히 설명해 주고 싶다.
홍○○	전체에게 설명하는 것이 재미있었다. 아이들이 내 질문에 답을 하려고 손을 들 때 약간 보람이 있다는 생각도 들었다. '우리 반 아이들이 참 창의적이구나'라는 생각도 들었고 이런 활동을 다양하게 해 보고 싶다.

■ 자기성찰평가

　　1. 자신의 학습에 대해 스스로 되돌아보는 성찰평가이다.

　　2. 수업 활동에 대한 자신의 태도나 결과에 대한 성찰평가이다.

수업 후 자기성찰평가

평가영역	평가요소	평가기준	평가척도		
			상	중	하
인지적 영역	내용 이해력	교과서 학습 내용을 바탕으로 '꼬마책'에 설명 방법을 요약하여 완성도 있게 정리하였다.			
정의적 영역	참여도	학습한 내용과 '꼬마책'을 활용하여 상호 간 친구 가르치기 활동에 적극적으로 참여하였다.			
		친구 가르치기 활동에서 친구가 성취감을 느끼도록 도왔다.			

■ 모둠(짝 활동) 내 평가

평가영역	평가요소	평가기준	평가척도(상, 중, 하)	
			짝1	짝2
인지적 영역	문제 해결력	짝 가르치기 활동에서 자신이 알고 있는 내용을 구체적인 예를 들어 설명하였으며 질문에 성실하게 답하였다.		
정의적 영역	책임감	주어진 시간 안에 개별 공부를 충실히 하여 친구 가르치기 활동에 참여하였다.		
	협동력	친구 가르치기 활동 시 잘 모르는 개념을 질문과 대답을 통해 함께 찾아보고자 노력하였다.		

■ 하브루타 활동의 세부능력 및 특기사항 기록

> 설명 방법에 대한 단원에서 '정의, 비교, 대조, 분류, 분석' 등의 설명 방법의 개념을 정확하게 파악하여 짝과 함께 설명 방법에 맞는 예시를 만들어 '꼬마책' 내용을 완성도 있게 정리함. 자율적이고 자기 주도적으로 설명 방법에 대한 하브루타 준비를 성실하게 하여 다른 사람에게 기본 개념과 활용의 예를 구체적으로 전달하고자 노력함. 친구 가르치기 활동에 적극적으로 참여하여 상대방의 질문에 알맞은 답을 찾고자 애썼으며 여러 친구의 설명을 들은 후 자신의 '꼬마책'을 수정 및 보완하여 전체 학생들에게 설명 방법에 대한 최종 설명 활동에 자발적으로 참여함. 질문 및 토의 과정을 거쳐 설명 방법에 대한 보다 깊은 이해에 도달하였으며 다른 사람과의 원활한 의사소통이 학습 성취에 도움이 된다는 것을 깨달음.

■ 하브루타 수업 평가요소와 채점기준

1. 상호작용(소통, 수용, 공감, 경청, 배려, 예의, 존중)
   ◦ 친구들의 의견이나 제안을 존중한다.
   ◦ 짝의 의견에 귀 기울이고 비난하지 않았다.
   ◦ 서로 눈을 보며 대화하고 상대의 발언을 존중하였다.
   ◦ 상대의 의견을 잘 듣고 공감하며 격려, 지지해 주었다.
   ◦ 질문에 대한 다양한 생각과 의견을 인정하고 수용하였다.
   ◦ 사소한 주장이라도 상대의 논리적 근거를 이해하고 존중하였다.
   ◦ 모둠원들의 의견을 경청하고 배려하며 협력하는 태도를 보였다.
   ◦ 짝의 의견을 열린 마음으로 수용하고 배려하는 자세가 돋보였다.
   ◦ 상대의 의견에 동의하지 않을 때는 타당한 근거와 예시를 제시하였다.
   ◦ 자신의 생각만을 주장하지 않고 상대방의 생각을 인정하고 공감하는 태도를 보였다.
   ◦ 의견을 말할 때는 예의를 갖추어 말하고 자신의 생각과 감정을 효과적으로 표현하였다.
   ◦ 머리를 끄덕이며 경청하고 있음을 표현하고 긍정적 리액션으로 공감하는 태도를 보였다.
   ◦ 모둠 토의에서 소외되거나 의견을 발표하지 않는 모둠원이 토의에 참여할 수 있도록 이끌었다.

2. 참여의 적극성(참여의식, 자율성, 자율적 참여, 도전의식, 실천 태도, 지속적 추구)
   ◦ 자신의 생각을 적극적으로 표현하였다.
   ◦ 자신의 생각을 논리적으로 정리하여 제시하였다.
   ◦ 상대방의 의견을 즉흥적으로 받아들이거나 거절하지 않았다

- 적절한 근거를 들어 자신의 의견을 합리적으로 제시하였다.
- 주어진 주제에 대한 이해력이 뛰어나고 창의적이고 논리적으로 발표하였다
- 질문을 만들고 생각 나누기 활동에서 긍정적인 태도로 자율적으로 참여하였다.
- 다른 사람의 의견을 능동적으로 수용하여 보다 효과적인 해결방안을 도출하였다.
- 모둠원과 적극적으로 협력하여 완성도 높은 질문 만들기를 수행하였다.
- 소통을 하며 답을 찾아가는 과정 속에서 다층적으로 지식을 이해하고 문제를 해결하였다.
- 주제에 대한 찬반양론을 동시에 경험하고 이를 통해 새로운 아이디어와 해결법을 이끌어냈다.

3. 반응(집중력, 주의집중, 주의관심, 자발적 반응)

- 모둠 토의에서 집중력을 발휘했다.
- 모둠에서 토의를 주도적으로 이끌었다.
- 짝의 의견을 잘 듣고 자신의 의견과 비교하여 말하였다.
- 자신의 생각을 적절한 근거를 통해 자신 있게 제시하였다.
- 주변의 상황에 영향을 받지 않고 짝과 함께 대화, 토론, 논쟁하였다.
- 좋은 질문 만들기에 집중하고 자발적으로 짝과 나눔 활동을 하였다.
- 짝에게 설명하고 질문을 주고받으며 아는 것과 모르는 것을 구별하게 되었다.

서클형 비주얼씽킹으로
협력수업하기

1. 서클형 비주얼씽킹

크기가 다른 원 두 개를 활용하여 주제와 관련 내용을 시각화하는 방법이다. 주제를 정의하거나 관련 내용, 사실 관계, 떠오르는 생각, 질문 등을 표현할 때 활용할 수 있다.

2. 서클형 비주얼씽킹의 특징

학생들에게 학습 내용을 글로 풀어 가르치면 지루해 한다. 그러나 같은 내용을 원처럼 그리기 쉬운 도형 안에 넣는 것만으로도 학습 내용을 지루한 텍스트가 아닌 재미있는 이미지로 변환하여 받아들인다.

예를 들어 학생들에게 스마트폰에 대해 물어본다면 어떻게 반응할까? '생활의 필수품', '백과사전', '사랑하는 사람과 연결해 주는 징검다리' 등과 같은 대답을 할 수 있다. 그것은 스마트폰이라는 주제에 대해 알고 있는 것이나 생각나는 내용을 서클 안에 글로 쓰고 재미있게 그림으로 표현하면 서클형 레이아웃을 완성하게 된다. 서클형 이미지로 비주얼씽킹 활동을 하는 동안 학생들의 학습 태도도 달라지게 된다.

3. 서클형 비주얼씽킹 준비물

서클형 비주얼씽킹 활동지, 12색 사인펜, 12색 색연필

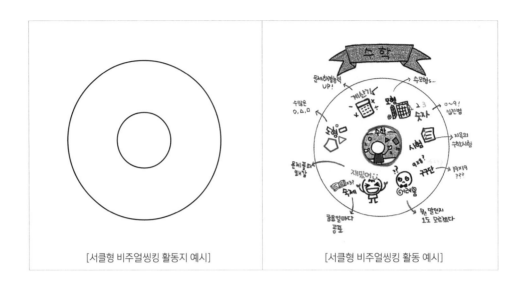

[서클형 비주얼씽킹 활동지 예시]   [서클형 비주얼씽킹 활동 예시]

4. 서클형 비주얼씽킹 절차

[1단계] 활동지 배부하기
수업 주제의 아이디어를 도출하기 위해 서클형 레이아웃을 그려 둔 활동지를 배부한다.

[2단계] 작은 서클에 주제 쓰기
① 작은 원에 정의하려는 주제를 텍스트 단어로 쓰고 그 후에 이미지로 표현한다.
② 활동지 가운데에 주제(혹은 주제어)를 적을 만한 크기의 원을 그리고 주제를 적는다.

[3단계] 큰 원에 주제와 관련된 정보 기록하기
주제를 적은 원 주변으로 더 큰 원을 그리고 주제와 관련된 정보를 적는다.

[4단계] 원 밖에 화살표하여 설명 덧붙이기
주제와 관련된 정보의 구체적인 설명은 원 밖으로 화살표를 그리고 적는다.

[5단계] 시각 언어로 표현하고 색칠하기
① 원 안과 밖에 적은 정보와 설명을 그림으로 표현한다.

② 여러가지 색의 색연필과 사인펜을 사용하여 다양하게 꾸민다.

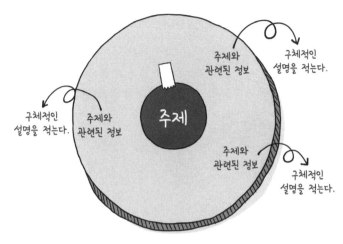

■ 서클형 비주얼씽킹 수업 Tip

주제와 관련된 정보와 설명은 상세하게 적기보다는 구체적인 핵심 내용만 적는다.

[예시] **중학교 국어과 수업**

　　단원명: 2. 문학의 아름다움 (2) 소나기
　　성취기준: 2951-1. 문학적 표현 방식이 드러난 부분을 찾고 그 의미와 문학적 효과를 이해할 수 있다.
　　활동주제: 서클형 비주얼씽킹을 활용하여 소설의 중심 소재와 의미 찾기

■ 서클형 비주얼씽킹 수업 과정

[1단계] 활동지 배부 및 작성하기

서클형 비주얼씽킹 수업을 적용하기 위해서는 적절한 활동지를 작성해야 한다. 서클형 표현에 적합하고 수업 주제를 명확하게 표현한 활동지를 통해 학생들은 어렵지 않게 성취기준에 도달할 수 있다. 활동지 속 두 개의 서클을 채워가며 학생들 스스로 중요 학습 내용을 배우고 이해하며 작품을 창의적이고 깊이 있게 감상하게 된다.

함께! 앎과 삶을 채우는 국어 수업	2. 문학의 아름다움	9	생각은 새롭게! 소통은 막힘없이! 어제보다 더 나은
	(2) 소나기		1학년 반 번 이름:
수업 주제	소설 속 소재를 찾아 의미를 서클맵으로 표현하기		
성취기준	2951-1. 문학적 표현 방식이 드러난 부분을 찾고 그 의미와 문학적 효과를 이해할 수 있다.		

• 소설 '소나기'에 나오는 함축성이 짙은 소재를 비주얼씽킹 서클맵으로 표현하고 의미를 적어 봅시다.

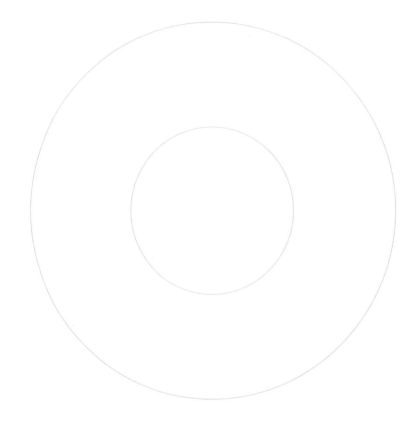

• 서클맵에 표현한 소재 중 소년(또는 소녀)과 관련된 소재만 골라 소년(또는 소녀)의 마음을 표현해 봅시다.

[2단계] 작은 서클에 주제 쓰기

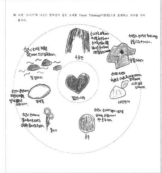

서클형 비주얼씽킹에서 무엇보다 중요한 것은 작은 서클이다. 수업 주제, 성취기준의 핵심을 표현한 것이 바로 작은 서클이기 때문이다. 작은 서클의 주제를 쓰는 방법 역시 다양하다. 학생들에게 작은 서클 안에 '중심 소재'라고 쓰라고 안내하기 보다는 소재와 관련 있는 낱말을 생각해 보라고 하거나 이 소설의 제목이나 소재를 생각하면 떠오르는 단어를 적으라고 하는 것이 좋다.

[3-5단계] 큰 서클 작성하기, 설명하기, 이미지 채색하기

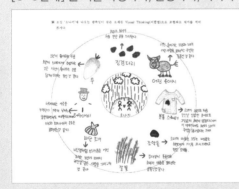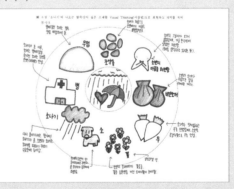

짝 혹은 모둠끼리 중심 소재와 그 의미를 의논하여 정리한 후 각자의 활동지에 선택한 소재들을 정리하면 된다. 작은 서클 바깥쪽의 큰 서클 속에 소재들을 하나씩 정리하고 그 의미를 작성하도록 한다. 이때 이미지뿐만 아니라 소재의 의미를 글로 함께 나타낸 후 채색 활동을 한다. 채색 활동은 활동의 정리 및 완성을 의미한다. 더불어 소재들이 주는 의미를 색으로 보여주는 감상활동이 되기도 하므로 시간이 너무 촉박하지 않다면 채색 활동을 하는 것이 좋다.

■ 자기성찰평가

평가영역	평가요소	평가내용	평가척도		
			상	중	하
인지적 영역	내용 이해력	소설 속 중심 소재를 찾아 글과 이미지로 표현하는 짝 활동에 다양한 의견을 제시하였다.			
정의적 영역	협동력	서클형 비주얼씽킹 활동 시 협력적이고 적극적인 모습으로 참여하였다.			

■ 모둠 내 동료평가(짝 활동)

평가영역	평가요소	평가내용	평가척도(상, 중, 하)	
			짝1	짝2
인지적 영역	문제 해결력	중심 소재와 그 의미를 찾는 활동에서 구체적인 감상과 근거를 제시하였으며 이미지 표현에 창의성을 발휘하였다.		
정의적 영역	책임감	서클형 비주얼씽킹 활동에서 내용 및 채색을 완성하기 위해 끝까지 노력하였다.		
	의사소통	협력적인 의사소통 과정을 거쳐 중요 소재를 선택하여 글과 이미지로 표현하였다.		

■ 세부능력 및 특기사항 기록 예시

> 협력적 의사소통 과정을 통해 문학적 표현 방식이 드러난 부분을 찾고 그 의미와 문학적 효과를 이해하여 글과 이미지로 제시하고 설명함. 크기가 다른 두 개의 원을 활용한 서클형 비주얼씽킹으로 소설의 중심 소재를 찾아 그 의미를 구체적으로 제시함. 창의적인 시각으로 사물을 새롭게 표현하고, 채색 활동을 통해 소재의 의미를 더욱 부각시켜 나타냄.

& 서클형 활동지 활용 이모저모

① 적용 가능 분야

국어과에서는 문학작품의 소재와 등장인물을 찾아 정리하거나 기본 내용(개념) 정리, 문법 부분 내용 정리 등에 적용할 수 있다.

② 서클형의 장점

두 개의 서클을 통해 핵심 주제가 무엇인지 이해할 수 있고 글뿐만이 아니라 이미지를 함께 표현해 봄으로써 각각의 내용이 가진 의미에 대해 보다 더 깊이 생각해 볼 수 있는 기회를 가질 수 있고 보다 창의적인 생각을 떠올릴 수 있다.

③ 서클형 활동지 작성

서클형 활동지는 개별 활동에 적용해도 좋지만 짝 활동이나 모둠 활동에 적용하는 것이 더 효과적이다. 짝 혹은 모둠원이 함께 소설 속 소재를 찾고 그 의미에 대해 이야기해 본 후 중요한 소재들을 다시 선택 및 정리한다. 내용에 맞는 이미지를 의논하여 각자의 수준에 맞게 표현하고 개별 활동지에 정리하면 된다.

④ 국어과 속 서클형 비주얼씽킹

서클형 비주얼씽킹 활동이 아무리 흥미롭고 재미있다 하더라도 국어과의 성취기준이나 교과 역량을 키워 주지 못한다면 그 의미를 충족했다고 할 수 없을 것이다. 서클형 비주얼씽킹을 통해 기본 내용을 파악했다면 활동지 속에 반드시 성취기준에 맞는 간단한 정리활동을 한 가지 더 추가하는 것이 좋다. 이미지 표현을 통해 깊이 있는 감상을 위한 발판을 마련하였으니 글로 다시 한 번 정리하도록 하는 것은 국어과 교과 역량을 키워주는데 도움을 준다.

다양한 레이아웃 활용
비주얼씽킹 수업

비주얼씽킹은 도형, 기호, 색상 등을 활용하여 생각과 정보를 그림과 텍스트로 표현하고 기록하는 시각적 사고 방법이다. 핵심 내용을 단순화하여 생각이나 정보를 한눈에 볼 수 있도록 시각 언어로 표현하는 것을 의미한다. 비주얼씽킹 수업에서 학생들은 다양한 학습 도구를 사용하여 학습 내용을 텍스트와 그림을 함께 이용하여 시각적으로 표현한다.

1. 서클형 비주얼씽킹

1) 서클형 레이아웃

서클형 레이아웃은 크기가 다른 원 두 개를 활용하여 주제와 관련 내용을 시각화하는 방법이다. 서클형 레이아웃은 주제를 정의하거나 관련 내용, 사실 관계, 떠오르는 생각, 질문 등을 정리할 때 활용할 수 있다.

2) 활동 절차

① 수업 주제의 아이디어를 도출하기 위해 서클형 레이아웃을 그려둔 활동지를 배부한다.

② 작은 원에 정의하려는 주제를 텍스트 단어로 쓰고 그 후에 이미지로 표현한다. 활동지 가운데에 주제(혹은 주제어)를 적을 만한 크기의 원을 그리고 주제를 적는다.

③ 주제를 적은 원 주변으로 더 큰 원을 그리고 주제와 관련된 정보를 적는다.

④ 주제와 관련된 정보의 구체적인 설명은 원 밖으로 화살표를 그리고 적는다.

⑤ 원 안과 밖에 적은 정보와 설명을 그림으로 표현한다. 여러가지 색의 색연필과 사인펜을 사용하여 다양하게 꾸민다.

학년/과목	중학교 1학년/국어
학습주제	서클형 비주얼씽킹으로 소설의 소재 및 함축성 파악하기

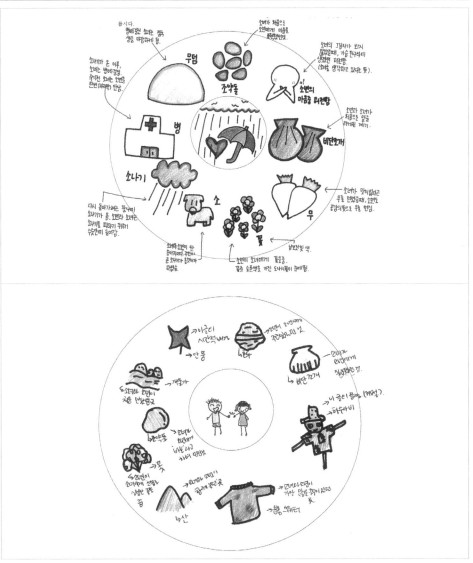

간단한 이미지와 설명을 사용하여 주제를 정의하고 학습 내용을 정리하는 서클형 비주얼씽킹으로 소설 '소나기' 속 중심 소재를 8개 이상 찾고 상징적 의미를 파악함. 크기가 다른 두 개의 원을 활용하여 분홍 스웨터 등의 핵심 소재를 찾아 소녀가 가진 이미지와 스웨터를 연결하여 구체적인 형태로 표현함. 이미지 표현 후 채색 활동을 통해 소재의 의미를 더욱 부각시켜 나타내었으며 소설에서 복선 구실을 하는 소재인 꽃을 찾아 '소녀'에게 일어날 일을 예측하는 활동을 함. 서클형 비주얼씽킹 활동으로 중심 소재를 이미지와 글로 표현해 보며 소재의 함축성을 보다 깊이 있게 이해하게 되었으며 적극적으로 소설을 감상하기 위해 노력함.

2. 버블형 비주얼씽킹

1) 버블형 레이아웃

버블형 레이아웃은 중심 버블과 그것을 둘러싼 주변 버블들로 이루어진 틀에 이미지와 텍스트를 배치하는 방법이다. 버블형 레이아웃은 주제에 관한 확산적 사고가 필요한 수업에서 더욱 유용하게 활용할 수 있다.

평거형과 서클형 레이아웃에 익숙해진 학생들은 좀 더 자유로운 버블형 레이아웃을 선호할 것이다. 주제의 성질이나 특징에 따라 버블의 모양도 자유롭게 바꾸면서 창의적이고 새로운 방식으로 생각을 표현할 수 있기 때문이다.

2) 활동 절차

① 활동지 가운데에 버블을 그리고 주제(혹은 주제어)를 적는다. 주제를 적은 버블은 주제와 관련된 대표 이미지로 그려도 좋다.

② 주변 버블에는 주제의 특성을 나타내는 형용사나 형용사구를 적는다.

③ 버블 안에 적은 내용들을 다양한 시각언어를 이용하여 그림으로 표현한다.

④ 여러 가지 색의 색연필과 사인펜을 사용하여 다양하게 꾸민다.

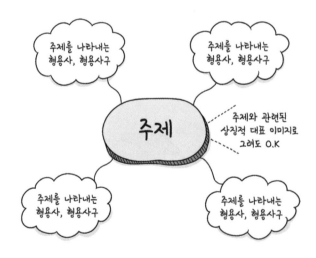

- 그림 출처: 미래엔 엠티처

학년/과목	중학교 1학년/국어
학습주제	버블형 비주얼씽킹으로 시어의 의미 이해하기

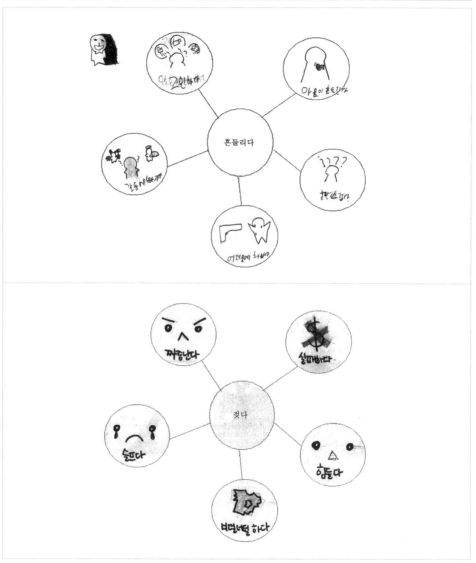

'흔들리며 피는 꽃' 감상활동에서 시를 깊고 넓게 이해하고 시어가 가진 의미를 다양하게 표현해 보기 위해 중심 시어인 '흔들리다'와 '젖다'의 의미를 버블형 비주얼씽킹으로 표현함. 모둠원들과 협력적인 의사소통 과정을 거쳐 '흔들리다'의 의미를 '고민하다, 어려움에 처하다, 갈등에 빠지다' 등 여러 가지로 생각해 보며 의미를 해석함. 각각의 버블 속에 이미지와 설명을 표현해 보며 갈등에 빠진 모습을 다양한 선택 앞에서 고민하는 모습으로 표현하는 등 규정화되고 고정된 의미가 아닌 다양하고 확장된 시어의 의미를 찾고자 노력함. 버블형 비주얼씽킹 활동 과정 및 결과를 발표하고 참여 소감문을 구체적으로 작성하여 제출함.

3. 더블버블형 비주얼씽킹

1) 더블버블형 레이아웃

더블버블형 레이아웃은 버블형 레이아웃 두 개를 나란히 배치하여 두 가지 주제를 서로
비교하여 볼 수 있는 방법이다.

더블버블형 레이아웃은 표로 정리하여 암기해야 할 내용이 많은 교과의 수업 시간에 활
용할 수 있다. 두 개의 주제를 알아야 할 때, 각 주제의 공통점과 차이점을 비교·대조하여
기억해야 할 때 유용하다. 더블버블형 레이아웃과 다양한 시각 언어를 활용하여 학습 내용
을 정리하면 학생들은 단순히 암기하는 데 그치는 것이 아니라 배운 내용을 직접 정리하고
효과적으로 표현하는 방법을 익힐 수 있다.

2) 활동 절차

① 활동지 가운데 부분에 두 개의 버블을 그리고 주제 ①, ②를 적는다. 버블 대신 주제 ①,
   ②와 관련된 대표 이미지를 그려도 좋다.
② 주제를 적은 버블 사이에 겹치는 버블에는 주제 ①, ②의 공통점을 적고, 버블 주변에 그
   까닭을 간략하게 적는다.
③ 주제를 적은 버블의 양쪽 버블에는 주제 ①, ②에 해당하는 특징이나 차이점을 적고, 버
   블 주변에 그 까닭을 간략하게 적는다.
④ 버블 안에 적은 내용들을 다양한 시각 언어를 이용하여 그림으로 표현한다.
⑤ 여러 가지 색의 색연필과 사인펜을 사용하여 다양하게 꾸민다.

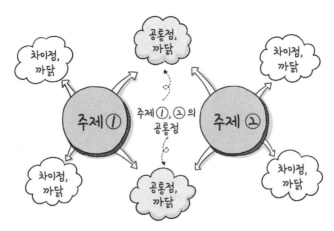

– 그림 출처: 미래엔 엠티처

학년/과목	중학교 2학년/국어
학습주제	더블버블형 비주얼씽킹으로 관점의 차이 파악하기

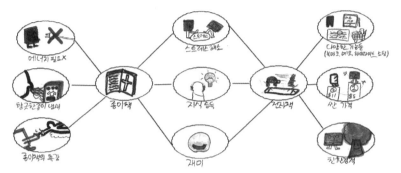

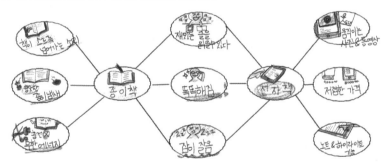

'책의 미래'에 대한 관점의 차이를 나타낸 두 글을 읽고 시각에 따라 다양한 의견이 존재할 수 있음을 알게 됨. 두 가지 대상의 공통점과 차이점을 정리하는 더블버블형 비주얼씽킹을 사용하여 종이책과 전자책에 대한 두 관점의 공통점과 차이점을 이미지로 표현함. 미래 사회의 책의 모습에 대한 의견을 표현한 글을 읽고 더블버블형 비주얼씽킹으로 재구성해 보는 활동을 통해 여러 가지 관점에 대한 생각들을 두루 살펴보는 것이 자신의 근거를 더욱 풍부하고 타당하게 만들 수 있다는 것을 깨닫고 미래 사회에 전자책이 더욱 발전할 것이라는 의견을 담은 글을 작성함. 적극적인 수업 참여를 통해 자신의 의견을 발표하였으며 모둠원 및 학급 구성원들에게 긍정적인 피드백을 받음.

4. 플로우형 비주얼씽킹

1) 플로우형 레이아웃

플로우형 레이아웃은 화살표로 연결한 여러 개의 박스를 이용하여 텍스트와 이미지를 배열하는 방법이다. 플로우형 레이아웃은 오늘 하루 일과, 조선 후기의 정치 변동처럼 일정한 순서나 시간의 흐름에 따라 내용을 정리해야 할 때 활용할 수 있다.

플로우형 레이아웃을 활용할 때는 대주제와 소주제를 나누고 플로우를 여러 겹으로 만들면 상위 개념과 하위 개념, 각 개념 간의 연관성, 사건의 인과 관계, 발전 단계 등을 파악하기 편리하다. 비주얼씽킹에 익숙해진 학생들이라면 여러 겹의 플로우형 레이아웃을 이용하여 고차적 사고 능력, 정보 활용 능력을 십분 발휘할 수 있다.

2) 활동 절차

① 활동지 상단에 대주제를 적는다. 상자나 리본 등의 시각 언어를 이용하여 대주제를 적어도 좋다.
② 어떤 순서와 흐름으로 소주제를 표현할지 기준을 정하고 방법을 구상한다.
③ 정한 기준에 따라 소주제를 적고 흐름에 맞게 화살표를 표시하여 순서가 한눈에 들어오도록 한다.
④ 각 소주제 아래에 세부 내용을 적은 후에 다양한 시각 언어를 이용하여 그림으로 표현한다.
⑤ 여러 가지 색의 색연필과 사인펜을 사용하여 다양하게 꾸민다.

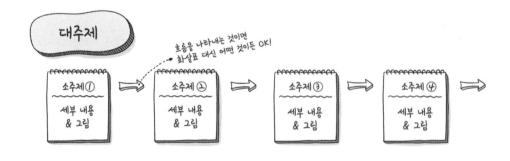

－ 그림 출처: 미래엔 엠티처

학년/과목	중학교 1학년/국어
학습주제	플로우형 비주얼씽킹으로 글쓰기 과정 정리하기

■ '기원'이가 어떤 과정을 거쳐 한 편의 글을 완성했는지 플로우맵으로 표현해 봅시다.

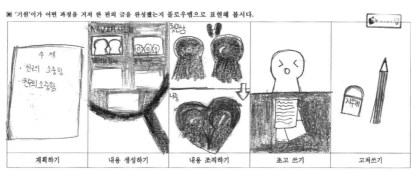

계획하기	내용 생성하기	내용 조직하기	초고 쓰기	고쳐쓰기

■ '기원'이의 글쓰기 과정을 참고하여 완성된 글의 내용이 어떠할지 추측해 봅시다. (글의 갈래, 선택 글감, 들어갈 내용, 고쳐 쓴 내용 등 참고)

마음이 가벼이 우선을 나타내고 일상에서 쓰는 말을 그대로 실어서 신문하게 표현했다.
글쓴이의 친구인 맑순이의 첫인상 불량배가 홀아들 때의 내용이 담겨있다. 직축한 표현을 생략했다.
불량배에게 흥길때. 아웃집 아줌마의 말을 추가 하였고 한순이 날림이나 흐름이 어색한 부분과 서술어를 집어넣었다

■ '기원'이가 어떤 과정을 거쳐 한 편의 글을 완성했는지 플로우맵으로 표현해 봅시다.

계획하기	내용 생성하기	내용 조직하기	초고 쓰기	고쳐쓰기

■ '기원'이의 글쓰기 과정을 참고하여 완성된 글의 내용이 어떠할지 추측해 봅시다. (글의 갈래, 선택 글감, 들어갈 내용, 고쳐 쓴 내용 등 참고)

친구의 소중함을 주제로 수필을 썼다. 그리고, 기원이는 맑순이와 함께했던 일들을 바탕으로 시간적 순서로 글을썼다.
글을 쓸때에 문학적 내용보다는 진솔하게 쓸것이며 글을 다시 여러번 읽어보고 다른 사람한테도 보여주면서 간략하고
직축한 표현은 생략 하겠다.

자신의 삶과 경험을 바탕으로 독자에게 감동이나 즐거움을 주는 글을 쓰기 위하여 먼저 글쓰기 과정에 대한 글을 읽고, 모둠원이 함께 중심내용을 요약 및 정리함. '계획하기-내용 생성하기-내용 조직하기-초고쓰기-고쳐쓰기'의 글쓰기 과정의 일반적인 흐름을 장면별로 재구성하여 플로우형 비주얼씽킹으로 완성함. 글쓰기 과정의 핵심 장면을 적절하게 배치하여 각 과정이 자연스럽게 연결되도록 장면을 구성하였으며, 협력적이고 수용적인 태도로 모둠 활동에 참여함. 글쓰기 과정을 단계별로 정리해 보며 단순히 글을 완성하는 것이 중요한 것이 아니라 고쳐쓰기를 비롯한 각 단계가 글쓰기에서 중요한 역할을 함을 인식하여 자신의 글쓰기를 점검하고 조정해 보는 기회로 삼음. 플로우형 비주얼씽킹 활동 후 글쓰기 단계를 정확하게 이해하여 자신의 실수를 소재로 한 수필을 작성하여 제출함.

5. 멀티플로우형 비주얼씽킹

1) 멀티플로우형 레이아웃

멀티플로우형 레이아웃은 주제를 중심에 놓고 원인을 왼쪽 부분에, 결과를 오른쪽 부분에 배열하는 방법이다. 멀티플로우형 레이아웃은 어떤 사실의 원인과 결과 즉, 시민 혁명의 원인과 결과처럼 어떤 사건의 인과 관계, 영향, 효과 등을 분명히 보여주고 싶을 때 활용할 수 있다.

학생들은 멀티플로우형 레이아웃을 활용하여 원인과 결과를 분석함으로써 주제를 좀 더 명확히 이해할 뿐만 아니라 문제를 해결하기 위한 효과적인 방안까지 제시할 수 있다.

2) 활동 절차

① 활동지 가운데에 상자를 그리고 주제를 적는다.
② 주제 왼쪽에 여러 개의 원을 그리고 주제가 발생한 원인을 간략하게 적는다.
③ 주제 오른쪽에 여러 개의 원을 그리고 주제가 야기한 결과를 간략하게 적는다.
④ 원인과 결과에 대한 정보를 다양한 시각 언어를 이용하여 그림으로 표현한다.
⑤ 여러 가지 색의 색연필과 사인펜을 사용하여 다양하게 꾸민다.

 *원인과 결과를 나타내는 원(혹은 상자)의 개수는 학습 주제, 학습자에 따라 다를 수 있다.

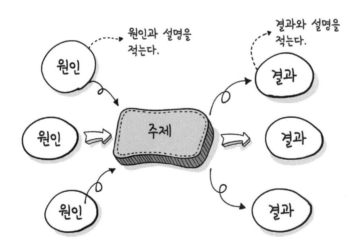

- 그림 출처: 미래엔 엠티처

학년/과목	중학교 2학년/국어
학습주제	멀티플로우형 비주얼씽킹으로 '물 부족, 물 오염'의 원인과 결과 시각화하기

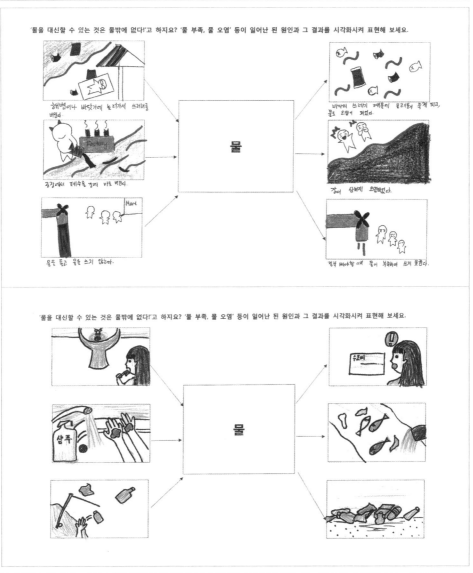

'물사랑'에 대한 멀티플로우형 비주얼씽킹 활동을 통해 일상 생활 속에서 물이 오염된 원인과 결과를 밝혀 새로운 이미지와 글로 표현하여 발표함. 멀티플로우형 비주얼씽킹 활동으로 물을 아껴 쓰고 수자원을 보호하자는 자신의 생각을 체계적으로 정리하고 물과 관련한 자신의 인식 부족 및 여러 잘못된 생활 태도를 반성하는 계기로 삼음. 물을 절약하고 보호하지 않으면 끔찍한 결과가 일어남을 자신이 만든 이미지를 통해 다시 한 번 알게 되었으며 '물사랑'이라는 다소 추상적이고 복잡한 내용을 단순화시켜 핵심적인 내용으로 표현하여 물에 대한 인식을 새롭게 하였으며 수자원 보호의 중요성을 강조하는 캠페인 활동에 참여함.

6. 트리형 비주얼씽킹

1) 트리형 레이아웃

트리형 레이아웃은 대주제를 소주제로 가지치기하는 방식으로 텍스트와 이미지를 분류하고 묶는 방법이다. 하나의 가지가 순서대로 뻗어 나가는 플로우형 레이아웃과 달리 트리형 레이아웃은 하나의 대주제를 여러 소주제로 분류할 때 활용할 수 있다.

트리형 레이아웃은 하나의 주제에 여러 종류의 소주제 또는 개념이 포함된 학습 내용, 예를 들어 유형, 종류, 구성 요소 등을 일목요연하게 정리할 때 편리하다. 학생들은 트리형 레이아웃을 연습함으로써 유개념의 외연에 포함된 종개념을 명확히 구분하여 체계적으로 정리하는 데 능숙해질 수 있다.

2) 활동 절차

① 활동지 상단에 대주제를 적는다. 상자나 리본 등의 시각 언어를 이용하여 대주제를 적어도 좋다.

② 대주제 아래에는 동일한 성질을 가진 부류나 범위를 설정하여 나눈 소주제를 가지치기하여 적는다.

③ 각 소주제에 대한 내용을 간략하게 적는다.

④ 각 소주제에 대한 내용을 구조화하여 그림으로 표현한다.

⑤ 여러 가지 색의 색연필과 사인펜을 사용하여 다양하게 꾸민다.

*플로우형 레이아웃은 일정한 순서에 따라 정리하지만, 트리형 레이아웃은 일정한 순서 없이 분류하여 정리한다.

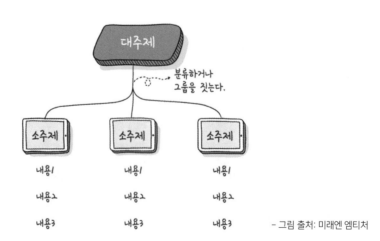

– 그림 출처: 미래엔 엠티처

학년/과목	중학교 2학년/국어
학습주제	트리형 비주얼씽킹으로 어휘(단어)의 의미 관계 정리하기

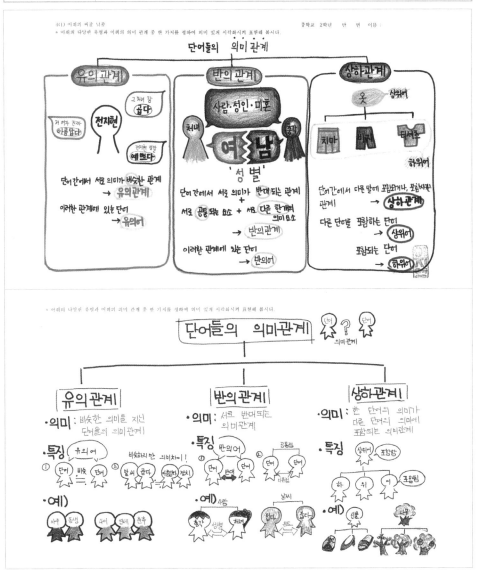

어휘 관계에 대한 문법 단원에서 주제의 하위 개념을 특성에 따라 분류하고 묶는 트리형 비주얼씽킹을 사용하여 단어들의 의미관계의 핵심 내용을 표현함. 대주제를 '단어들의 의미관계'로 설정하여 제시하고, 소주제인 '유의관계, 반의관계, 상하관계' 등에 대해 체계적이고 일목요연하게 정리함. 글만으로는 이해하기 어려운 개념을 이미지를 활용하여 쉽게 풀이하였으며 상하관계 설명 시 신발을 상위어로, 운동화, 구두, 슬리퍼를 하위어로 구성한 구체적인 예를 들어 이미지와 함께 설명함. 자신이 정리한 트리형 비주얼씽킹 자료를 바탕으로 '짝에게 설명하기' 활동에 참여하였으며 수정 및 보충해야 할 내용을 스스로 찾아 보완하여 최종 제출함.

7. 핑거형 비주얼씽킹

1) 핑거형 레이아웃

핑거형 레이아웃은 종이에 대고 그린 자신의 손 모양 틀에 이미지와 텍스트를 배치하는 방법이다. 핑거형 레이아웃은 자기 소개서, 체험 활동 보고서 등을 작성할 때나 소설 속 등장인물을 정리할 때 활용할 수 있다.

학생들은 자신의 손을 종이 위에 그리는 활동만으로도 학습을 놀이로 여기며 즐거워한다. 또한 손을 꼼지락거리며 비주얼씽킹을 연습하는 동안 감수성이 풍부해지고 창의력과 표현력이 무럭무럭 자라는 학생들을 관찰하게 될 수 있다.

2) 활동 절차

① 활동지 위에 손을 올려놓고 두꺼운 사인펜으로 손 모양을 따라 그린다. 손 모양이 그려진 활동지를 이용해도 무방하다.

② 손 가운데에 하트를 그리고 이름(혹은 주제)을 적는다.

③ 손마디 위치에는 주제와 관련된 질문에 대한 답을 간략하게 적는다. 이때 두꺼운 사인펜이 아닌 가는 펜을 사용하면 좋다.

④ 손톱 위치에는 표정을 그리고, 손끝 위치에는 헤어스타일을 그린다.

⑤ 여러 가지 색의 색연필과 사인펜을 사용하여 다양하게 꾸민다.

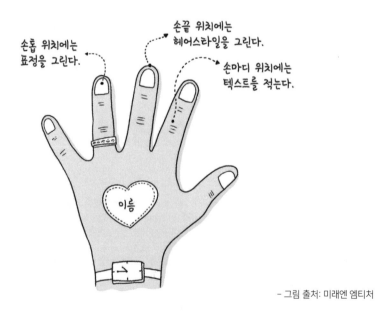

- 그림 출처: 미래엔 엠티처

학년/과목	중학교 1학년/국어
학습주제	핑거형 비주얼씽킹으로 1분 말하기('나') 표현하기

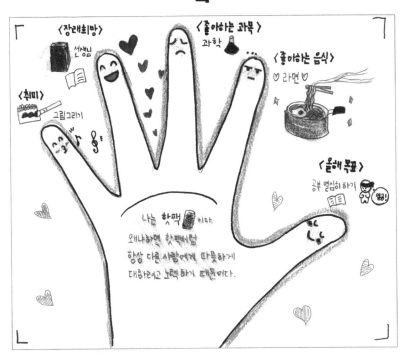

저에 대해 소개하는 시간을 가져 보겠습니다. 먼저 제 이름은 회나영 입니다. 취미는 그림그리기인데요, 정밀묘사를 하는 것을 굉장히 좋아합니다. 정밀묘사라는 건 물체를 정확히 묘사해 나타내는 작업으로 연필로 그림그린다는 것에 의미가 있어 쇼묘에 가깝기도 합니다. 그림을 그리다보면 마음이 차분해지는 것 같기도 하고 집중력도 기를 수 있어 제게 도움을 주는 취미라 생각됩니다. 두번째로 제 장래희망은 선생님입니다. 왜냐하면 전 누군가를 가르친다는 걸 좋아하기 때문입니다. 제가 아는 걸 남에게 알려주면 되게 뿌듯하고 보람찰 것 같습니다. 세번째, 좋아하는 과목은 과학입니다. 왜 이러이러한 결과가 나오는지 생각해보고 실험해보므로 원리를 알아낸다는 게 흥미롭기 때문입니다. 네번째, 좋아하는 음식은 라면입니다. 아직 어려서 요리를 잘 못하기 때문에 엄마가 안계실 때 간단하게 끼니를 해결할 수 있는 음식이라서 좋아합니다. 다섯번째로, 올해 2017년 목표는 공부를 열심히해서 성적을 올리는 것입니다. 지난해에는 공부를 열심히 하지 않아 성적이 낮아서 올해는 열심히 공부해서 성적을 올려보고 싶습니다. 또 원하는 고등학교를 목표로 공부계획을 세워 실천해보고 싶습니다. 이렇게 제 소개를 해보니 저도 몰랐던 제 취미나 좋아하는 것에 대해 한 번 더 생각해볼 수 있었고 올해목표도 세워볼 수 있었던 것 같습니다. 제 소개를 하고 저에 대해 생각해보는 시간이 값지다는 걸 느껴주게 하는 계기가 되었습니다.

1분 말하기 '나' 소개하기 활동에서 자신에 대해 알리고 싶은 5가지 항목을 특색 있게 정리하여 핑거형 비주얼씽킹으로 표현함. 자신의 손 모양 틀에 이미지와 텍스트를 적절히 배치하여 발표 자료를 작성하고 좋아하는 음식, 취미, 장래희망 등을 이미지와 함께 제시하여 다른 학생들 앞에서 적극적으로 발표함. 자신을 '핫팩'에 비유하여 다른 사람과의 관계를 중시하는 마음을 참신하게 나타냄.

8. 윈도우형 비주얼씽킹

1) 윈도우형 레이아웃

윈도우형 레이아웃은 창문처럼 생긴 여러 개의 상자에 텍스트와 이미지를 배열하는 방법이다.

윈도우형 레이아웃은 주제와 관련된 추상적 개념을 구체화하거나 글로 표현하기 힘든 감상을 시각화하고 싶을 때 활용할 수 있다. 예를 들어 성찰의 구체적 방법, 소설 속 명장면, 음악을 감상하고 머릿속에 떠오르는 장면을 윈도우형 레이아웃에 그려 보는 것이다.

글보다 그림이나 사진으로 표현하고, 스마트기기를 활용하여 자기를 표현하는 데 익숙한 요즘 학생들에게 윈도우형 레이아웃은 낯설지 않게 된다.

2) 활동 절차

① 비주얼씽킹 활동에 앞서 주제에 대한 내용을 글로 정리한다. 이때 내용을 여러 개의 장면으로 나누어서 정리해야 한다.

② 활동지 상단에 주제를 적는다. 상자나 리본 등의 시각 언어를 이용하여 주제를 적어도 좋다.

③ 주제 아래에는 장면 수에 맞게 윈도우 상자를 그리고 각각의 윈도우 상자에 내용을 간략하게 적는다.

④ 윈도우 상자에 적은 장면의 내용을 구조화하여 그림으로 표현한다.

⑤ 여러 가지 색의 색연필과 사인펜을 사용하여 다양하게 꾸민다.

　*일부 학습 주제의 경우, 비주얼씽킹 활동을 한 후에 스토리텔링 방식으로 이야기를 글로 정리할 수도 있다.

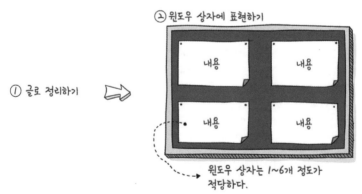

- 그림 출처: 미래엔 엠티처

학년/과목	중학교 2학년/국어
학습주제	윈도우형 비주얼씽킹으로 자신의 진로에 대해 표현해 보기

창문처럼 생긴 여러 개의 상자에 텍스트와 이미지를 배열하여 표현하는 윈도우형 비주얼씽킹 방법을 사용하여 자신의 꿈과 미래의 모습에 대해 정리하는 말하기 원고를 작성함. '의사'라는 직업을 자신의 진로로 설정하여 꿈을 이루기까지의 예상 과정을 글과 그림으로 구체적으로 표현해 보며 앞으로의 비전에 대해 명료하게 생각을 정리하여 발표함. 1분 말하기 비주얼씽킹 활동을 통해 자신의 미래 모습을 진지하게 그려 보며 현재의 삶과 미래의 삶의 연계성을 깨닫고 진로에 대한 믿음과 희망을 가지고 지속적인 노력하겠다는 의지를 담은 소감문을 제출함.

9. 자유형 비주얼씽킹

1) 자유형 레이아웃

자유형 레이아웃은 여덟 가지의 레이아웃에서 탈피하여 자기만의 틀을 만들고 자유로운 방식으로 주제와 관련 내용을 담는 방법이다. 고정된 틀에서 벗어나 자기만의 레이아웃을 만들 때 학생들은 좀 더 창의적인 사고력을 발휘하면서 주제를 탐구하고 문제를 해결할 수 있다.

요리사마다 같은 재료를 사용해도 다양한 요리가 나오듯 비주얼씽킹을 자주 하게 되면 자신의 생각이나 학습 내용을 어떻게 레이아웃해야 하는지 자신만의 방법을 적용할 수 있게 된다. 고정형 레이아웃을 활용하여 비주얼씽킹 하는데 이미 익숙해진 학생들은 자기가 탐구해야 할 주제에 꼭 맞는 레이아웃을 스스로 구성하고 관련 내용을 표현하는 데 큰 즐거움을 느낄 수 있다.

2) 활동 절차

① 주제에 관해 창의적으로 생각해 본다.
② 주제를 표현하기 적합한 레이아웃을 자유롭게 구상한 후에 내용을 구조화하여 그림으로 표현한다.
③ 여러 가지 색의 색연필과 사인펜을 사용하여 다양하게 꾸민다.

– 그림 출처: 미래엔 엠티처

학년/과목	중학교 2학년/국어
학습주제	자유형 비주얼씽킹으로 어휘의 다양한 유형 시각화하기

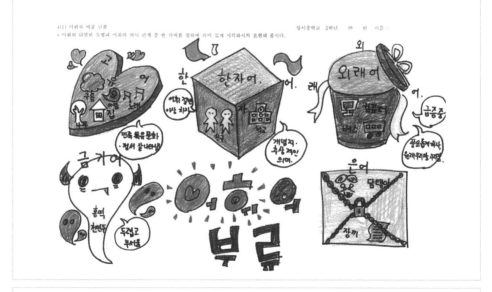

어휘의 부류에 대한 문법 단원에서 각 어휘들을 '어휘마을' 속 각각의 독립 공간으로 나타내어 차이나타운을 한자어로, 초가집을 고유어로, 새로운 건물을 신어, 유행어로 참신하게 설정하여 표현함. 자유형 비주얼씽킹을 활용하여 어휘에 대한 자신의 창의적인 생각을 고정된 틀에 맞추지 않고 문법 내용을 다양한 해석과 방법으로 새롭게 나타내고자 노력함. 다른 학생들이 생각하지 못한 '어휘마을'을 이미지를 사용하여 핵심 학습 요소를 구체적으로 표현하였으며, 전체 공유 시간을 통해 자신의 결과물을 소개하며 학생들에게 공감과 지지를 많이 받음.

10. 비주얼씽킹 수업 평가요소와 평가기준

1) 내용의 적절성

학습 내용과 연관 지어 시각적으로 잘 표현했다.

학습 내용의 핵심주제, 핵심단어를 적절하게 추출하여 시각적으로 표현했다.

학습 내용의 핵심주제, 핵심단어가 매우 적합하게 시각적으로 표현되었다.

2) 내용의 충실성

시각적 표현 결과물의 내용이 학습 내용에 충실하다.

학습 내용을 잘 녹여서 시각적으로 표현한 내용이 충실하다.

학습 내용의 핵심주제, 핵심단어를 잘 찾아서 시각적으로 표현했다.

학습 내용의 핵심주제, 핵심단어를 중심으로 짜임새 있게 시각적으로 표현했다.

3) 표현의 창의성

결과물의 창의적 표현력이 우수하다.

결과물이 참신하고 창의적으로 표현되었다.

결과물이 주제에 맞게 창의적이며 완성도가 높다.

결과물이 체계적이며 창의적인 방법으로 잘 표현하였다.

결과물이 학습주제의 특성과 맞게 창의적으로 잘 표현하였다.

■ 자기성찰평가

평가기준	평가척도
1. 학습 내용과 연관 지어 시각적으로 잘 표현했는가?	5 4 3 2 1
2. 시각적 표현 결과물의 내용이 학습 내용에 충실한가?	5 4 3 2 1
3. 결과물이 주제에 맞게 창의적이며 완성도가 높은가?	5 4 3 2 1
친구의 피드백	
나의 소감	

평가요소	평가내용	평가척도		
		상	중	하
내용의 적절성	학습 내용의 핵심주제, 핵심단어를 적절하게 추출하여 시각적으로 표현했다.			
내용의 충실성	학습 내용을 잘 녹여서 시각적으로 표현한 내용이 충실하다.			
표현의 창의성	결과물이 참신하고 창의적으로 표현되었다.			
참여 책임감 상호작용	학습과정에 적극적으로 참여하였다.			
	내가 맡은 역할을 책임있게 완수했다.			
	모둠 활동에 협력하고 친구들의 의견을 경청하였다.			

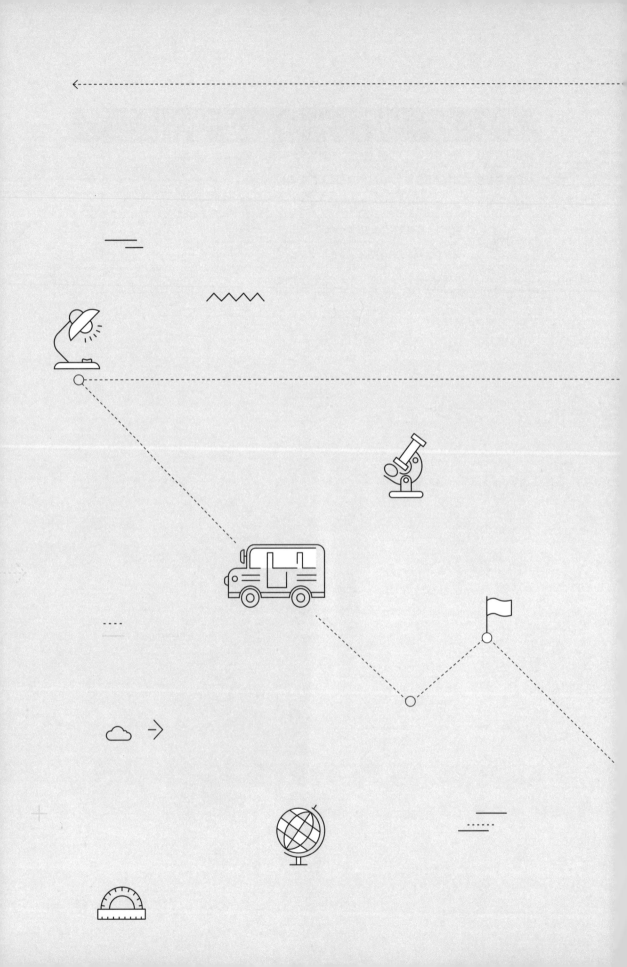

제5장

과정중심평가

2015 개정 교육과정의 평가

2015 개정 교육과정 총론에서는 학교 교육과정을 편성·운영할 때 평가에 대한 다음과 같은 내용을 지침으로 제시하고 있다.

1. 평가는 학생의 교육 목표 도달도를 확인하고 교수·학습의 질을 개선하는 데에 주안점을 둔다.

1) 학교는 학생에게 평가 결과에 대한 적절한 정보 제공과 지도를 통해 학생이 자신의 학습을 지속적으로 성찰하고 개선할 수 있도록 지도한다.
2) 학생 평가 결과를 활용하여 수업의 질을 지속적으로 개선한다.

2. 학교와 교사는 성취기준에 근거하여 학교에서 중요하게 지도한 내용과 기능을 평가하며 교수·학습과 평가 활동이 일관성 있게 이루어지도록 한다.

1) 학생에게 배울 기회를 주지 않은 내용과 기능은 평가하지 않도록 한다.
2) 학습의 결과뿐만 아니라 학습의 과정을 평가하여 모든 학생이 교육 목표에 성공적으로 도달할 수 있도록 한다.
3) 학교는 학생의 인지적 능력과 정의적 능력에 대한 평가가 균형 있게 이루어질 수 있도록 한다.

3. 학교는 교과의 성격과 특성에 적합한 평가방법을 활용한다.

1) 서술형과 논술형 평가 및 수행평가의 비중을 확대한다.
2) 정의적, 기능적, 창의적인 면이 특히 중시되는 교과는 타당한 평정 기준과 척도에 따라 평가를 실시한다.
3) 실험·실습의 평가는 교과목의 성격을 고려하여 합리적인 세부 평가기준을 마련하여 실시한다.
4) 창의적 체험 활동은 내용과 특성을 고려하여 평가의 주안점을 학교에서 결정하여 평가한다.
5) 전문교과 II의 실무 과목은 성취 평가제와 연계하여 내용요소를 구성하는 능력 단위 기준으로 평가할 수 있다.

- 출처: 교육부(2015), 초중등 교육과정, 교육부 고시 제2015-74호 [별책 1], p.33

과정중심평가의 의미와 특징

1. 과정중심평가

교육과정 성취기준에 기반한 평가계획에 따라 교수·학습에서 학생들 간의 상호관계, 사고 및 행동의 변화를 평가하고 적절한 피드백을 제공함으로써, 학생의 학습을 극대화하는 교육과정, 교수·학습, 평가가 연계된 평가이다.

학생이 배운 것을 평가하는 학습 결과에 대한 평가(assessment of learning)가 아니라 수업과 연계된 활동을 통해 학습을 위한 평가(assessment for learning)와 학습으로서의 평가(assessment as learning)로 학생들의 학습과정과 결과 모두를 중시하는 평가이다. 학습의 전 과정에서 학생의 성장과 발달을 평가하며 학습의 결과만을 평가하는 것에서 벗어나 학생의 학습 해결과정에 중점을 두며 그 과정에서의 피드백을 중요하게 여긴다.

2. 과정중심평가의 특징

- 성취기준에 기반한 평가 · 수업 중에 이루어지는 평가
- 수행과정에 대한 평가 · 피드백을 제공하는 평가

과정중심평가는 학습목표에 도달하기 위한 과정(학습의 과정, 성장의 과정)을 중시하는 평가이다. 교육과정-수업-평가의 연계로 이루어지는 평가로 결과중심평가와 대비되는 개념이다. 특정한 평가방법을 지칭하는 용어가 아니라 평가에 대한 인식 전환을 요구하는 용어로 학습을 위한 평가이다.

과정중심평가의 기본 방향과 특징

기본방향	◦ 교수·학습 중 지속적으로 시행되는 평가 ◦ 교사의 교수·학습 전략 및 학생에게 학습 계획을 제공하기 위한 평가 ◦ 교육과정–수업–평가–기록이 연계된 순환적 구조에서의 평가	
평가관	◦ 학습에 대한 평가 ◦ 결과 중시	◦ 학습을 위한 평가 ◦ 학습으로서의 평가 ◦ 과정 중시
평가방법	◦ 선택형 문항을 사용한 지필평가 중심 ◦ 구조화된 문항 형식 위주 ◦ 일회적 평가 ◦ 객관성, 일관성, 공정성 강조	◦ 다양한 평가방법을 적용 ◦ 구조화, 비구조화된 방식 혼용 ◦ 수시평가 ◦ 교사, 학습자, 동료 등 평가주체의 다양화
평가내용	◦ 교과별 단편적 지식 및 기능 ◦ 인지적 영역	◦ 통합적 지식 및 기능 ◦ 핵심 역량, 교과 역량에 대한 평가 ◦ 인지적·정의적 영역

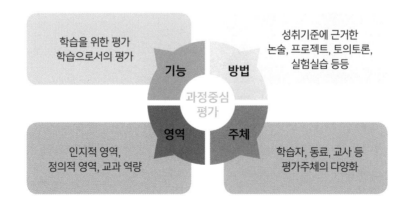

과정중심 수행평가

1. 수행평가

수행평가는 학생이 자신의 지식 및 기능에 대한 습득 여부를 나타내기 위해 산출물을 만들어 내거나 실제 수행을 통해 학생의 학습을 평가하는 것으로 교수·학습의 결과뿐만 아니라 교수·학습의 과정을 중시하는 평가 방식이다.

학생의 변화와 성장에 대한 인지적, 정의적 영역 자료를 교수·학습 과정에서 다각도로 수집하여 적절한 피드백을 산출하여 교수·학습의 질을 개선하기 위한 평가이다.

2. 과정중심 수행평가 유형

과정중심 수행평가의 유형에는 다음과 같이 토의·토론, 프로젝트, 실험, 실습 포트폴리오 등이 있다.

1) 논술
한 편의 완성된 글로 답을 작성하는 방식으로 자신의 생각이나 주장을 논리적으로 작성해야 하므로 학생이 제시한 아이디어뿐만 아니라 조직이나 표현의 적절성을 함께 평가한다. 학생의 의견이나 생각을 직접 기술하기 때문에, 창의성, 문제 해결력, 비판력, 통합력, 정보 수집 및 분석력 등의 고등 사고 능력을 평가하기에 적합하다.

2) 구술

특정 내용이나 주제에 대해서 자신의 의견이나 생각을 발표하도록 하여, 학생의 준비도, 이해력, 표현력, 판단력, 의사소통 능력 등을 직접 평가하기 위해 활용하는 방법이다. 특정 주제에 대하여 학생들에게 발표 준비를 하도록 한 후, 발표에 대하여 평가한다. 평가 범위만 미리 제시하고 구술 평가를 시행할 때 평가자가 관련된 주제나 질문을 제시하고 학생이 답변하게 하여 평가한다.

3) 토의 · 토론

특정 주제에 대해 학생들이 서로 토론하고 토의하는 것을 관찰하여 평가하는 방법이다. 서로 다른 의견을 제시할 수 있는 주제에 대해서 개인별 혹은 소집단별로 토론을 하도록 한 다음, 학생들이 사전에 준비한 자료의 다양성이나 적절성, 토론 내용의 논리성, 상대방의 의견을 존중하는 태도, 토론 진행 방법 등을 종합적으로 평가하는 방법이다.

4) 프로젝트

특정한 연구 과제나 산출물 개발 과제 등을 수행하도록 한 다음, 프로젝트의 전 과정과 결과물(연구보고서나 산출물)을 종합적으로 평가하는 방법이다. 결과물과 함께 계획서 작성 단계에서 결과물 완성 단계에 이르는 전 과정도 함께 중시하여 평가한다.

5) 실험 · 실습

학생들이 실험 · 실습을 하고 그에 대한 과정이나 결과에 대한 보고서를 쓰게 하고, 제출된 보고서와 함께 교사가 관찰한 실험 · 실습과정을 종합적으로 평가하는 방법이다. 실험 · 실습을 위한 기자재의 조작 능력이나 태도, 지식을 적용하는 능력, 협력적 문제 해결 능력 등에 대해 포괄적이면서도 종합적으로 평가한다.

6) 포트폴리오

학생들이 산출한 작품을 체계적으로 누적하여 수집한 작품집 혹은 서류철을 이용한 평가 방법이다. 학생들의 강점이나 약점, 성실성, 잠재 가능성 등을 종합적으로 파악할 수 있고, 학생 성장 과정을 한 눈에 볼 수 있어서 학생에게 유용한 피드백을 제공할 수 있다. 일회적인 평가가 아니라, 학생 개개인의 변화와 발전 과정을 종합적으로 평가하기 위해 전체적이면서도 지속적으로 평가하는 것을 강조한다.

- 출처: 교육부(2017) 과정을 중시하는 수행평가 어떻게 할까요? p.10

과정중심평가 흐름

단계	활동	시기
교육과정 수립	교육 목표 수립 및 학생 실태 분석하기 ⬇ 교과 성취기준 분석하기 ⬇ 교육과정 및 평가계획 수립하기	학기초 학년초
교육과정 운영	학생의 성장과 발달을 돕는 평가(교육과정-수업-평가) 실시하기 교육과정: 교육과정 재구성 ⟺ 수업: 학생 참여와 협력의 수업 ⟺ 평가: 수업 과정 속의 성장과 결과물 피드백	학기중
교육과정 기록	**학생의 학습과 성장의 기록**	수시 학기말 학년말

성취기준 또는 학습목표, 교수·학습과 평가 활동을 포함한 이 세 요소들이 연계된 순환적 구조를 도식화하면 아래와 같다.

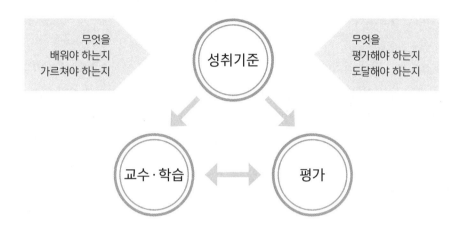

1. 교과별 성취기준 분석 사례

1) 국어교과 성취기준 분석

■ 성취기준

[9국02-01] 읽기는 글에 나타난 정보와 독자의 배경지식을 활용하여 문제를 해결하는
과정임을 이해하고 글을 읽는다.

[9국05-02] 비유와 상징의 표현 효과를 바탕으로 작품을 수용하고 생산한다.

■ 성취기준 해설

[9국02-01] 이 성취기준은 독서가 본질적으로 문제 해결 행위임을 이해하고, 글을 읽으면서 글에 나타난 정보를 자신의 배경지식과 관련지어 문제를 해결해 나가는 능력을 기르기 위해 설정하였다. 독자는 글을 읽고 의미를 구성하는 과정에서 여러 가지 문제에 직면하게 된다. 때로 모르는 단어가 나오기도 하고, 무슨 뜻인지 그 의미가 애매하거나

모호한 문장도 있다. 그뿐 아니라 주제나 중심 생각이 직접 드러나 있지 않아서 그것을 추론해 내야 하는 경우도 있고, 필자의 주장이 합리적이고 타당한지 고민을 하면서 읽기도 해야 한다. 따라서 독서 과정은 글을 읽으면서 발생하는 여러 가지 인지적인 문제를 해결해 나가는 행위라고 할 수 있다. 문제를 해결하는 과정으로서의 읽기를 할 때는 글에 나타난 정보를 단서로 하고 독자 자신의 배경 지식을 활용하며 읽도록 지도한다.

- 출처: 교육부(2015), 교육부 고시 제2015-74호[별책 5], 국어과 교육과정 p.44

[9국05-02] 이 성취기준은 여러 갈래의 작품을 통해 비유와 상징을 이해하고 비유적·상징적 표현의 의미를 주체적으로 해석하며 이를 활용하여 자신의 생각이나 느낌, 경험을 표현하는 능력을 기르기 위해 설정하였다. 문학의 언어는 형상화를 지향한다는 점에서 과학 등 다른 분야의 언어와 구별된다. 비유와 상징이 심상이나 정서, 주제를 드러내는 데 기여하는 바를 중심으로 작품 전체를 감상하고, 비유와 상징의 효과를 살려 생각과 느낌을 표현하는 능력을 기르도록 한다.

- 출처: 교육부(2015), 교육부 고시 제2015-74호[별책 5], 국어과 교육과정 p.53

2) 사회교과 성취기준 분석

■ 성취기준

[9사(일사)08-01] 경제활동에서 희소성으로 인한 합리적 선택의 필요성을 이해하고 기본적인 경제문제 해결을 위한 방식으로서 경제 체제의 특징을 분석한다.

[9사(일사)12-01] 사회 변동의 의미를 이해하고, 현대사회의 변동 양상과 문제점을 분석한다.

■ 성취기준 해설

[9사(일사)08-01]에서는 개인과 사회는 자원의 희소성으로 인해 불가피하게 선택의 상황에 직면하게 되며, 합리적인 선택을 위해 비용(기회비용)과 편익을 고려해야 함을 이해한다. 기본적인 경제 문제는 생산물의 종류와 수량, 생산 방법, 생산물 분배 등에서의 선택을 중심으로 이루어진다는 것을 이해하고, 시장경제 체제와 계획경제 체제를 중심으로 경제 체제의 의미와 특징을 탐구한다. 현실 경제에서는 두 경제 체제의 특성이 혼합된 다양한 경우가 있음을 사례를 통해 파악한다.

- 출처: 교육부(2015), 교육부 고시 제2015-74호[별책 7], 사회과 교육과정 p.86

[9사(일사)12-01]에서는 현대사회에서는 산업화, 세계화, 정보화 등 다차원적이고 광범위한 변동이 나타나고 있음을 이해하고, 이러한 사회 변동에 따라 발생하는 다양한 현대사회 문제에 영향을 미치는 요인들을 정치, 경제, 사회, 문화 등 종합적인 측면에서 파악한다.

- 출처: 교육부(2015), 교육부 고시 제2015-74호[별책 7], 사회과 교육과정 p.91

3) 과학교과 성취기준 분석

■ 성취기준

[9과21-05] 사람의 유전 형질과 유전 연구 방법을 알고, 사람의 유전 현상을 가계도를 이용하여 표현할 수 있다.

[9과23-01] 별의 거리를 구하는 방법을 알고, 별의 표면 온도를 색으로 비교할 수 있다.

■ 성취기준 해설

[9과21-05] 가계도 분석을 통해 사람의 여러 가지 유전 형질을 알고, 유전 법칙에 따라 유전됨을 이해하도록 하되, 학생이 자신과 가족의 형질을 조사하는 과정에서 질병, 개인정보 유출, 가족 관계 등의 문제가 발생하지 않도록 한다.

- 출처: 교육부(2015), 교육부 고시 제2015-74호[별책 9], 과학과 교육과정 p.80

[9과23-01] 별의 거리를 구하는 방법은 수식을 도입하지 않으며, 연주 시차와 겉보기 등급과 절대 등급의 개념을 중심으로 다룬다. 별의 표면 온도는 별의 색을 이용하여 비교하는 수준으로만 다룬다.

- 출처: 교육부(2015), 교육부 고시 제2015-74호[별책 9], 과학과 교육과정 p.83

4) 영어교과 성취기준 분석

■ 성취기준

[9영04-01] 일상생활에 관한 주변의 대상이나 상황을 묘사하는 문장을 쓸 수 있다.

[10영02-03] 일상생활이나 친숙한 일반적 주제에 관해 자신의 의견이나 감정을 표현할 수 있다.

■ 성취기준 해설

[9영04-01] 이 성취기준은 주변의 친숙한 인물, 사물 또는 일이나 사건 등의 상황을 문장으로 묘사함으로써 영어 표현 능력을 신장하기 위한 것이다. 학습자들은 개인생활, 가정생활, 학교생활, 지역사회 등에서 접하는 일상적 상황을 글로 묘사하는 활동을 통해 타인에 대한 관심과 이해를 증진시켜 나갈 수 있으며, 사회 구성원으로서의 공동체 역량을 기를 수 있도록 한다.

- 출처: 교육부(2015), 교육부 고시 제2015-74호[별책 14], 영어과 교육과정 p38

[10영02-03] 이 성취기준은 일상생활에서의 친숙한 일반적 주제에 관해 자신의 의견을 조리 있고 설득력 있게 표현하고 다른 사람과 효과적으로 의견이나 감정을 교환할 수 있다는 의미이다. 찬반 의견이 있는 주제에 대해 서로의 의견이나 감정을 주고받는 짝 활동, 학습자 수준에 맞는 흥미 있는 주제를 정하여 모둠별로 토론하거나 발표하는 활동을 통하여 의사소통 능력을 향상시키도록 한다.

- 출처: 교육부(2015), 교육부 고시 제2015-74호[별책 14], 영어과 교육과정 p.42

5) 도덕교과 성취기준 분석

■ 성취기준

[9도02-06] 다양한 갈등 상황에서 평화적 해결의 중요성을 이해하고, 평화적으로 갈등을 해결할 수 있는 실천 방법을 탐구하고 제시할 수 있다.

[9도04-01] 인간과 자연의 조화를 통한 삶의 중요성과 환경 보호의 필요성을 다각적으로 이해하고, 생태 지속가능성의 관점에서 소비 생활과 환경에 대한 가치관을 평가해 보며, 환경 친화적인 실천 기술을 익힐 수 있다.

■ 성취기준 해설

[9도02-06] 이 영역의 목표는 다른 사람들과 조화롭게 살아갈 수 있는 도덕적 능력과 태도를 기르는 것이다. 그리고 이러한 도덕적 능력과 태도는 다른 사람과의 관계, 즉 이 영역의 다른 성취기준에서 제시하고 있는 가족 관계, 친구 관계, 가상 공간에서의 관계 등을 포함한다. 따라서 타인과의 갈등을 잘 해결하기 위한 도덕적 자세를 다루고 있는 이 성취기준은 이 영역의 다른 성취기준을 포함하고 있다.

- 출처: 교육부(2015), 교육부 고시 제2015-74호[별책 6], 도덕과 교육과정 p.20

[9도04-01] 이 성취기준은 학생들이 인간과 자연의 관계를 착취자와 피착취 대상이라는 이분법적으로 바라보는 시각을 넘어서 양자의 공존을 위해 노력하려는 태도를 갖고, 일상생활에서 환경 친화적 삶을 실천하는 데 목표가 있다. 특히 현대인들이 영위하는 지나친 소비 생활로 인해 환경 문제가 심화되었다는 사실을 깨닫고, 환경 친화적인 삶을 위한 구체적인 실천 방안을 습득할 수 있어야 한다.

– 출처: 교육부(2015), 교육부 고시 제2015-74호[별책 6], 도덕과 교육과정 p.24

2. 교과 성취기준 분석하기

성취기준은 학생이 무엇을 학습하고 성취해야 하는지, 교사가 무엇을 가르치고 평가해야 하는지에 대한 실질적인 지침을 제공하므로 학기초에 작성되어야 한다.

성취기준은 교수·학습 및 평가의 실질적인 근거가 된다. 학기초에 작성한 성취기준은 해당 교육과정 내용, 성취수준과 연계성을 가지므로, 교육과정 재구성 및 평가계획을 수립하기 전에 이를 반드시 분석해야 한다.

1) 국어교과

■ 성취기준

[9국05-09] 자신의 가치 있는 경험을 개성적인 발상과 표현으로 형상화한다.

■ 국어과 교과 역량

비판적·창의적 사고 역량, 자료·정보 활용 역량, 의사소통 역량,
공동체·대인관계 역량, 문화 향유 역량, 자기성찰·계발 역량

■ 성취기준 코드의 이해

[9국05-09]: 최고 학년군 / 교과명 / 영역-영역 순서

영역: (01)듣기말하기 (02)읽기 (03)쓰기 (04)문법 (05)문학

■ 성취기준 [9국05-09] 해설

이 성취기준은 학습자가 자신만의 독특한 개성을 살려 삶에서 가치를 발견하고 이를 창의적으로 표현하는 능력과 태도를 기르기 위해 설정하였다. 작가는 작품을 통해 자신의 고유한 생각, 취향, 가치관 등을 표현한다. 다양한 문학적 표현 방법 중 운율, 반어, 역설, 풍자의 원리와 그 효과에 대한 이해를 바탕으로 하여 학습자 스스로 자신의 개성을 살려 문학 창작 활동을 보다 풍요롭게 수행할 수 있도록 하는 데 중점을 둔다.

– 해설 출처: 교육부(2015), 교육부 고시 제2015-74호 [별책 5], 국어과 교육과정

■ 국어과 성취기준 분석

성취기준

[9국05-09] 자신의 가치 있는 경험을 개성적인 발상과 표현으로 형상화한다.

내용요소	기능(행동 특성)
• 자신의 가치 있는 경험 • 개성적인 발상과 표현	• 자신의 가치 있는 경험 떠올리기 • 개성적인 발상과 표현(운율, 반어, 역설, 풍자) 설명하기 • 자신의 가치 있는 경험을 개성있고 창의적인 방법으로 표현하기

⇓ 분석 ⇓ 분석

• 자신의 경험, 가치관, 취향 • 필요한 선행 지식 및 핵심 개념		• 행동 특성을 확인할 수 있는 행동의 증거 • 행동의 수준을 파악할 수 있는 기준	
교과 역량	자기성찰·계발 역량	교과 역량	비판적·창의적 사고 역량 문화 향유 역량

교수·학습의 방향

• 자신의 가치 있는 경험을 바탕으로 한 소재 찾아 발표하기
• 개성적인 발상과 표현(운율, 반어, 역설, 풍자)의 개념 및 원리, 효과 설명하기
• 운율, 반어, 역설, 풍자의 표현을 활용하여 자신의 삶을 담은 문학 작품 창작하여 감상 및 공유하기

2) 사회교과

■ 성취기준

[9사(일사)02-03] 대중매체와 대중문화의 의미와 특징을 이해하고 대중문화를 비판적
으로 평가하는 태도를 가진다.

■ 사회과 교과 역량

창의적 사고력, 비판적 사고력, 문제 해결력 및 의사 결정력,
의사소통 및 협업 능력, 정보 활용 능력

■ 성취기준 코드의 이해

[9사(일사)02-03]: 최고 학년군 / 교과명 / 영역 – 영역순서

지리: (01) 내가 사는 세계   (02) 우리와 다른 기후, 다른 생활

    (03) 자연으로 떠나는 여행   (04) 다양한 세계, 다양한 문화

    (05) 지구 곳곳에서 일어나는 자연재해   (06) 자원을 둘러싼 갈등

    (07) 인구 변화와 인구 문제   (08) 사람이 만든 삶터, 도시

    (09) 글로벌 경제 활동과 지역 변화   (10) 환경 문제와 지속 가능한 환경

    (11) 세계 속의 우리나라   (12) 더불어 사는 세계

일사: (01) 개인과 사회생활   (02) 문화의 이해

    (03) 정치 생활과 민주주의   (04) 정치 과정과 시민 참여

    (05) 일상생활과 법   (06) 인권과 헌법

    (07) 헌법과 국가기관   (08) 경제생활과 선택

    (09) 시장경제와 가격   (10) 국민경제와 국제거래

    (11) 국제사회와 국제정치   (12) 사회변동과 사회문제

■ 성취기준 [9사(일사)02-03] 해설

이 성취기준은 대중매체와 대중문화의 특징을 이해하고, 새로운 대중매체의 등장이 개
인적·사회적 측면에서 인간의 삶을 어떻게 변화시키고 있는지를 탐구한다. 이를 통해

자신의 주변에서 접하는 대중매체와 대중문화에 대해 비판적으로 평가할 수 있는 시각을 가진다.

– 해설 출처: 교육부(2015), 교육부 고시 제2015-74호 [별책 7], 사회과 교육과정

■ 사회교과 성취기준 분석

성취기준
[9사(일사)02-03] 대중매체와 대중문화의 의미와 특징을 이해하고 대중문화를 비판적으로 평가하는 태도를 가진다.

내용요소
◦ 대중매체의 종류 ◦ 대중문화의 의미 ◦ 대중문화의 특징 ◦ 대중문화의 영향

기능(행동특성)
◦ 청소년기 발달 특성과 대중문화의 상관관계를 연결할 수 있다. ◦ 청소년기의 대표적인 대중문화에 대하여 설명할 수 있다. ◦ 대중문화의 장단점을 비교해 보고 비판적으로 평가할 수 있다.

⇊ 분석

⇊ 분석

◦ 우리 삶에 미치는 대중매체의 영향력 ◦ 시대에 따른 대중문화의 변화 ◦ 청소년기 대중문화의 문제점	
교과 역량	문제 해결력 비판적 사고력

◦ 청소년기의 자아정체성 수립과 발달단계에 따른 대중문화 접촉빈도 및 경향 파악 ◦ 무조건적인 대중문화 소비나 모방이 아닌 비판적 수용의 중요성 인식	
교과 역량	의사소통 능력 협업 능력

교수·학습의 방향
◦ 청소년기 사회화 과정의 특징과 대중문화를 연결하여 이해할 수 있다.(동영상 시청 및 소감문, 연꽃기법) ◦ 우리 삶에 미치는 대중매체와 대중문화의 영향력에 대하여 설명할 수 있다.(비주얼씽킹, 하브루타 토론, 조사활동) ◦ 프로젝트 수업과 모둠 활동을 통해 대중문화의 특징과 장단점을 조사하고 비판적으로 수용할 수 있다.(논술 및 토론)

3) 도덕교과

■ 도덕교과 성취기준 분석

성취기준

[9도01-04] 본래적 가치에 근거한 삶의 목적 추구가 도덕적으로 정당화될 수 있음을 도덕 공부를 통해 이해하고, 자신의 삶의 목적을 도덕적 이야기로 구성할 수 있다.
[9도01-05] 행복한 삶을 위해 좋은 습관과 건강의 필요성을 설명하고, 정서적 건강과 사회적 건강을 가꾸기 위한 방안을 제시하고 실천 의지를 함양할 수 있다.
[9도02-01] 현대 한국 사회의 가정에서 발생하는 갈등을 구체적 사례를 통해 생각해 보고, 좋은 가족 구성원이 되기 위한 방법을 제시하고 실천 의지를 함양할 수 있다.
[9도02-02] 친구와의 우정의 중요성에 대해 생각해 보고, 진정한 우정을 맺는 방법에 대한 도덕적 이야기를 구성할 수 있다.

내용요소

- 자아정체성
- 본래적 가치의 의미
- 삶의 목적
- 행복한 삶
- 가정 윤리
- 우정

⇓ 분석

- 자아정체성 자각
- 본래적 가치의 의미 이해
- 도덕적 삶의 이유(도덕과 삶의 목적과 행복한 삶의 관계)
- 가정에서의 갈등 해결방안
- 참된 우정에 대한 성찰

교과 역량	자기존중 및 관리 능력, 도덕적 사고 능력

기능(행동특성)

- 도덕적 자기 인식, 존중, 조절하기
- 도덕적 보건능력(회복탄력성, 건강한 마음)
- 도덕적 근거와 이유 제시하기
- 타인의 도덕적 요구인식 및 수용할 수 있는 능력 (의사소통 능력),
- 자신과 타인의 감정을 인식하고 배려할 수 있는 도덕적 정서능력

⇓ 분석

- 도덕적 자아, 정체성 정립
- 자신의 삶의 목적과 도덕적 삶의 이유 제시
- 갈등을 대하는 바람직한 자세- 회복적 탄력성
- 가족, 친구 사이의 갈등이 발생했을 때 합리적 의사소통 방법
- 가정, 학교 공간에서의 바람직한 인간관계 형성을 위한 존중과 배려

교과 역량	도덕적 대인관계 능력, 도덕적 의사소통 능력, 도덕적 정서 능력, 윤리적 성찰

교수·학습의 방향

- 자신의 도덕적 자아상, 인생관 탐색(비주얼씽킹, 인생관게임)
- 자신의 진정한 삶의 목적(행복한 삶)을 찾아가는 길에 발생하는 갈등상황을 대하는 다양한 삶의 자세 탐색(하브루타, TOCFE사고 기법)
- 행복을 위해 어떻게 살아야 하는가에 대한 성찰(연극기법)

3. 평가계획 수립하기

1) 평가계획

학기초에 교육과정, 수업, 평가 일체화에 따른 평가계획을 수립하는 것으로서, 평가요소 (성취기준), 평가방법, 평가시기 등의 계획을 세우는 것이다.

2) 평가계획 수립 단계

단계	내용
성취기준 분석	◦ 학생의 학습과 성장을 도울 수 있는 평가요소 찾기 ◦ 문제 해결의 다양한 방법을 열어 주는 평가요소 찾기 ◦ 교과 역량을 평가할 수 있는 평가요소 찾기
평가요소 선정 (성취기준)	◦ 한 개의 성취기준이 한 개의 평가요소로 선정되기도 함 ◦ 주제 중심통합인 경우에는 여러 개의 성취기준이 한 개의 평가요소로 선정되기도 함
평가방법 선택	◦ 성취기준에 근거한 평가방법 선택 (논술, 프로젝트, 토의토론, 실험실습 등등) ◦ 채점기준표 작성
평가시기 선정	◦ 평가는 수업 중에 이루어짐 ◦ 시기는 교수·학습과정 전개계획에 따름

3) 평가계획 예시

예시) 중학교 도덕교과 평가계획

단원	평가요소	평가기준	평가방법	평가시기
타인과의 관계	친구 관계와 도덕	다양한 갈등 상황에서 친구간의 우정쌓기	프로젝트 UCC제작 동료평가	3월
		일상생활에서 이성 친구에 대한 예절을 지키는 실천 방법을 제시하기	프로젝트 동료평가	4월
	정보화 시대의 윤리	정보화 시대에 요구되는 도덕적 자세와 다양한 방식으로 의사소통 찾기	자기성찰평가 교사평가	5월
자신과의 관계	도덕의 의미	사람다운 삶을 살기 위해 도덕이 필요한 이유 제시하기	자기성찰평가 논술형 평가	6월
사회 공동체와의 관계	문화적 다양성과 도덕	다름을 인정하고 차이를 존중하고 공감하고 배려하는 마음갖기	포트폴리오 자기성찰평가 교사평가	7월

예시) 주제 중심통합형 평가계획

[교과 연계 주제통합 수업–토론 주제: 인공지능은 인간의 삶을 이롭게 하는가]

교과	단원명	성취기준	활동 내용	시기	시수	평가
국어	토론하기 (토론의 과정과 실제)	규칙을 준수하며 토론에 적극적으로 참여할 수 있다.	주어진 주제에 관한 논증을 토대로 규칙을 준수하며 토론하기 (CEDA 토론)	08.16 –08.18	3	듣기/말하기 평가
도덕	IV–3. 과학기술과 도덕	과학기술이 우리 삶에 끼친 긍정적, 부정적 영향을 열거할 수 있다.	과학기술의 긍정적, 부정적 영향에 대한 자료 수집 및 내용 정리 포트폴리오 만들기	08.28 –09.01	3	논술평가
기가	IV–2. 자동화와 로봇	생활에서 로봇의 활용을 설명하고 제조기술과 관련된 문제를 창의적으로 해결할 수 있다.	인공지능의 개념과 긍정적 영향 및 부정적 영향에 대한 자료 정리 발표(모둠 발표)	08.28 –09.01	3	교사평가 동료평가
수학	6–2. 확률의 뜻과 성질	확률의 뜻을 이해하고 구할 수 있다.	자신의 주장을 뒷받침할 수 있는 자료를 신문에서 찾아 이를 토대로 수학적인 상황으로 만들고 수학적 개념으로 해결하기	08.28 –09.01	2	포트폴리오 평가

– 출처: 한국교육과정평가원(2015). 자유학기 교육과정 실행가이드북. 연구보고 2015-7-2

4. 과정중심평가 실시

학생 참여 수업 과정 속의 성장과 결과물을 자기성찰평가, 모둠 내 동료평가, 모둠 간 동료평가 및 교사평가(학생의 성장과 결과물이 만들어지는 과정, 결과물에 대한 관찰 누가기록)로 실시한다.

평가과정		내용
수업 및 평가	➡	**교사:** 학습효과를 높일 수 있는 다양한 학생활동수업 성취수준을 수업에 반영하여 과정중심평가를 진행 **학생:** 모둠별로 자기주도적 학습 활동

평가요소 선정
(성취기준 및 평가 실시)
	➡	**학습 활동:** 토의·토론, 조사·발표, 프로젝트, 실험·실습 등 성취수준을 수업에 반영하여 과정중심평가를 진행
		과정평가: 수업 활동과 연계 실시와 평가기준 안내
		  학생(자기성찰평가, 모둠 내 동료평가, 모둠 간 동료평가)
		  교사(관찰평가, 채점기준표 작성)

학습기록	➡	**교사 ↔ 학생:** 학습결과에 대한 학생 맞춤형 피드백
평가시기 선정	➡	**학습기록:** 학습과정을 학생성장 중심으로 기록

평가를 위한 채점기준 개발하기

채점기준이란 수행평가의 대상이 되는 수행의 과정이나 산출물의 질을 구별하기 위한 일련의 지침이다. 평가과정에서 학생과 교사의 주관적인 판단이 개입되기 때문에 채점의 일관성을 확보하기 위해서는 채점기준이 반드시 필요하다.

1. 채점기준표(루브릭)

학생들이 과제 수행을 통해 보여 주기를 기대하는 평가기준에 대해 수행의 질을 수준(예: 상-중-하)에 따라 지식이나 기술을 구체적으로 작성하여 채점에 활용하는 채점기준이다.

학생들이 학습 활동을 통해 무엇을 성취해야 하는지 명확한 기준을 세부적으로 제시해야 하며 학습 결과의 질적인 특징을 서술식으로 설명해 놓은 단계로 표현한다.

채점기준표는 학습 결과의 질적인 특성을 단계별로 서술해 놓는다. 단계는 상-중-하, 잘함-보통-미흡의 3단 척도 혹은 5-4-3-2-1과 같은 5단 척도 등으로 다양하게 적용할 수 있다.

2. 채점기준표 작성 전에 해야 할 일

채점기준이 학생의 인지적·정의적 성장과 발달 과정을 파악할 수 있도록 제시한다. 채점기준에는 평가 유형에 적절한 평가요소, 배점, 세부내용 등이 제시되도록 한다.

3. 채점기준표 작성

채점기준표를 작성할 때는 평가하고자 하는 목적과 학생이 수행할 과제의 내용을 고려해서 평가기준을 적절하게 추출하고, 기준에 대해 명확히 진술해야 한다.

4. 채점기준표의 구성

채점기준표에 기본적으로 포함되어야 할 요소는 과제나 학습 활동과 관련된 중요한 영역이나 특성, 각 영역을 평정하는 수치나 척도, 수준에 대한 구체적인 지표 등이며 평가요소, 평가기준, 평가척도로 구성된다.

1) 평가요소
인지적 영역, 교과 역량, 정의적 영역으로 구분한다.

　① 인지적 영역
　　- 학생들의 학업성취 정도를 확인하기 위한 기준이 되는 요소이다.
　　- 인지적 영역은 각 교과의 교육 내용, 성취기준의 지식과 기능의 학습 요소를 말한다.
　　- 학생들이 교과를 통해 배워야 할 내용과 학생들이 무엇을 알고 있고, 할 수 있는지 기준이 되는 요소이다.

　② 교과 역량
　교과 지식, 기능, 가치 및 태도가 교수·학습에서 통합적으로 발현되어 나타나는 능력이다.

2015 개정 교육과정의 교과 역량

교과	교과 역량
국어	비판적·창의적 사고 역량, 자료·정보 활용 역량, 의사소통 역량, 공동체·대인관계 역량, 문화 향유 역량, 자기성찰·계발 역량
영어	영어 의사소통 역량, 자기관리 역량, 공동체 역량, 지식정보처리 역량
수학	문제 해결, 추론, 창의·융합, 의사소통, 정보처리, 태도 및 실천
사회	창의적 사고력, 비판적 사고력, 문제 해결력 및 의사 결정력, 의사소통 및 협업 능력, 정보 활용 능력
과학	과학적 사고력, 과학적 탐구 능력, 과학적 문제 해결력, 과학적 의사소통 능력, 과학적 참여와 평생 학습 능력

③ 정의적 영역

교수·학습을 통해 기르고자 하는 관심, 흥미, 태도, 자신감, 동기, 신념 등 학습자의 정의적 요인에 따른 능력을 말한다. 정의적 영역의 평가요소는 협력, 경청, 공감, 배려, 존중, 설득, 가치관, 태도, 흥미, 책임감 등이 있다.

2) 평가기준(채점기준)

수행과제의 평가 세부 항목을 명확하게 나타내는 것으로 학습의 성취기준에 도달한 정도를 단계별(예: 잘함-보통-미흡)로 구분하여 학생들이 알고 있고 할 수 있는지를 기술한다. 평가기준에 반영하여야 할 요소는 다음과 같다.

- 과제수행의 판단 준거인 지식, 기능, 태도의 구체적인 평가요소
- 성취수준의 준거를 평정하기 위한 평가요소별 척도(배점)
- 평가요소에 근거하여 학생의 수행 수준을 구별할 수 있는 세부적인 내용

예시) 중학교 도덕교과 동료평가의 채점기준표

평가영역	평가요소	평가기준	평가척도		
			잘함	보통	미흡
인지적 영역	도덕적 추론	주제를 다양한 관점에서 탐구하고 타인존중의 이유를 논리적으로 제시하였다.			
정의적 영역	상호작용	친구들의 의견을 존중하고 배려하면서 모든 활동에 참여하였다.			
교과 역량	문제 해결력	과제를 명확하게 정의하고 문제의 핵심을 파악하여 창의적인 해결방안을 제시하였다.			

* 평가척도는 평가기준 점수(3-2-1) 또는 평가기준등급(잘함-보통-미흡/상-중-하)으로 부여할 수 있다.

3) 평가척도

주어진 과제가 얼마나 잘 수행되었는가 나타낸다. 평가기준에 대한 질적수준을 평가내용에 점수(3-2-1)로 부여하는 방법과 평어(잘함-보통-미흡)로 표현하는 방법으로 나타낸다.

예시) 중학교 도덕교과 교사평가의 채점기준표

평가영역	평가요소	평가기준	평가척도		
			잘함	보통	미흡
인지적 영역	창의적 사고력	잡지를 활용하여 자신의 과거-현재-미래를 구성한 내용이 독창적이고 상상력이 풍부하였다.			
정의적 영역	상호작용	친구의 의견을 경청하고 해결방안을 탐색할 때 다른 사람의 의견을 존중하였다.			
교과 역량	도덕적 대인관계능력	공평하게 역할을 분담하고 협력적으로 타인존중의 이유를 이끌어 내었다.			

* 평가척도는 평가기준 점수(3-2-1)또는 평가기준등급(잘함-보통-미흡/상-중-하)으로 부여할 수 있다.

평가방법

1. 평정척도법

관찰 항목에 대해 어떤 질적 특성의 차이를 평가할 때 연속성 있는 단계로 몇 단계의 척도가 부연된 기록지에 평정하는 것이다.

평가영역	평가요소	평가기준	평가척도		
			잘함	보통	미흡
인지적 영역	도덕적 지식	도덕적 자아상의 개념을 설명할 수 있다.			
정의적 영역	상호작용	친구들의 의견과 발표를 주의 깊게 경청하였다.			

* 평가척도는 평가기준 점수(3-2-1) 또는 평가기준등급(잘함-보통-미흡/상-중-하)으로 부여할 수 있다.

2. 추인법(推人法, guess who technique)

학생 상호간에 어떤 특성을 표현한 진술문을 주고 그 진술문의 설명에 가장 잘 일치된다고 생각되는 사람의 이름을 적도록 하는 평정 방법이다.

사례1)

평가요소	평가기준	이름	이유
참여도	모둠 활동을 잘 한 친구는?	○○○	이유: 친구에게서 배우고 싶은 것:
상호작용	모둠 활동에서 노력이 필요한 친구는?	○○○	이유: 친구에게 조언하고 싶은 것:

사례2)

우리 모둠 활동 만족도		☆ ☆ ☆ ☆ ☆
모둠원 이름	**좋았던 점**	**바라는 점**
A		
B		
C		
D		

3. 자유반응법

어떤 문제에 대해 자유롭게 각자의 생각, 느낀 바, 의견을 쓰는 형식으로 하는 평정 방법이다.

3분 자기성찰평가(오늘 수업 되돌아보기)

1	수업 중 기억에 남는 내용 또는 장면	
2	모둠 활동을 통해서 배운 것	
3	수업 중 아쉬웠던 점	

내 수업의 만족도는 몇 점? ☆ ☆ ☆ ☆ ☆

평가형태

1. 학생평가

1) 자기성찰평가

학생 스스로 자신의 학습과정이나 수행수준을 스스로를 관찰하여, 자신의 현재 수행수준과 도달해야 하는 목표와의 차이를 확인하도록 하는 과정이다.

자신의 학습에 대해 스스로 되돌아보는 성찰평가
수업 활동에 대한 자신의 태도나 결과에 대한 성찰평가
학생들의 학습에 대한 참여와 책임감, 학습동기 유발

■ 자기성찰평가 시기

수업 전, 수업 후 모두 적용 가능하다.

■ 자기성찰평가 영역

인지적 영역(지식, 이해, 추론)과 활동 산출물이나 정의적 영역(학습태도, 동기)을 평가한다.

■ 평가 Tip

평가의 채점기준을 학생에게 수업 시작 전에 미리 자세하게 안내한다. 평가계획과 채점기준은 수행평가가 실시되기 전 학생들에게 자세하게 안내하여 과정중심평가에 대한 공정함과 신뢰도를 바탕으로 학생평가(자기성찰평가 및 동료평가)와 교사평가가 이루어져야 한다. 채점기준표를 통해 학생들은 활동 중에 스스로 학습을 점검하고 성취를 파악할 수 있다.

① 중학교 도덕교과 예시(수업 전, 수업 후)

학습 활동 특성에 맞는 인지적, 정의적 영역에 관한 평가요소의 평가기준을 설정하고, 수업 전과 수업 후로 나누어 자기성찰평가를 실시하였다.

평가영역		평가요소	평가기준	평가척도		
				잘함	보통	미흡
수업 전	인지적 영역	도덕적 지식	도덕적 자아상의 개념을 알고 있다.			
	정의적 영역	관심도	나는 어떻게 살 것인가에 대해 고민하고 있다.			
수업 후	인지적 영역	도덕적지식	도덕적 자아상의 개념을 설명할 수 있다.			
	정의적 영역	상호작용	친구들의 의견을 존중하고 배려하면서 참여하였다.			

② 중학교 사회교과 예시(수업 후)

평가영역	평가요소	평가기준	평가척도		
			잘함	보통	미흡
인지적 영역	문제 해결력	자유학기제를 정치 과정 5단계에 적용할 수 있다.			
정의적 영역	책임감	자신의 역할을 책임감 있게 수행하였다.			
교과 역량	비판적 사고력	자유학기제의 문제점과 해결방안에 대해 토론할 수 있다.			

③ 중학교 국어교과 예시(수업 후)

평가영역	평가요소	평가기준	평가척도		
			잘함	보통	미흡
인지적 영역	내용 분석력	시대 흐름의 원인과 결과를 제시했다.			
	창의적 사고력	UCC 제작에 새로운 자료를 제시하여 효과적으로 홍보하였다.			
정의적 영역	상호작용	친구들의 의견에 적극적으로 존중하고 경청하였다.			

④ 중학교 도덕교과 프로젝트 수업 예시(수업 후)

연번	평가기준	점수		
		3	2	1
1	나는 모둠 활동에 적극적으로 참여하여 다양한 아이디어를 냈다.			
	나는 모둠원들에게 양보하고 타협하면서 협력하는 태도를 가졌다.			
2	이번 프로젝트에서 내가 한 활동은 어떤 내용이었는지 구체적으로 적어 보세요.			
3	이번 프로젝트 활동을 통해 '나는' 어떤 '배움'이 있었나요?			

⑤ 중학교 사회교과 프로젝트 수업 예시(수업 후)

평가영역	평가요소	평가기준	우수	보통	미흡
인지적 영역	문제 해결력	동영상 시청 소감문을 잘 작성하고 하브루타 활동을 통해 탐구 활동지를 스스로 해결했다.			
정의적 영역	협동력	모둠 토론에서 자신의 의견을 제시하고 모둠에서 결정한 역할 분담에 따라 모둠 활동에 협력했다.			

2) 동료평가

자신이 속한 모둠 내 평가와 다른 모둠의 활동을 평가하는 모둠 간 평가를 실시한다. 학생들은 상호 간의 모둠 활동의 참가 태도, 공동으로 산출한 결과에 기여한 정도를 평가한다. 동료평가 시 학생들이 객관적이고 공정한 평가를 할 수 있도록 세부 평가항목을 수업 전에 자세히 안내한다.

① 모둠 내 동료평가

자신이 속한 다른 학생의 인지적 영역, 정의적 영역, 교과 역량 등의 학습 활동을 평가한다.

예시) 중학교 도덕교과

평가영역	평가요소	평가기준	평가척도(A, B, C)			
			모둠원 1	모둠원 2	모둠원 3	모둠원 4
인지적 영역	도덕적 사고력	정의의 개념을 이해하고, 일상생활 속 정의의 적용 사례를 제시하였다.				
정의적 영역	상호작용	모둠원들의 의견을 귀담아 듣고 팀원을 도와주며 합의점을 이끌어 내었다.				
교과 역량	문제 해결력	수행과제를 명확하게 정의하고, 문제의 핵심을 파악하였다.				

우리 모둠원 중 친구 (   )를 칭찬합니다.
칭찬 이유는?

예시) 중학교 사회교과

우리 모둠원의 학습 활동에 대해 별점을 매기고 이유를 써보자.

모둠원	활동 평가(별점)	평가 이유
	☆ ☆ ☆ ☆ ☆	
	☆ ☆ ☆ ☆ ☆	
	☆ ☆ ☆ ☆ ☆	
	☆ ☆ ☆ ☆ ☆	

평가 이유는 다음 준거에 근거하여 서술하시오.(각 항목 당 별점 1개)
① 모둠원들의 의견과 발표를 주의 깊게 경청하였다.
② 역할 분담에서 자신의 역할을 책임 있게 수행하였다.
③ 모둠 토의 시 타당하고 설득력 있는 의견을 제시하였다.
④ 공평하게 역할을 분담하고 역할을 완벽하게 수행하였다.
⑤ 시간 안에 참신하고 창의적으로 표현된 결과물을 만드는데 기여하였다.

---

② 모둠 간 동료평가

모둠 활동 후 활동결과물에 대한 평가로 발표나 갤러리 워크를 통해 인지적 영역(교과 내용, 교과 역량)과 정의적 영역을 평가한다.

중학교 사회교과 프로젝트 수업

평가요소	평가기준	평가척도(잘함: A-3, 보통: B-2, 부족함: C-1)							
		1 모둠	2 모둠	3 모둠	4 모둠	5 모둠	6 모둠	7 모둠	8 모둠
내용의 적절성	과제를 다각적으로 분석하고 선거 공약에 적합하게 잘 표현하였다.								
내용의 충실성	참신한 아이디어로 객관적 자료를 바탕으로 선거 포스터의 내용이 의미있고 타당하였다.								
표현의 창의성	선거 공약이 잘 드러나도록 구성하여 창의적으로 표현하였다.								

평가요소	평가 기 준	평가척도(잘함: A, 보통: B, 부족함: C)							
		1 모둠	2 모둠	3 모둠	4 모둠	5 모둠	6 모둠	7 모둠	8 모둠
내용의 적절성	후보 유세 미니 포스터의 내용에 후보의 공약이 충실히 반영되었다.								
표현의 참신성	비주얼씽킹 기법을 활용하여 창의적이며 눈에 잘 띄게 표현하였다.								
상호작용및 전달력	모둠의 후보가 남양주시 시장으로서의 각오와 비전을 잘 전달하였다.								

2. 교사평가

모둠별로 학생들이 하는 활동에 대한 전 과정을 관찰하고 이를 바탕으로 학생의 수업 활동을 평가한다.

피드백을 위해 교사가 관찰한 내용을 적어 두어 필요 시 해당 학생의 강점과 잠재역량을 확인할 수 있도록 하였다.

① 교사 개인평가 중학교 사회교과 프로젝트 수업 예시

평가요소	평가기준	평가척도		
주제망	브레인스토밍으로 다양한 아이디어를 도출하였다.	0		1
자료조사	객관적 자료 및 유의미한 자료를 탐색하여 정리하였다.	1	2	3
공약제시	참신하고 유효한 공약을 제시하였다.	0		1
협력 및 참여도	상호협력적으로 의견을 제시하고 경청하며 참여하였다.	1	2	3
공약포스터	자신의 맡은 역할을 알고, 창의적으로 과제를 수행하였다.	1		2

② 교사 모둠평가 중학교 도덕교과 예시

평가영역	평가요소	평가기준	평가척도(A, B, C)							
			1	2	3	4	5	6	7	8
인지적 영역	도덕적 추론	타인존중의 이유를 논리적으로 제시하였다.								
정의적 영역	참여도	과제 해결을 위해 자신의 생각을 적극적으로 제시 하였다.								
교과 역량	도덕적 정서능력	모둠 간 서로 배려하는 자세를 보였다.								

③ 교사 모둠평가 중학교 국어교과 프로젝트 수업 예시

평가요소	평가기준	배점	1 모둠	2 모둠	3 모둠	4 모둠	5 모둠	6 모둠	7 모둠	8 모둠
표현의 창의성	전체적으로 조화롭게 시각적으로 표현하였다.	2								
수행 결과물 구성	수행 결과물을 구조화하여 논리적으로 작성하였다.	2								
	수행 결과물을 창의적으로 구성하였다.	2								
수행 결과물 발표	수행 결과물을 설득력있고 자신있게 발표하였다.	4								
합계		10								

④ 교사 모둠평가 중학교 사회교과 프로젝트 수업 예시

평가요소	평가기준	배점	1 모둠	2 모둠	3 모둠	4 모둠	5 모둠	6 모둠	7 모둠	8 모둠
공약포스터	내용이 주제에 충실하고 시각적 표현 결과물이 창의적이며 완성도가 높다.	2								
수행 결과물 구성	수행 결과물을 구조화하여 체계적이며 논리적으로 작성하였다.	2								
	다각도로 분석하여 참신한 아이디어를 산출한 수행 결과물이 짜임새 있게 구성되었다.	2								
수행 결과물 발표	발표 내용의 구성 및 순서가 논리적이고 적절한 예시와 사례를 제시하여 효과적으로 전달하고 흥미를 유발하였다.	4								
합계		10								

⑤ 모둠평가 채점기준표(중학교 사회교과 프로젝트 수업) 예시

평가영역	평가요소	평가기준	평가척도				
			매우 우수	우수	보통	미흡	매우 미흡
인지적 영역 (30)	주제 조사 탐구 및 문제 해결	동영상 시청 소감문을 잘 작성하고 하브루타 활동을 통해 탐구 활동지를 스스로 해결하였다.	10	8	6	4	2
		모둠의 주제를 조사활동하기 위한 소주제를 분류하고, 스토리보드를 체계적으로 설계하였다.	10	8	6	4	2
		준비한 결과물을 친구들이 이해하기 좋게 효과적으로 제작하고 설명력과 전달력이 우수하였다.	10	8	6	4	2
정의적 영역 (20)	책임감 및 협동력	모둠 토론에서 자신의 의견을 제시하고 모둠에서 결정한 역할 분담에 따라 모둠 활동에 협력하였다.	5	4	3	2	1
		모둠 활동의 걸림돌과 디딤돌을 분석하여 진행을 원활히 하며 자신이 맡은 조사활동에 열심히 참여하였다.	10	8	6	4	2
		모둠원들의 협력이 잘 이루어졌으며 자기 모둠뿐만 아니라 다른 모둠의 발표에 경청하였다.	5	4	3	2	1

⑥ 교사평가집계표

집계표 사례(1)

대상 \ 항목		교사평가 (A, B, C, D)			모둠 내 동료평가 (A, B, C, D)				모둠 간평가	합계
구분	이름	인지적 영역	정의적 영역	핵심 역량	책임감	협력	의사 소통	기여도	/10	
1	OOO									
2	OOO									
3	OOO									
.	.									
.	.									
.	.									

집계표 사례(2)

학번 이름	주제망 (1)	자료조사 (3)	공약제시 (1)	협력참여도 (3)	공약포스터(4)		(모둠)결과물 구성(4)	(모둠)결과물 발표(4)	합계 (20)
					개인(2)	모둠(2)			
1. OOO									
2. OOO									
3. OOO									

과정중심평가의 평가요소와 평가기준

1. 상호작용(경청, 공감, 배려, 예절, 존중, 설득, 존중)

○ 친구들의 의견과 발표를 주의 깊게 경청하였다.

○ 친구들의 의견을 적극적으로 존중하고 경청하였다.

○ 자기와 친구들의 의견 차이를 인정하고 존중하였다.

○ 모둠 활동에서 친구가 성취감을 느끼도록 잘 도왔다.

○ 친구들의 입장을 이해하며 공감하는 태도를 가졌다.

○ 친구들의 의견에 주의를 기울이고 공감하는 태도를 가졌다.

○ 모둠원들에게 양보하고 타협하면서 협력하는 태도를 가졌다.

○ 친구들의 의견을 존중하고 배려하면서 모둠 활동에 참여하였다.

○ 합리적 절차에 의해 도출된 의사소통 결과를 수용하여 실천하려는 의지를 가졌다.

○ 상대방의 감정이나 상황을 배려하며 공손하고 바른 태도로 의사소통에 참여하였다.

○ 친구들의 의견이나 감정을 파악하여 친구에게 공감하는 대화를 효과적으로 하였다.

○ 토의에서 친구의 의견을 경청하고, 해결방안을 탐색할 때 다른 사람의 의견을 존중하였다.

○ 친구들의 의견을 들은 후 상대의 의견을 요약하고 그에 대한 자신의 의견을 조리 있게 말했다.

2. 협동력

○ 구성원으로서 양보하고 타협하면서 협력하였다.
○ 공평하게 역할을 분담하고 역할을 완벽하게 수행하였다.
○ 모든 모둠원들의 역량을 파악하고 공평하게 역할을 분담하였다.
○ 서로 존중하면서 의견을 경청하고 의논하여 합의점을 도출하였다.
○ 서로 존중하면서 의견을 귀담아 듣고 의논하여 합의점을 도출하였다.

3. 책임감

○ 맡은 역할을 모두 정해진 시간 안에 해결하였다.
○ 역할 분담에서 자신의 역할을 책임감 있게 수행하였다.
○ 활동과정에서 주어진 역할에 대하여 과제수행을 적극적으로 하였다.
○ 문제 해결에 대한 의지와 책임감을 가지고 적극적으로 참여하였다.
○ 역할 분담에서 자신의 역할을 책임감 있게 수행하고 합리적인 의견을 제시하였다.
○ 맡은 역할을 완벽하게 수행하고 동료의 도움 없이 맡은 일을 스스로 해결하였다.

4. 문제 해결력

○ 수행과제를 명확하게 정의하고, 문제의 핵심을 파악하였다.
○ 수행과제를 다각적으로 분석하고, 창의적 해결방안을 제시하였다.
○ 수행과제 분석을 위한 자료를 찾아 서로 영역을 나누어 탐구하였다.
○ 논리적이며 구체적인 수행계획을 세우고, 계획에 따라 과제를 수행하였다.
○ 수행과제를 다각적으로 분석하고, 해결방안을 다양한 차원에서 탐구하였다.
○ 토의에서 각 참여자들의 의견 차이가 발생한 쟁점을 중심으로 의견을 조정하여 해결
  방안을 도출하였다.

5. 창의력

○ 수행결과의 모든 아이디어가 새롭고 독특하며 기발하였다.
○ 수행과제를 다각도로 분석하여 참신한 아이디어를 산출하였다.
○ 수행과제를 깊이 있게 통찰하여 결과물이 독창적이고 상상력이 풍부하다.

6. 정보처리 역량(주제 조사 탐구)

○ 주제를 탐구하고 사실적인 다양한 자료를 찾아 조사하였다.
○ 조사한 자료를 종합하여 정확하게 이해하고 분석하였다.
○ 자료를 분류, 분석하여 모둠원들에게 공유하였다.
○ 자료를 합리적으로 분석하고 이해하여 모둠원들에게 논리적으로 설명하였다.
○ 주제를 다양한 관점에서 탐구하고 참신한 아이디어를 제시하였다.
○ 정확한 주제 탐구를 위해 설문 조사를 하고 통계를 분석하였다.
○ 스마트폰 검색을 통해 짧은 시간 동안 유용한 정보를 찾아 활용하였다.
○ 탐구한 내용과 연결되는 사진 자료를 잘 찾아 내고 분류하였다.
○ 조사 탐구 활동의 역할을 효과적으로 분담하고 수행하도록 리더십을 발휘하였다.

프로젝트 수업 단계별 평가요소와 평가기준

프로젝트 수업의 평가요소와 평가기준을 소개한다.

1. 프로젝트 수업 준비 단계

학생들에게 프로젝트 수업 주제에 대해 조사를 해오라고 하면 막연하게 생각할 수 있다. 교사가 먼저 주제에 대해 참고할 만한 자료를 찾아보고, 몇 가지 자료를 제시하면 풍부한 프로젝트 수업을 만들 수 있다.

주제망 그리기는 프로젝트를 수행하기 전에 프로젝트 수업 준비 단계에서 학생들이 주제에 관한 생각을 시각화하여 전반적인 프로젝트 수업의 과정을 한 눈에 알아보기 위한 활동이다.

- 프로젝트 수업 소개
- 주제망 그리기
- 평가표 제시
- 소주제 선정 토의 및 결정

1) 주제망 그리기

① 책임감
- 자신의 역할을 구체적으로 알고, 스스로 맡은 활동을 탐구하여 해결하였다.
- 자신이 맡은 역할을 알고, 의견 제시 등 구체적인 활동을 하고자 노력하였다.

◦ 다양한 아이디어를 주체적으로 해석하고 분류하여 유목화 활동을 완성하였다.

② 창의성
◦ 새롭고 참신한 의견을 제안하고, 도출된 아이디어를 융합 및 정리하였다.

③ 의사소통력, 협력
◦ 모둠원의 의견을 수용적인 태도로 경청하며 조율하고 정리하였다.
◦ 브레인스토밍 활동으로 주제에 대한 의미를 구성한 후 서로의 다양성을 존중하고 상호 협력적인 태도로 활동을 완성하였다.

④ 문제 해결력
◦ 브레인스토밍 활동에 적극 참여하였으며, 도출된 내용들을 유목화하여 연관성 있는 핵심어로 정리하였다.

⑤ 내용구성
◦ 모둠원들과의 활발한 협의를 바탕으로 유목화 및 주제망의 내용을 완성하였다.
◦ 주제망을 마인드맵으로 정리하였으며, 적절한 이미지와 설명으로 표현하였다.
◦ 브레인스토밍 활동에 적극 참여하였으며, 도출된 내용들을 유목화하여 연관성 있는 핵심어로 정리하였다.

⑥ 소주제 선정 토의 및 결정
◦ 서로 존중하면서 의견을 경청하고 의논하여 합의점을 도출하였다.
◦ 토의에서 친구의 의견을 경청하고, 해결방안을 탐색할 때 다른 사람의 의견을 존중하였다.
◦ 친구들의 의견을 들은 후 상대의 의견을 요약하고 그에 대한 자신의 의견을 조리 있게 말했다.

2. 프로젝트 수업 계획

프로젝트 수업 계획 단계에서는 프로젝트 활동의 흐름도(순서)를 작성한다. 이 활동이 마무리되면, 활동의 순서에 따라 각 과정의 역할을 분담한다.

- 프로젝트 수행계획 세우기
- 과제 활동을 위한 역할 분담
- 프로젝트 수행을 위한 정보탐색, 자료 수집계획

① 과제 활동을 위한 역할 분담
- 모든 모둠원들의 역량을 파악하고 공평하게 역할을 분담하였다.
- 정확한 주제 탐구를 위해 조사 탐구 활동의 역할을 효과적으로 분담하였다.

3. 프로젝트 수업 수행 단계

모둠별 주제의 결과물을 예측하고 작성한 흐름에 따른 프로젝트 활동을 본격적으로 실행하는 과정입니다. 활동지를 활용하여 개인별, 모둠별 자료 수집, 조사, 분석을 한 후, 결과물을 만들고 그 내용을 발표한다.

- 주제 탐구, 자료 종합, 분석하기
- 프로젝트의 수행 결과물 제작하기
- 프레젠테이션 자료(PPT) 만들기

① 주제 탐구, 자료 종합, 분석하기
- 신뢰성 있는 다양한 출처에서 목적에 맞는 정보를 수집하였다.
- 자료를 분류, 분석하여 모둠원들에게 공유하였다.
- 조사한 자료를 종합하여 정확하게 이해하고 분석하였다.
- 주제를 탐구하고 사실적인 다양한 자료를 찾아 조사하였다.
- 자료를 합리적으로 분석하고 이해하여 모둠원들에게 논리적으로 설명하였다.

○ 주제를 정확히 이해하기 위해 관련 내용을 <u>스스로</u> 찾아보며 필요한 내용을 정리하였다.

② 과제 활동의 역할 수행(책임감)
○ 활동과정에서 주어진 역할에 대하여 과제수행을 적극적으로 하였다.
○ 맡은 역할을 완벽하게 수행하고 동료의 도움 없이 맡은 일을 스스로 해결하였다.
○ 역할 분담에서 자신의 역할을 책임감 있게 수행하고 합리적인 의견을 제시하였다.

③ 프로젝트의 결과물 제작하기(협동력)
○ 공평하게 역할을 분담하고 역할을 완벽하게 수행하였다.
○ 서로 존중하면서 의견을 경청하고 의논하여 합의점을 도출하였다.
○ 모든 모둠원들의 역량을 파악하고 공평하게 역할을 분담하여 수행하였다.

4. 프로젝트 수업 수행 결과물 및 발표 단계

1) 수행 결과물

① 내용의 충실성
○ 수행 결과물의 내용이 주제에 충실하다.

② 창의력
○ 수행 결과물의 창의적 표현력이 우수하다.
○ 수행 결과물을 참신하고 창의적으로 표현하였다.
○ 수행 결과물이 주제에 맞게 창의적이며 완성도가 높다.
○ 수행 결과물이 체계적이며, 창의적인 방법으로 잘 표현하였다.
○ 수행 결과물의 모든 아이디어가 새롭고 독특하며 기발하다.
○ 다각도로 분석하여 참신한 아이디어를 산출한 수행 결과물이다.

2) PPT 발표 단계

① 구성 및 내용
  ◦ 발표 내용을 적절하게 요약하여 효과적으로 전달하였다.
  ◦ 발표 내용의 구성 및 순서가 논리적이고, 중심 내용을 강조하였다.
  ◦ 수행과제를 명확히 이해하고 발표 내용을 짜임새 있게 구성하였다.
  ◦ 발표 내용들이 주제에 어긋나지 않고 짜임새 있게 연결되어 있다.

② 시간관리
  ◦ 정해진 시간 안에 발표하였고 발표 내용들의 중요도에 따라 적절하게 시간을 배분
    하였다.

③ 전달력
  ◦ 적절한 예시와 사례를 제시하여 효과적으로 전달하였다.
  ◦ 다양한 시각적 자료를 활용하여 효과적으로 전달하고, 흥미를 유발하였다.

④ 창의력
  ◦ 수행 결과물이 독창적이고 상상력이 풍부하다.
  ◦ 수행 결과물의 모든 아이디어가 새롭고 독특하며 기발하였다.
  ◦ 다각도로 분석하여 참신한 아이디어를 산출한 수행 결과물이다.

토론 수업 평가요소와 평가기준

1. 신뢰성

- 주제에 관한 근거와 주장이 도덕적으로 정당하였다.
- 모든 주장에 정확하고 다양한 예시와 사례의 근거가 있다.
- 자신의 입장과 주장을 뒷받침할 수 있는 근거를 제시할 수 있다.
- 주제에 관한 다양한 자료를 제시하고 일관성과 통합성을 유지하였다.
- 자신의 주장을 뒷받침하는 근거와 주장의 추론 과정이 타당하였다.
- 문제 상황에 대한 분석을 통해 자신의 주장을 잘 제시하고 일관성과 통합성을 유지하였다.

2. 이해도

- 논제를 정확히 분석하고 이해하였다.
- 논제의 주요 개념을 올바로 정의할 수 있다.
- 논제를 다양한 관점에서 분석하고 진술의 내용을 정확하게 이해하였다.

3. 설득력

- 모든 주장이 논리적이고 설득력 있다.

○ 타당하고 설득력 있는 논거를 제시하고 있다.

○ 자신의 독창적인 의견을 이해 가능한 설명으로 설득하고 있다.

○ 주장을 뒷받침하는 타당하고 설득력 있는 논거를 풍부하게 제시하였다

4. 전달력

○ 자신감 있고 분명하게 전달하였다.

○ 눈맞춤을 유지하고 억양과 말의 속도가 적절하였다.

○ 간결하고 명료하게 자신의 주장을 피력할 수 있다.

○ 발언의 시간과 기회를 적절히 분배하며 활용하였다.

5. 반박

○ 상대방의 주장을 근거를 가지고 반박할 수 있다.

○ 명확한 비판 기준을 적용하여 상대방의 의견을 반박하였다.

○ 상대방의 모든 주장에 정확한 근거와 예시를 들어 타당하게 반박하였다.

6. 구조

○ 모든 주장이 일관성 있고 짜임새 있다.

○ 주어진 자료 새로운 관점의 필요성을 적절하게 설명하고 있다.

7. 자세

○ 상대방의 의견을 경청하였다.

○ 토론이 끝난 후 결과를 순순히 받아들였다.

○ 상대방의 의견이 타당하다고 판단하고 순순히 받아들였다.

○ 토론장에서 지켜야 할 규칙들을 제대로 파악하고 실천하였다.

○ 토론에 임하는 자세가 바르며, 자신감 있고 침착하게 친구를 설득하였다.

○ 토론 과정 중에 매우 적극적으로 발언하여 활발한 토론이 이루어지는 데 기여하였다.

하브루타 수업 평가요소와 평가기준

1. 상호작용(소통, 수용, 공감, 경청, 배려, 예의, 존중)

- 친구들의 의견이나 제안을 존중한다.
- 짝의 의견에 귀 기울이고 비난하지 않았다.
- 서로 눈을 보며 대화하고 상대의 발언을 존중하였다.
- 상대의 의견을 잘 듣고 공감하며 격려, 지지해 주었다.
- 질문에 대한 다양한 생각과 의견을 인정하고 수용하였다.
- 사소한 주장이라도 상대의 논리적 근거를 이해하고 존중하였다.
- 모둠원들의 의견을 경청하고 배려하며 협력하는 태도를 보였다.
- 짝의 의견을 열린 마음으로 수용하고 배려하는 자세가 돋보였다.
- 상대의 의견에 동의하지 않을 때는 타당한 근거와 예시를 제시하였다.
- 자신의 생각만을 주장하지 않고 친구들의 생각을 인정하고 공감하는 태도를 보였다.
- 의견을 말할 때는 예의를 갖추어 말하고 자신의 생각과 감정을 효과적으로 표현하였다.
- 머리를 끄덕이며 경청하고 있음을 표현하고 긍정적 반응으로 공감하는 태도를 보였다.
- 모둠 토의에서 소외되거나 의견을 발표하지 않는 모둠원이 토의에 참여할 수 있도록 이끌었다.

2. 참여의 적극성(참여의식, 자율성, 자율적 참여, 도전의식, 실천 태도, 지속적 추구)

- 자신의 생각을 적극적으로 표현하였다.

○ 자신의 생각을 논리적으로 정리하여 제시하였다.

○ 상방의 의견을 즉흥적으로 받아들이거나 거절하지 않았다.

○ 적절한 근거를 들어 자신의 의견을 합리적으로 제시하였다.

○ 주어진 주제에 대한 이해력이 뛰어나고 창의적이고 논리적으로 발표하였다.

○ 질문을 만들고 생각 나누기 활동에서 긍정적인 태도로 자율적으로 참여하였다.

○ 다른 사람의 의견을 능동적으로 수용하여 보다 효과적인 해결방안을 도출하였다.

○ 모둠원과 적극적으로 협력하여 완성도 높은 모둠 최고의 질문 만들기를 수행하였다.

○ 소통을 하며 답을 찾아가는 과정 속에서 다층적으로 지식을 이해하고 문제를 해결하였다.

○ 주제에 대한 찬반양론을 동시에 경험하고 이를 통해 새로운 아이디어와 해결법을 이끌어냈다.

3. 반응(집중력, 주의집중, 주의관심, 자발적 반응)

○ 모둠 토의에서 집중력을 발휘했다.

○ 모둠에서 토의를 주도적으로 이끌었다.

○ 짝의 의견을 잘 듣고 자신의 의견과 비교하여 말하였다.

○ 자신의 생각을 적절한 근거를 통해 자신 있게 제시하였다.

○ 주변의 상황에 영향을 받지 않고 짝과 함께 대화, 토론, 논쟁하였다.

○ 좋은 질문 만들기에 집중하고 자발적으로 짝과 나눔 활동을 하였다.

○ 짝에게 설명하고 질문을 주고받으며 아는 것과 모르는 것을 구별하게 되었다.

비주얼씽킹 수업 평가요소와 평가기준

1. 내용의 적절성

- 학습 내용과 연관 지어 시각적으로 잘 표현했다.
- 학습 내용의 핵심주제, 핵심단어를 적절하게 추출하여 시각적으로 표현했다.
- 학습 내용의 핵심주제, 핵심단어가 매우 적합하게 시각적으로 표현되었다.

2. 내용의 충실성

- 시각적 표현 결과물의 내용이 학습 내용에 충실하다.
- 학습 내용을 잘 녹여서 시각적으로 표현한 내용이 충실하다.
- 학습 내용의 핵심주제, 핵심단어를 잘 찾아서 시각적으로 표현했다.
- 학습 내용의 핵심주제, 핵심단어를 중심으로 짜임새 있게 시각적으로 표현했다.

3. 표현의 창의성

- 결과물의 창의적 표현력이 우수하다.
- 결과물이 참신하고 창의적으로 표현되었다.
- 결과물이 주제에 맞게 창의적이며 완성도가 높다.
- 결과물이 체계적이며 창의적인 방법으로 잘 표현하였다.
- 결과물이 학습주제의 특성과 맞게 창의적으로 잘 표현하였다.

피드백

1. 피드백

학생의 현재 수준과 학생이 도달해야 할 수준 간의 차이를 자세하게 알려줌으로써, 학생의 학습과 성장을 지원하고 교사의 수업과 평가의 질을 개선하는 전체적인 과정이다.

학생의 학습 발전에 도움이 되도록 지식, 기술, 능력 등과 관련된 모든 정보를 제공하는 것을 뜻한다.

2. 피드백의 기능

피드백은 학생이 도달해야 할 목표와 실제 수행 수준을 비교하는 정보를 제공할 뿐만 아니라 그 차이를 좁히기 위한 조언을 포함한다.

피드백은 학생을 위한 일방적 피드백이 아니라 교사를 위한 피드백까지 고려하는 상호작용이다. 따라서, 학생에게는 사고와 행동의 교정을 위해 제공되는 정보를 뜻하며, 교사에게는 수업을 개선하는 데 유용한 정보를 제공하는 것을 가리킨다.

– 출처: 교육부(2017) 과정을 중시하는 수행평가 어떻게 할까요? p.26

과정중심 수행평가 문항 자료집 찾기

〈학생지원평가포털〉 사이트에 중학교와 고등학교의 학생의 성장을 돕는 과정중심 수행평가 자료집(2017)이 교과별로 탑재되어 있다. 교과별 자료를 찾기위해 〈학생지원평가포털〉 사이트를 방문한다.

http://stassess.kice.re.kr

■ 과정중심 수행평가 문항 자료집

① 상단의 메뉴에서 [중학교] [고등학교]를 각각 선택하여 클릭한다.

② [기타자료실]을 선택한 후에 클릭한다. [기타자료실]에는 중학교와 고등학교의 국어, 수학, 영어, 사회, 과학 수행평가 문항 자료집이 탑재되었다.

9	수행평가 문항 자료집 -중학교 영어-		10	수행평가 문항 자료집 -고등학교 영어-
8	수행평가 문항 자료집 -중학교 과학-		9	수행평가 문항 자료집 -고등학교 과학-
7	수행평가 문항 자료집 -중학교 사회-		8	수행평가 문항 자료집 -고등학교 사회-
6	수행평가 문항 자료집 -중학교 수학-		7	수행평가 문항 자료집 -고등학교 수학-
5	수행평가 문항 자료집 -중학교 국어-		6	수행평가 문항 자료집 -고등학교 국어-

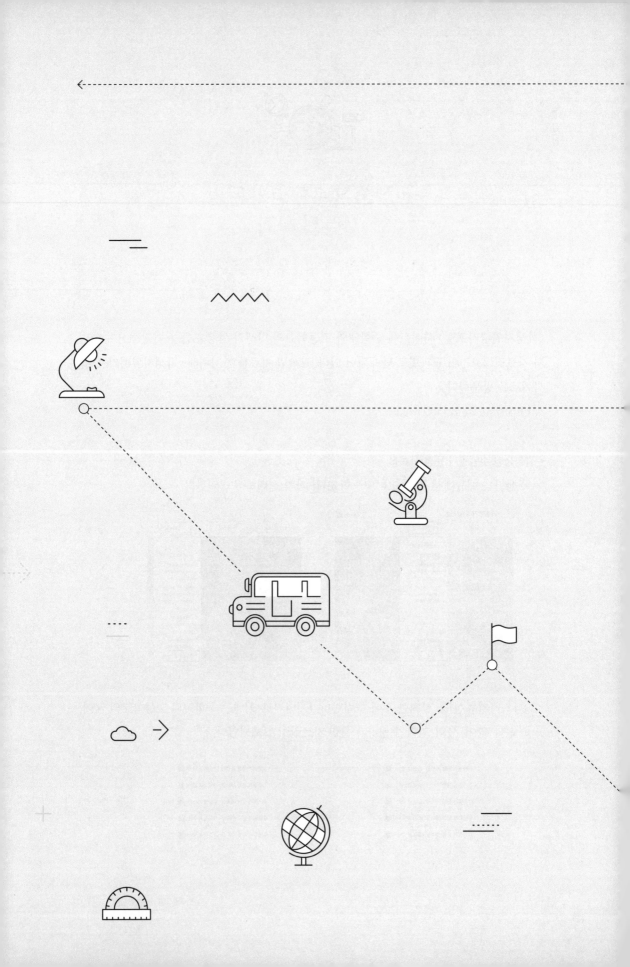

제6장

학생의 학습과 성장의 기록

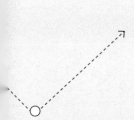

교과 세부능력 및
특기사항 기록

모든 과목에 대해 각 교과별로 성취기준에 따른 성취기준의 특성, 학습 활동 참여도 및 태도, 활동 내역 등을 간략하게 서술식으로 기재한다.

1. 교과학습 발달상황

〈표준 가이드 라인〉
- 학생의 수업 참여 태도와 노력, 교과별 성취기준에 따른 학습목표를 성취하기 위한 자기주도적 학습에 따른 변화와 성장 정도를 중심으로 기재하며, 방과 후 학교 활동 내용은 교과담당 또는 담임교사가 강좌명(주요 내용)과 이수 시간만을 기재함.
- 자율탐구 활동은 정규 교육과정 이수 과정에서 사교육 개입 없이 학교 내에서 학생 주도로 수행된 연구 주제 및 참여 인원, 소요 시간만을 기재함.

[기재 예시(안)]

과목	(1학기) 과학
세부능력 및 특기사항	빛의 세기와 파장에 따른 광합성률 변화 실험 활동에 필요한 실험기구를 능숙하게 다루고 각 실험에 맞게 실험기구 및 환경을 세팅하였으며, 실험 결과 얻어진 정보를 활용하여 그래프로 변환하는 능력과 그래프를 해석하는 능력이 돋보임. 방과 후 학교 과학실험반(물리 및 화학 이론을 실험을 통해 습득, 60시간)을 수강함.
과제연구	'지역사회 지진 대피 시설 설치 및 운영 현황'(7명. 30시간)

2. 교과 세부능력 및 특기사항

지필평가와 수행평가 결과를 토대로 과목별 성취기준에 따른 성취수준 특성을 구체적이고 객관적으로 입력한다.(참여도·태도 등 특기할 만한 사항이 있는 경우 부가 기재 가능함)

> [중학교]
> • (국어) 건의문의 특성을 이해하고, '후문 옆 자투리 공간에 자전거 보관소 설치'라는 합리적인 해결방안이 담긴 건의문을 설득력 있게 작성하였으며, 자전거로 통학하는 학생들의 불편을 해소하기 위해 주변 학교의 사례를 분석하는 능력을 보여 줌. '학교 수업 공개의 날'의 경험을 소설로 표현하면서 자신의 생각을 맥락에 맞게 정돈된 언어로 잘 표현함. 나아가 자신의 고민을 소설 속 인물인 '나'의 갈등으로 재구성하여 해결책을 모색하는 등 능동적인 자세로 문제를 해결하려는 태도가 돋보임.

3. 자유학기 교과학습 발달상황

1) 자유학기에 이수한 모든 과목(교양 과목 포함)은 모든 학생을 대상으로 세부능력 및 특기사항을 입력한다.

   – 체육·예술(음악/미술) 교과(군)의 과목을 제외한 모든 과목은 '세부능력 및 특기사항'란에 각 과목별 성취기준에 따른 성취수준의 특성, 학습 활동 참여도 및 태도, 활동 내역 등을 문장으로 입력한다.

> [국어과]
> 월별 과제인 '자기 사용설명서'를 작성하면서 자기 자신을 깊이 있게 성찰하여 내용을 만들어 내고 조직하여 창의적인 작품을 만들었으며 자기 이해를 높임. 국어의 기초지식을 잘 이해하고 문학작품에 능숙하게 활용하는 방법을 터득함. 특히 국어의 음운 체계를 흥미를 가지고 탐구하며 음운 관련의 다양한 활동에 적극적으로 참여함. 도서관 연계 수업에서 독서 목적에 맞는 책을 선정하여 기본 독해 능력을 키우기 위해 노력함.

2) 자유학기를 일반학기로 연계 운영하는 학교에서는 중점 연계형 자유학기활동을 이수한 모든 학생에 대해 다음과 같이 입력한다.

   ※ 교과시간을 활용하여 프로그램을 운영한 경우 동 교과의 '세부능력 및 특기사항'란(예술·체육은 '특기사항'란)에 해당 프로그램명, 교사가 관찰한 활동내용, 참여도, 흥미도 등을 문장으로 입력함.

   – 프로그램명이 자동으로 입력되지 않으므로 프로그램명을 괄호와 함께 직접 입력해야 함.

– 입력 예시: 주제선택 중점 연계 활동의 경우

> [수학사 탐구]
> 수학 관련 동영상을 시청하며 내용정리를 잘하는 학생으로 원론에서 제시된 다양한 작도방법을 익혀
> 정삼각형, 정사각형, 각의 이등분선 등을 작도하였고, 인도식 계산법과 관련된 내용에 대해 흥미를 가지
> 고 참여함. 특히, 정오각형의 작도 등 문제 해결력이 필요한 고난이도의 문제에 적극적으로 도전하는 모
> 습을 보임. 전반적으로 자신의 생각을 그림으로 표현하는데 능숙하고 주어진 자료에서 중요도를 스스
> 로 판단하여 기록하는 적극적인 태도를 지닌 학생임.

4. 학교생활기록부 영역별 입력 가능 최대 글자 수

영역	세부항목	최대 글자수(한글 기준)
9. 교과학습 발달상황	일반과목 세부능력 및 특기사항	과목별 500자
	개인별 세부능력 및 특기사항	500자
	예체능과목 특기사항	과목별 500자
	개인별 특기사항	500자

※ 자유학기활동의 선택특기활동은 최대 1,000자까지 입력 가능하다.

※ 교육정보시스템에서 입력 글자의 단위는 Byte이며, 한글 1자는 3byte, 영문·숫자 1
자는 1byte, 엔터(enter)는 2byte이다.

출처: 1. 경기도교육청(2017), 2017 학교 생활기록부 작성매뉴얼
2. 교육부(2017), 2017 학교 생활기록부 기재 개선방안

교과 세부능력 및 특기사항 기록 방법

1. 교과학습 발달상황의 기록

1) 학교생활기록부에 기록되어야 할 학교 교육의 내용은 '학생이 무엇을 어떻게 배우고 성장했는가 하는 과정' 즉 '학생중심'으로 기술해야 한다. 세부 내용으로 '교과 학습 내용 및 지적 성장 내용'을 기술한다.

2) 학습 활동을 통해 학생의 학업 역량, 지적탐구 역량, 자기주도 학습 능력, 의사소통 능력, 창의성, 공동체 의식, 협력, 참여도 등의 특성과 강점이 잘 드러날 수 있는 내용을 기술한다.

3) 객관적 사실에 근거하여 학생의 개별적인 특성과 역량을 관찰하여 공동체에 기여하는 협력 정신, 지적 호기심과 깊이 있는 탐구 능력을 기술한다.

4) 다양한 학습 활동에서 학생의 과제 수행 과정 그리고 변화되어 가는 모습(성장 과정)을 찾아서, '태도' 보다 '능력(역량변화)'에 대한 내용을 기술한다.

2. 중학교 도덕교과 프로젝트 수업 세부능력 및 특기사항 기록

1) 도덕교과 성취기준

2015 개정 교육과정	[9도01-04] 본래적 가치에 근거한 삶의 목적 추구가 도덕적으로 정당화될 수 있음을 도덕 공부를 통해 이해하고, 자신의 삶의 목적을 도덕적 이야기로 구성할 수 있다. [9도02-06] 다양한 갈등 상황에서 평화적 해결의 중요성을 이해하고, 평화적으로 갈등을 해결할 수 있는 실천 방법을 탐구하고 제시할 수 있다. [9도02-07] 폭력의 결과를 상상해 보고 그 속에 내재한 비도덕성을 지적할 수 있고, 일상생활에서 일어나는 폭력 상황에 민감하게 반응하고 대처하는 능력을 가질 수 있다.

2) 프로젝트 수업 과정

학습주제	수업모형
• 자신의 외면적과 내면적 모습의 자화상 그리기 • 나의 인생관 탐색하기 • 자기존중, 친구존중의 실천방안 제시하기 • 일상생활에서의 친구존중 실천포스터 만들기 • 폭력의 유형별 사례를 파악하고, 결과 예측하기 • 폭력 예방 UCC 제작하기 • 폭력 예방 실천 다지기를 위한 글쓰기	비주얼씽킹 잡지 활용 NIE 연꽃기법 모둠협력학습 TOCFE 사고 기법 UCC 발표 논술형 글쓰기

3) 프로젝트 수업 기록하기

■ 세부능력 및 특기사항 기록 방법

[기록하기]
① 성취기준에 따른 성취수준의 특성, ② 학습 활동 참여도 및 태도(성장과 변화), ③ 활동 내용 등을 기술한다.

[기록방법]
ⓐ '교과 학습 내용'의 경우, 해당 학생이 특별히 관심을 가졌거나 탁월한 능력을 보여 준 '학습 내용의 일부분(특정 단원, 특정 작품, 특정 개념 등)'을 진술하며, 진술한 내용을 판단할 수 있는 구체적인 증거를 함께 제시해야 한다.
ⓑ '지적 성장 내용'의 경우, 수업으로 인한 긍정적인 변화를 수업 〈전-중-후〉를 고려하며 학생의 눈에 띈 변화와 성장을 기술해야 한다.
ⓒ 수업한 내용에 대한 '지적호기심'이 일어나서 학생이 자율적으로 탐구한 내용도 기술한다.

■ 세부능력 및 특기사항 기록 예시

③ '도덕적 주체로서의 나'와 '친구존중' 단원을 재구성한 탐구 수업에서 ②'자기존중과 친구존중'을 연꽃기법을 활용하여 다양한 모둠의 의견을 모았으며, ③ 바람직한 인생관 표현하기에서 ②자화상 그리기와 잡지를 활용하여 ①자신의 정체성을 정립하고 어떻게 살 것인가에 대해 ②진솔하게 맥락있는 글쓰기를 했으며 ③ TOCFE 사고 기법과 멀티 플로우맵을 활용하여 ①폭력의 유형과 그 위험성에 대해 구체적인 사례를 들어 ④친구들의 공감을 이끌어 냄. ③ 학교폭력 예방 UCC 만들기에서 ② 가해자 역할과 감독 역할을 맡아 역지사지의 마음을 이해하였으며, ③ 간디의 생애에 대한 마인드맵활동으로 ① 비폭력 불복종의 의미를 이해하고 실천 방안을 발표하였고 ① 친구존중은 타율적인 강제성에 의한 것이 아니라 상대방에 대한 관심과 경청에서 나옴을 ②ⓑ사례를 들어 설득력 있게 제시하였으며 ⓒ간디의 사상에 대한 감동으로 간디 전기를 읽고 독후활동을 함.

3. 중학교 국어교과 협력수업 세부능력 및 특기사항 기록

1) 국어교과 성취기준

2015 개정 교육과정	[9국05-03] 갈등의 진행과 해결 과정에 유의하며 작품을 감상한다. [9국05-01] 문학은 심미적 체험을 바탕으로 한 다양한 소통 활동임을 알고 문학 활동을 한다.

2) 협력수업 과정

학습주제	수업모형
• '동백꽃' 내용 파악하여 핵심 질문 만들어 좋은 문제 선정하기	하브루타(모둠 활동)
• '이중 점 주사위 퀴즈대회' 문제 풀어 보기, 서로 가르치기	개별학습, 모둠협력학습
• 소설 내용을 '만다라트'로 정리하기	모둠협력학습
• 인물의 특성과 상황 '더블 버블맵' 작성하기(비주얼씽킹)	모둠협력학습
• 뒷이야기 창작하기(개별 및 모둠)	개별학습, 모둠협력학습
• 소설을 영화로! 영화포스터 제작하기	모둠협력학습
• 영화포스터 발표회 및 평가하기	개별학습, 모둠협력학습

3) 협력수업 기록하기

■ 세부능력 및 특기사항 기록 방법

[기록하기]
① 성취기준에 따른 성취수준의 특성, ② 학습 활동 참여도 및 태도(성장과 변화), ③ 활동 내용 등을 기술한다.

[기록방법]
ⓐ '교과 학습 내용'의 경우, 해당 학생이 특별히 관심을 가졌거나 탁월한 능력을 보여 준 '학습 내용의 일부분(특정 단원, 특정 작품, 특정 개념 등)'을 진술하며, 진술한 내용을 판단할 수 있는 구체적인 증거를 함께 제시해야 한다.
ⓑ '지적 성장 내용'의 경우, 수업으로 인한 긍정적인 변화를 수업 〈전-중-후〉를 고려하며 학생의 눈에 띈 변화와 성장을 기술해야 한다.
ⓒ 수업한 내용에 대한 '지적호기심'이 일어나서 학생이 자율적으로 탐구한 내용도 기술한다.

■ 세부능력 및 특기사항 기록 예시

③ 갈등의 진행 및 해결 과정과 작품 감상을 연결하여 재구성한 프로젝트 수업에서 ② 내용 이해와 탐구를 위한 하브루타 활동을 통해 다른 사람과 자신의 생각을 비교해 보고 수용하고자 노력하였으며, ③ 인물의 갈등을 심층적으로 파악하기 위해 ② 이중 점 주사위 퀴즈대회에 적극적으로 참여하였고 소설 속 인물의 공통점과 차이점을 더블버블형 비주얼씽킹으로 작성하여 ① 갈등의 진행과 해결 과정의 실마리를 찾고자 함. ② 깊고 넓게 작품을 감상하기 위해 소설을 소주제로 분류해 본 '만다라트'를 협력적 의사소통 과정을 거쳐 작성 및 완성하였으며 ③ 뒷이야기 창작 활동을 통해 ① 다양한 측면에서 작품을 감상하고자 하는 노력을 기울임. ②ⓐ 뒷이야기 개별 창작 활동에서 창의적인 내용을 설정하여 모둠원들에게 긍정적인 피드백을 받았으며 ②③ 영화포스터 제작하기 활동에서 원작과 자신이 작성한 뒷이야기 내용을 자연스럽게 연결하여 내용을 더욱 풍부하게 만드는데 도움을 줌. ② 영화포스터 발표회에서 발표자 역할을 맡아 모둠원과 함께 영화포스터의 제작 의도 및 주안점을 발표하며 조리 있고 호소력 있게 말하기 위해서는 부단한 연습이 필요하다는 것을 알게 되었으며 ③ 구체적인 이유를 들어 자신의 모둠과 다른 모둠을 평가하는 활동에 참여함. ①②ⓑ 갈등의 진행과 그 해결 과정의 논리적인 연결을 이해하고 소설 속 내용을 근거로 들어 발표하였으며 ①② 이를 통해 다양하게 감상해 보는 활동이 가치 있고 중요하다는 것을 직접 체험하는 기회로 삼음. ② 프로젝트의 각 과정마다 자기성찰평가와 모둠평가에 성실하게 참여하였으며 ⓒ 수업 활동에 대한 수업 일기를 작성하여 제출함.

4. 중학교 사회과 비주얼씽킹 수업 세부능력 및 특기사항 기록

1) 비주얼씽킹이란

비주얼씽킹은 도형, 기호, 색상 등을 활용하여 생각과 정보를 그림과 텍스트로 표현하고 기록하는 시각적 사고 방법이다. 비주얼씽킹은 생각이나 정보를 한눈에 볼 수 있도록 핵심 내용을 단순화하여 시각 언어로 표현하는 것을 의미한다.

2) 비주얼씽킹 수업

비주얼씽킹 수업은 학생들이 다양한 학습 도구를 사용하여 학습 내용을 텍스트와 그림을 함께 이용하여 시각적으로 표현하는 수업이다. 무조건 외우는 수업에서 벗어나 '어떻게 표현할까?'를 고민하는 과정을 통해 비주얼씽킹 수업은 생각을 유연하게 확장시켜 나가는 효과가 있으며, 생각에 날개를 달아 비상하게 하는 마술적인 힘이 있다. 또 모둠 활동으로 상호 협력할 수 있고 발표 시 효과적인 프리젠테이션으로 즐거운 수업이 될 수 있다.

3) 선거 공약 포스터 비주얼씽킹 활동

전교회장후보 기호 3번 공약 포스터

전교회장후보 기호 5번 공약 포스터

4) 선거 공약 포스터 비주얼씽킹 활동 피드백

피드백은 학생의 현재 수준과 학생이 도달해야 할 수준 간의 차이를 자세하게 알려 줌으로써, 학생의 학습과 성장을 지원하고 교사의 수업과 평가의 질을 개선하는 전체적인 과정이다.

기호 3번 모둠 활동 피드백
1. 학생의 눈높이로 학생회에 바라는 요구사항을 비주얼씽킹으로 잘 표현하였다.
2. 비주얼씽킹 포스터를 통해 유권자의 요구를 실현 가능한 공약으로 담아내었다.
3. 모둠원 각자의 의견을 공약으로 제시하고 모두의 의견을 포스터에 반영하였다.

기호 5번 모둠 활동 피드백
1. 기성세대와는 다른 참신한 선거 공약으로 유권자의 공감을 끌어들였다.
2. 유권자가 원하는 정치를 뇌구조 비주얼씽킹으로 표현해서 학생들의 이해를 도왔다.
3. 학생들이 좋아하는 아이돌 가수의 노래가사를 선거 구호에 써서 유권자의 눈길을 끌었다.

---

5) 〈선거 홍보 포스터 및 홍보 영상 제작 프로젝트〉 활동 세부능력 및 특기사항 기록 비주얼씽킹 활동의 피드백을 위한 관점은 다음과 같다.
   ○ 핵심주제, 핵심단어를 적절하게 추출하여 시각적으로 표현했는지?
   ○ 핵심주제, 핵심단어를 중심으로 짜임새 있게 시각적으로 표현는지?
   ○ 결과물이 참신하고 창의적으로 표현되었는지?
   ○ 결과물이 주제에 맞게 창의적이며 완성도가 높은지?
   ○ 결과물이 체계적이며 창의적인 방법으로 잘 표현하였는지?
   ○ 결과물이 학습주제의 특성과 맞게 창의적으로 잘 표현하였는지?

'선거 홍보 영상 제작 프로젝트 활동'을 성실하고 책임감 있게 수행하였으며, 합리성과 실현 가능성이 있는 공약을 담은 선거 홍보 영상물을 제작. 완성된 영상물을 공유하고 발표하는 시간을 통해 목적과 상대에 따라 말하기 방식에 차이가 있음을 알고 자신의 생각을 적절하게 표현함. 특히, 선거 공약을 자유형 비주얼씽킹 형식으로 '선거 홍보 포스터'를 제작하여 선명한 이미지와 요약적 설명으로 자신이 표현하고자 하는 바를 잘 나타냄.

'선거 홍보 포스터' 제작 활동에서 전교회장 당선을 위한 선거 공약을 뇌구조로 나타내어 창의적으로 표현하였으며, 선명한 색채 표현을 통해 자신의 의도를 충분히 강조하여 전달함. '선거 홍보 영상 제작 프로젝트 활동'을 통해 영상 제작 과정의 절차를 구체적으로 이해하게 되었으며, 타당한 근거를 바른 자세와 적당한 성량으로 전달한 3분 정도의 선거 홍보 영상을 제작하고 발표함.

교과 세부능력 및
특기사항 기록 예시

학생이 특별히 관심을 가졌거나 탁월한 능력을 보여 준, '학습 내용의 일부분(특정 단원, 특정 작품, 특정 개념 등)'을, 그렇게 판단한 구체적인 증거와 함께 제시해야 한다. 지적성장 내용은 수업으로 인한 긍정적인 변화를 나타낸다.

> **[중학교 과학]**
> '심장과 순환계'를 주제로 모둠 프로젝트를 실시하는 과정에서 주제에 큰 흥미를 갖고 모둠 활동에서 중심적인 역할을 하였으며, 모둠원들과 함께 관련도서를 찾아 내용을 깊이 있게 탐구하는 모습을 보임. 탐구 결과를 발표할 때 아이스크림 튜브에 물을 담은 도구로 정맥모형을 만들어 다른 사람들이 알아듣기 쉽게 설명함으로써 급우들로부터 우수한 동료평가를 받음.

> **[중학교 사회]**
> '인구 문제 스토리보드 만들기' 활동에서 자기 가족의 경험을 소재로 인구 문제의 심각성을 설명하고, '다출산 캠페인'을 구상하는 등 창의적인 해결책을 제시함. 형사재판 역할극에서 판사의 역할을 맡아 교내에서 발생한 실제 사건을 소년법에 근거하여 보호 처분을 내리는 등 관련된 문제를 합리적으로 해결함.

> **[중학교 영어]**
> 영어 낭독극 발표에서 대사가 가장 많은 'Rabbit' 역할을 맡아 자연스러운 제스처와 익살스런 표정 연기로 급우들로부터 큰 호응을 받음. '미래 희망직업' 활동에서는 그림을 보고 그 단어의 뜻을 정확히 유추하는 능력을 보였으며, 미래 희망직업과 그 이유에 대한 질문에 정확한 문장으로 답을 작성함.

– 출처: 교육부(2017), 2017학년도 학교생활기록부 기재 예시-중등

1. 사실에 근거한 구체적인 사례를 기록

① 언제, 어떤 역할로, 어떤 활동을 어떻게 수행해서
② 그 결과가 어떠하였는지를 관찰하여 기술한다.

[중학교 수학]
'소득과 행복지수'에 관한 통계 프로젝트 활동에서 필요한 자료를 수집하고 정리하여 표나 그래프로 나타내고, 그 분포의 특징과 의미를 이해하고 분석하는 능력이 뛰어남. 모둠장으로서 탐구주제를 명확히 인지하여 어떤 정보가 문제 해결에 중요한지 판단하고 분석하였으며 모둠원의 참여를 독려하고 문제 해결을 위한 새로운 생각과 방향을 제시함으로써 프로젝트를 성공적으로 완성함.

[중학교 국어교과]
건의문의 특성을 이해하고, '후문 옆 자투리 공간에 자전거 보관소 설치'라는 합리적인 해결방안이 담긴 건의문을 설득력 있게 작성하였으며, 자전거로 통학하는 학생들의 불편을 해소하기 위해 주변 학교의 사례를 분석하는 능력을 보여 줌.

– 출처: 교육부(2017), 2017학년도 학교생활기록부 기재 예시-중등

2. 한 학기의 교수·학습 중에서 관찰하여 기록

① 학생의 학업 역량이 어떻게, 왜 우수한지를 구체적 증거 제시하고
② 개인 과제 수행, 모둠 전체활동을 통한 탐구 및 발표 수행 등에서
③ 학생들이 어떤 능력을, 어떤 소양을 키우고 발휘해 왔는지를 기술한다.

[중학교 사회교과]
'청소년의 사회화 과정' 프로젝트 수업에서 하브루타를 통한 짝 활동과 모둠의 의견 모으기에 적극적으로 참여하였으며 리더십을 발휘하여 모둠의 협력을 잘 이끌어 냄. 자아정체성 확립을 위한 비주얼씽킹에서도 긍정적인 이미지로 자신을 표현하고, '나는 청소년이다' 개사하기 활동에서 노래 가사를 독창적으로 만들어 랩을 불러서 모둠원들에게 큰 호응을 얻음.

[고등학교 사회교과]
법치주의와 민주정치의 관계에 대한 이해를 높이기 위해 진행한 에르디아 토론에서 '세상에서 법이 사라진다면 어떻게 될까?', '지금 시대에 악법이 생긴다면 사람들은 지킬까?', '내가 생각하는 가장 중요한 법은 무엇일까?' 등의 질문을 만들어 각각의 주장에 대한 근거를 상세히 기술하고 찬성과 반대 입장을 비판적으로 분석하여 내용을 구성함. R&E탐구대회에서 '혐오문화에 빠진 대한민국'이라는 주제로 탐구하면서 표현의 자유라는 명분으로 인격권과 인권의 침해가 발생하고 있음을 밝히고 상대방을 존중과 이해하는 태도의 필요성에 대한 학교 교육의 중요성을 강조함.

- 출처: 교육부(2017), 2017학년도 학교생활기록부 기재 예시-중등

3. 자기주도학습 역량 기록

① 교과 시간에 배운 내용을 자기 주도적으로 탐구하고
② 다른 분야에 적용하는 구체적인 내용으로
③ 개인의 우수한 점이 잘 드러날 수 있게 기술한다.

[중학교 국어]
'인물이나 관심사를 다양한 방법으로 소개하기' 활동에서 모둠원과 함께 학교 도서관의 장서 수, 종류, 이용자 수, 많이 대출하는 책 등을 조사하고, 조사한 내용을 바탕으로 PPT 자료를 만들어 실감나게 소개함으로써 큰 호응을 얻음.

[중학교 국어]
'작가 탐구 보고서 쓰기'나 '이타적 디자인'에 대한 발표에서 인터넷, 신문 등에서 다양한 자료를 수집하여 주제에 맞게 선정, 조직하는 문제 해결 능력이 뛰어난 학생임. '소설 연극으로 재구성하기'등 모둠별 프로젝트 활동에서 의상을 제작할 때 소품 준비를 적극적으로 하는 등 모둠 활동에 성실하고 협력적 태도로 임하여 다른 학생들의 상호평가에서 우수한 평가를 받음.

- 출처: 교육부(2017), 2017학년도 학교생활기록부 기재 예시-중등

교과별 교과 세부능력 및
특기사항 기록 사례

1. 중학교 1학년 사회

1) 수업 과정

수업 방법
– 청소년의 사회화 과정 프로젝트 수업 – 비주얼씽킹으로 표현하기 – 학교 민주주의의 디딤돌과 걸림돌 협력수업 – 5WHY, 연꽃기법을 활용한 토론 수업	– 하브루타를 통한 짝 활동 – 나는 청소년이다 개사하기 활동 – NIE 활용 협력수업

2) 세부능력 및 특기사항 기록

①'청소년의 사회화 과정' 프로젝트 수업에서 ②하브루타를 통한 짝 활동과 모둠의 의견 모으기에 적극적으로 참여하였으며 리더십을 발휘하여 모둠의 협력을 잘 이끌어 냄. ③자아정체성 확립을 위한 비주얼씽킹에서도 긍정적인 이미지로 자신을 표현하고, ④'나는 청소년이다' 개사하기 활동에서 노래 가사를 독창적으로 만들어 랩을 불러서 모둠원들에게 큰 호응을 얻음. ⑤'학교 민주주의의 디딤돌과 걸림돌' 모둠 활동에서 모둠의 의견을 다듬어 설득력 있게 발표하여 학생들로부터 높은 평가를 받기도 함. ⑥'정치 과정과 시민 참여' 단원에서 NIE 활동을 통해 현실사회의 문제점을 정확하게 파악하고 문제점에 따른 해결방안을 구체적이고 설득력 있게 서술함. ⑦빈부의 양극화 해소를 위한 경제논술 수행평가에서 문제 해결력을 위한 새로운 생각과 방향을 제시함. ⑧5WHY, 연꽃기법을 활용한 토론 수업의 도입 단계에서 주위 친구들을 자극하여 활발히 의견을 개진하게 만들며 ⑨교사와 학생 간 배움을 연결해 주는 도우미 역할을 수행함.

3) 세부능력 및 특기 사항 기록 내용 분석

① 교과 수업의 기반이 된 기록이다.

② 협력적 태도로 질문을 통한 배움에 참여했다.

③ 청소년기 긍정적인 자아상을 정립시키고자 노력한다.

④ 창의력을 발휘하여 이해를 넓혔다.

⑤ 공감 능력 및 의사소통 능력을 향상시켰다.

⑥ 문제 해결력과 논리력을 심화시키고 있고

⑦ 문제 해결력과 탐구력으로 가치를 내면화시키고자 노력한다.

⑧ 모둠 활동에서 리더십을 발휘하고 있고

⑨ 토론 수업의 촉진자 역할을 했다.

2. 중학교 1학년 국어

1) 수업 과정

수업 방법	
– 소설 '동백꽃'에 대한 질문 만들기 하브루타 – 소설 내용을 '만다라트'로 정리하는 협력수업 – 뒷이야기 창작하기(개별 및 모둠) – 영화포스터 발표회 및 평가하기	– '이중 점 주사위 퀴즈대회' 문제 만들고 풀어 보기 – 서로 가르치기 협력수업 – 인물 분석 '더블버블맵' 비주얼씽킹 협력수업 – 소설을 영화로! 영화포스터 제작하기 협력수업

2) 세부능력 및 특기 사항 기록

① 갈등의 진행 및 해결 과정과 작품 감상을 연결하여 재구성한 프로젝트 수업에서 ② 내용 이해와 탐구를 위한 하브루타 활동을 통해 다른 사람과 자신의 생각을 비교해 보고 수용하고자 노력하였으며, ③ 인물의 갈등을 심층적으로 파악하기 위해 이중 점 주사위 퀴즈대회에 적극적으로 참여하였고 ④ 소설 속 인물의 공통점과 차이점을 더블버블형 비주얼씽킹으로 작성하여 갈등의 진행과 해결 과정의 실마리를 찾고자 함. ⑤ 깊고 넓게 작품을 감상하기 위해 소설을 소주제로 분류해 본 '만다라트'를 협력적 의사소통 과정을 거쳐 작성 및 완성하였으며 ⑥ 뒷이야기 창작 활동을 통해 다양한 측면에서 작품을 감상하고자 하는 노력을 기울임. ⑦ 뒷이야기 개별 창작 활동에서 창의적인 내용을 설정하여 모둠원들의 긍정적인 피드백을 받았으며 ⑧ 영화포스터 제작하기 활동에서 원작과 자신이 작성한 뒷이야기 내용을 자연스럽게 연결하여 내용을 더욱 풍부하게 만드는데 도움을 줌. ⑨ 영화포스터 발표회에서 발표자 역할을 맡아 모둠원과 함께 영화포스터의 제작 의도 및 주안점을 발표하며 조리 있고 호소력 있게 말하기 위해서는 부단한 연습이 필요하다는 것을 알게 되었으며 ⑩ 구체적인 이유를 들어 자신의 모둠과 다른 모둠을 평가하는 활동에 참여함. ⑪ 갈등의 진행과 그 해결 과정의 논리적인 연결을 이해하고 소설 속 내용을 근거로 들어 발표하였으며 이를 통해 다양하게 감상해 보는 활동이 가치 있고 중요하다는 것을 직접 체험하는 기회로 삼음. ⑫ 프로젝트의 각 과정마다 자기성찰평가와 모둠평가에 성실하게 참여하였으며 수업 활동에 대한 수업 일기를 작성하여 제출함.

3) 세부능력 및 특기사항 기록 내용 분석

　① 성취기준과 관련된 수업의 대주제

　②~⑥ 활동을 통해 드러난 학생의 수업 참여도

　⑦ 모둠 활동 평가와 모둠에서의 역할

　⑧ 교과 역량(비판적·창의적 사고)과 관련된 학생의 성장

　⑨~⑪ 모둠 활동 참여와 평가 및 학생의 성장(성찰 및 깨달음)

　⑫ 모둠의 대주제에 대한 정리·평가와 자료 제출

3. 중학교 1학년 도덕

1) 수업 과정

수업 방법		
-연꽃기법을 활용 탐구 수업	-토의 협력수업	-월드카페 활용 협력수업

2) 세부능력 및 특기사항 기록

① '도덕적으로 자율적인 인간'이 되기 위한 자세를 탐구하는 수업에서 ②'좋은 수업의 조건'을 연꽃기법을 활용하여 다양한 모둠의 의견을 모았으며, ③'정직한 수업을 만들기 위해서는 어떻게 해야 할까'라는 주제 토의에서 퍼실리테이터로서 '정직'의 사전적 개념과 맥락적 정의를 규정하며, 모둠 토의의 실마리를 풀어 이끌었으며, ④토의 내용을 이해하기 쉽게 차근차근 조리 있게 발표하여 학생들의 공감을 이끌어 냄. ⑤협력적 모둠수업의 방해요소를 제거하기 위한 2차 월드카페 토의에서도 퍼실리테이터로서 생각을 이끄는 발문과 심도 있는 질문으로 토의를 이끌며, 모두에게 발언권이 돌아가도록 진행을 잘 이끔. ⑥'청각장애를 가진 선생님과의 수업'에서 어떻게 행동할 것인가에 대한 자신의 생각쓰기에서 ⑦ 친구존중은 타율적인 강제성에 의한 것이 아니라 상대방에 대한 관심과 경청에서 나옴을 사례를 들어 설득력 있게 제시함.

3) 세부능력 및 특기사항 기록 내용 분석

　① 교과수업의 기반이 된 기록이다.

　② 연꽃기법을 활용하여 모둠원의 다양한 아이디어를 이끌어 내었다.

　③ 모둠 토의활동에서 촉진자로서 리더십을 발휘하는

　④ 토론의 내용을 정리하여 청중에게 명료하게 전달하는 의사소통 능력을 발휘하는

⑤ 2차 토의에서 퍼실리테이터로서 협력적 문제 해결방안을 이끌어 내었다.

⑥ 창의적 사고를 바탕으로 논리적 글쓰기를 하는

⑦ 배려와 자율성을 바탕으로 친구존중과 공동체 역량을 실천하고 있다.

4. 중학교 3학년 생활중국어

1) 수업 과정

수업 방법	
- 중국어 말하기 활동	- 우리는 왜 중국어를 배워야 하는가? 의 브레인스토밍 활동
- 나만의 중국어 비주얼씽킹 단어장 만들기 활동	- 우리는 왜 중국어를 배워야 하는가? 의 5WHY 기법 협력수업

2) 세부능력 및 특기사항 기록

①국제 사회에서 중국의 위상 증가로 중국어를 통한 의사소통의 중요성을 깊이 인식하는 학생으로 ② 평소 중국어 말하기에 관심이 높아 자연스런 발음으로 유창성과 정확성 모두 급우들과 비교해 높은 성 취수준을 보여 줌. ③'나만의 중국어 비주얼씽킹 단어장 만들기' 활동에서 단어의 의미를 이해하고 글과 다양한 그림으로 표현하여 생각의 참신성을 보여 줌. ④'우리는 왜 중국어를 배워야 하는가?'의 5WHY 기법을 수업에서 브레인스토밍 개별 활동 측면에서 다소 부족한 점이 있었으나 전체 모둠 활동에서 급 우들의 의견에 공감하며 합의된 의견을 도출하는 능력을 갖추며 성장해 가는 모습을 보임 ⑤모둠별 발 표 활동에서 중국어는 전세계 사용 1위 언어이고 중국과의 무역량은 우리나라 전체 무역량에서 큰 비중 을 차지하고 있기 때문이라는 원인을 찾아 문제 해결방안을 구체적이고 설득력 있게 발표하여 학생들 로부터 높은 평가를 받음.

3) 세부능력 및 특기사항 기록 내용 분석

① 중국어 교과의 학습동기가 분명함을 나타냄.

② 우수한 실력을 갖춘 학생임을 언급함.

③ 수행 활동 사례를 구체적으로 나타내어 이를 뒷받침 함.

④ 모둠 활동을 통해 학업적 능력(공감 능력 및 의사소통 능력)이 향상된 부분을 제시하여 성장의 효과가 큰 학생임을 보여 줌.

⑤ 모둠별 발표 과정을 언급하여 중국어 교과 역량 중 정보처리능력이 뛰어난 학생임을 부각함.

5. 중학교 1학년 한문

1) 수업 과정

수업 방법
- 이야기가 있는 성어 단원에서 '어부지리' 고사 　조사활동 - 하브루타 짝 활동 - 비주얼씽킹 활동　　- 파자(破子) 만들어 발표하기 활동 - 나만의 문자도 그리기 활동 - 가족의 의미와 소중함을 표현하는 하브루타 질문 만들기 　활동

2) 세부능력 및 특기사항 기록

①'이야기가 있는 성어' 단원에서 '어부지리' 고사를 ②조사하여 짝과 하브루타하고 내용과 적용 질문을 통해 더 깊이 탐구하였으며 줄다리기 경험을 바탕으로 고사의 뜻을 ③비주얼씽킹하여 핵심 내용을 한 눈에 알 수 있게 표현하여 급우들로부터 탁월함의 미덕 칭찬을 받음. ④'파자(破子) 만들어 발표하기' 활동에서 사고의 유연함과 창의성을 발휘하여 재미있는 한자 수수께끼로 친구들의 열렬한 호응과 박수를 받음. '한시의 정감을 나누다' 단원에서 정도전의 '訪金居士野居' ⑤한시의 운자가 랩뮤직의 라임과 비슷하다는 특징을 찾아내어 자작 랩을 선보여 급우들의 찬사를 받았으며 시상 전개 방식에 따라 그림 같은 풍경을 섬세하게 표현함. 수행평가 '나만의 문자도 그리기'에서 ⑥孝자에 '연필, 부채, 피아노'를 그려 넣고 열심히 공부하는 자신의 모습과 부모님의 더위를 식혀줄 부채, 피아노 연주로 부모님을 즐겁게 해드린다는 의미를 담아 효 실천 방법을 제시함. '가족의 구성' 단원에서 '가족의 의미와 소중함'을 ⑦내면화하는 활동을 하면서 '가족 간에 진정한 소통을 위해 무엇이 가장 필요할까?'라는 질문을 만들고 인터넷 신문 보도 자료를 근거로 '가족에 대한 긍정적 마인드와 대화'라고 제시함.

3) 세부능력 및 특기사항 기록 내용 분석

① 교과 수업의 기반이 된 기록이다.

② 스스로 학습하고 질문을 통해 심도 있는 배움을 실천했다.

③ 생각 정리 기술로 사고력과 논리력을 향상시켰고 탁월함이 돋보였다.

④ 창의성을 발휘하여 발상의 전환을 시도하는

⑤ 한시의 특징을 이해하고 한시를 감상하는 능력이 뛰어나다.

⑥ 한자의 의미를 생활 속에서 실천하고자 하는 목적이 보인다.

⑦ 전통 문화를 바르게 이해하고 건전한 가치관을 형성에 기여함을 알 수 있다.

1) 수업 과정

수업 방법
– 인권 보장에 대해 심화하는 활동의 공감 토론 활동 – 법치주의와 민주정치의 관계에 대한 이해를 높이기 위한 에르디아 토론 – R&E 탐구대회 활동

2) 세부능력 및 특기사항 기록

①민주주의에서 가장 강조하는 인권 보장에 대해 심화하는 활동으로 한 ②공감토론에서 '인권이 지켜지기 위해 의식 개선과 제도의 확립 중 무엇이 중요할까?', '학교에서 인권침해라고 할 수 있는 것은?' 등의 질문을 만듦. 이 중 ③'인권이 지켜지기 위해 의식 개선과 제도의 확립 중 무엇이 중요할까?'에 대해 제도의 확립으로 의식 개선의 효과까지 나타나므로 인권보장을 위한 효율적인 방법은 제도의 확립이라 생각한다고 밝히며 특히, 학교 안에서의 교사와 학생의 인권이 동등하게 중요하다는 점과 이를 위한 제도의 확립을 강조함. ④법치주의와 민주정치의 관계에 대한 이해를 높이기 위해 진행한 ⑤에르디아 토론에서 '세상에서 법이 사라진다면 어떻게 될까?', '지금시대에 악법이 생긴다면 사람들은 지킬까?', '내가 생각하는 가장 중요한 법은 무엇일까?' 등의 질문을 만들어 모둠원과 토론함. ⑥R&E 탐구대회에서 〈혐오문화에 빠진 대한민국〉이라는 주제로 탐구하면서 표현의 자유라는 명분으로 인격권과 인권의 침해가 발생하고 있음을 밝히고 상대방을 존중과 이해하는 태도의 필요성에 대한 학교 교육의 중요성을 강조함.

3) 세부능력 및 특기사항 기록 내용 분석

①, ④ 교과수업이 기반이 된 기록이다.

② 공감토론을 위해 다각적인 시각에서 질문을 제작하여 인권에 대한 관심을 표현하는

③ 정치적, 법적 상황에 대해 거시적인 관점에서 문제 해결방안을 제시함.

⑤ 다각적인 시각에서 질문을 제작하여 비판적인 사고력을 기반한 의사소통 능력을 보였다.

⑥ 정치적 쟁점을 체계적으로 분석하여 개인과 공동체 발전을 위해 사회에 능동적으로 참여할 수 있는 능력을 키우고자 노력함.

교과 세부능력 및
특기사항 기록을 위한 레시피

수업 활동에서 수행 능력의 학습 활동 참여도 및 태도, 활동 내역 등을 간략하게 서술식으로 기재할 수 있는 예시자료를 제시한다.

1. 경청, 공감, 배려, 존중, 소통

1) 경청
- 다른 모둠의 발표를 경청하는 모습을 보이며
- 다른 친구들의 해석에 대해서도 호기심을 가지고 경청하며
- 친구의 말을 존중하고 경청하는 태도를 갖추고
- 친구들의 발표를 경청하고 적극적으로 평가 활동에 참여하여
- 친구들의 의견과 발표를 주의 깊게 경청하는
- 친구들의 의견에 적극적으로 존중하고 경청하는
- 친구들의 의견을 들은 후 상대의 의견을 요약하고 그에 대한 자신의 의견을 조리 있게 말하는
- 친구의 의견을 경청하고, 해결방안을 탐색할 때 다른 사람의 의견을 존중하는
- 친구의 의견을 경청하면서 배려와 협력의 자세를 보이고
- 다른 모둠이 발표할 때 적극적인 호응과 경청의 태도를 보여주고

2) 공감, 배려
- 간결한 표현으로 이해하기 쉽게 설명함으로써 친구들의 공감을 받고

○ 모둠 활동에서 상대를 배려하는 행동과 실천이 돋보이고

○ 상대의 공감을 이끌어 낼 수 있는 내용을 선정하여 급우들에게 좋은 평가를 받고

○ 상대의 입장과 처지를 고려하면서 공감을 유발하는 대화를 실천하는 모습을 보여주고

○ 용기를 북돋아 주는 배려심과 이타심이 뛰어나고

○ 친구들의 의견에 주의를 기울이고 공감하는 태도를 가진

○ 친구들의 의견이나 감정을 파악하여 친구에게 공감하는 대화를 효과적으로 하는

○ 친구를 도와주는 역할을 훌륭히 해내며 배려심이 깊으며

○ 모둠 활동 시 친구를 위한 이해와 배려심을 가지고 있고

3) 존중

○ 모둠 활동 중 다른 사람의 의견을 존중하고 노력하는 태도가 돋보이고

○ 자기와 친구들의 의견 차이를 인정하고 존중하는

○ 친구들의 의견을 존중하고 배려하면서 모둠 활동에 참여하는

○ 친구의 의견을 존중하고 겸허한 태도와 수용하는 자세로

4) 소통

○ 구성원들과 원활한 소통을 통해 협력하는 자세로

○ 모둠원과의 상호 작용에서 자신의 의견을 적절히 전달하며

○ 모둠원들과 원활하게 의사소통을 하며 협동적으로 활동하고

○ 모둠원들에게 양보하고 타협하면서 협력하는 태도를 가진

○ 모둠원의 참여를 독려하고 문제 해결을 위한 새로운 생각과 방향을 제시하고

○ 모둠 활동 중 모둠원이 과제 수행에서 갈등을 겪을 때 의견을 조율하고

○ 모둠 활동에 적극적으로 참여하여 과제의 완성도를 높이는 데 기여하고

○ 모둠 활동이나 프로젝트의 모든 활동에 자신의 역할을 능동적으로 수행하고

○ 설득력 있게 이야기하여 청중을 수긍하게 하는 힘이 있으며

○ 상대방의 감정이나 상황을 배려하며 공손하고 바른 태도로 의사소통에 참여하는

○ 합리적 절차에 의해 도출된 의사소통 결과를 수용하여 실천하려는 의지를 가진

○ 활발한 의사소통을 하면서 적극적으로 탐구하는 모습을 보이며

○ 효과적인 표현 및 발표를 통해 동료평가에서 높은 점수를 받고

2. 표현력

○ 발표 준비에서 친구를 적극적으로 도우며 협동심과 리더십을 발휘하고
○ 보조자료를 포함한 다양한 방법을 활용하여 청중의 흥미와 관심을 유발하고
○ 스스로 계획을 세워 실천하는 자기관리 능력이 우수하고
○ 언어 능력이 우수하고 자신의 생각을 다양하게 표현 하는 능력이 뛰어나며
○ 자신만의 관점에서 신뢰성 있는 근거를 들어 문학 작품을 해석하고 평가
○ 자신의 관심 분야에서 구체적인 꿈과 희망을 갖고
○ 자신의 생각을 논리적으로 말하고 쓰는 언어 표현 능력이 우수하며
○ 자신의 생각을 논리적이고 창의적인 방법으로 표현하는 역량이 신장되고
○ 자신의 생각을 맥락에 맞게 정돈된 언어로 잘 표현하며
○ 자신의 생각을 표현할 때 다양한 표현 방법을 활용함으로써
○ 자신의 의견을 제시할 때에는 논리적으로 이야기하여 상대방을 설득하는 능력이 탁월
 하며
○ 자신이 관심 있는 분야에 대해서는 강한 호기심을 가지고 집중적으로 연구하는

3. 협동력

○ 구성원으로서 양보하고 타협하면서 협력하는
○ 공평하게 역할을 분담하고 역할을 완벽하게 수행하는
○ 모든 모둠원들의 역량을 파악하고 공평하게 역할을 분담하는
○ 서로 존중하면서 의견을 경청하고 의논하여 합의점을 도출하는
○ 서로 존중하면서 의견을 귀담아 듣고 의논하여 합의점을 도출하는
○ 서로 도와 과제를 해결할 수 있도록 모둠을 이끌며

4. 책임감

○ 논리적이며 구체적인 수행계획을 세우고, 계획에 따라 과제를 수행하는

○ 맡은 역할을 모두 정해진 시간 안에 해결하는

○ 맡은 역할을 완벽하게 수행하고 동료의 도움 없이 맡은 일을 스스로 해결하는

○ 문제 해결에 대한 의지와 책임감을 가지고 적극적으로 참여하는

○ 수행과제 분석을 위한 자료를 찾아 서로 영역을 나누어 탐구하는

○ 수행과제를 다각적으로 분석하고, 창의적 해결방안을 제시하는

○ 수행과제를 다각적으로 분석하고, 해결방안을 다양한 차원에서 탐구하는

○ 수행과제를 명확하게 정의하고, 문제의 핵심을 파악하는

○ 역할 분담에서 자신의 역할을 책임감 있게 수행하고 합리적인 의견을 제시하는

5. 문제 해결력

○ 문제 상황을 만들어 좋은 평가를 받는 등 창의적이고 융합적인 사고를 바탕으로

○ 문제 해결 과정에서 끈기 있게 과제를 수행하며

○ 토의에서 각 참여자들의 의견 차이가 발생한 쟁점을 중심으로 의견을 조정하여 해결
  방안을 도출하는

○ 협업 과제에 실질적인 도움을 주는 등 뛰어난 공동체 역량을 발휘하고

○ 활동과정에서 주어진 역할에 대하여 과제수행을 적극적으로 하는

6. 창의력

○ 수행결과의 모든 아이디어가 새롭고 독특하며

○ 수행과제를 다각도로 분석하여 참신한 아이디어를 산출하는

○ 수행과제를 깊이 있게 통찰하여 결과물이 독창적이고 상상력이 풍부하며

○ 주제를 다양한 관점에서 탐구하고 참신한 아이디어를 제시하여

7. 정보수집 및 활용 능력

- 신뢰성 있는 다양한 출처에서 목적에 맞는 정보를 수집하고
- 자료를 분류, 분석하여 모둠원들에게 공유하고
- 자료를 합리적으로 분석하고 이해하여 모둠원들에게 논리적으로 설명
- 정확한 주제 탐구를 위해 설문 조사를 실시하고 통계를 분석하여
- 조사 탐구 활동의 역할을 효과적으로 분담하고 수행하도록 리더십을 발휘하는
- 조사한 자료를 종합하여 정확하게 이해 및 분석하고
- 주제를 정확히 이해하기 위해 관련 내용을 스스로 찾아보며 필요한 내용을 정리하였으며
- 주제를 탐구하고 사실적인 다양한 자료를 찾아 조사하고
- 탐구한 내용과 연결되는 사진 자료를 잘 찾아내어 분류하고
- 탐구 수행 시 모둠원들과 협동하고 활발한 의사소통을 주도하는 모습을 보이고

8. 기타활동

- 다양한 자료를 수집하여 주제에 맞게 선정, 조직하는 문제 해결 능력이 뛰어난
- 목표와 의지가 있고 주어진 일에 대한 책임감을 겸비하고
- 상대 주장에 대해서도 핵심 근거를 잘 파악하고
- 새로운 상황에 대한 다양한 상황을 제시하면서 질문을 이어가는 모습을 보이고
- 생각을 이야기로 만들고, 다양한 글감을 찾아 독특하게 표현하는 능력이 뛰어나며
- 작은 역할이라도 부여하여 함께 완성하고 발표할 수 있도록 친구를 존중하는
- 문제점과 그 해결방안을 찾는 과정에서도 주도적으로 참여하며
- 모둠 활동에서 각자의 강점을 공유하도록 모둠원들을 격려하는 리더십을 발휘하고

9. 프로젝트 수업

1) 과제 활동을 위한 역할 분담
- 모둠원들의 역량을 파악하여 공평하게 역할을 분담하고
- 정확한 주제 탐구를 위해 조사 탐구 활동의 역할을 효과적으로 분담하고

2) 주제 탐구, 자료 종합, 분석하기
- 신뢰성 있는 다양한 출처에서 목적에 맞는 정보를 수집하고
- 자료를 분류, 분석하여 모둠원들에게 공유하고
- 조사한 자료를 종합하여 정확하게 이해하고 분석하고
- 주제를 탐구하고 사실적인 다양한 자료를 찾아 조사하고
- 자료를 합리적으로 분석하고 이해하여 모둠원들에게 논리적으로 설명하고
- 주제를 정확히 이해하기 위해 관련 내용을 스스로 찾아 필요한 내용을 정리하고

3) 과제 활동의 역할 수행(책임감)
- 활동과정에서 주어진 역할에 대하여 과제수행을 적극적으로 하고
- 맡은 역할을 완벽하게 수행하고 동료의 도움 없이 맡은 일을 스스로 해결하고
- 역할 분담에서 자신의 역할을 책임감 있게 수행하고 합리적인 의견을 제시하고

4) 프로젝트의 결과물 제작하기(협동력)
- 공평하게 역할을 분담하여 완벽하게 수행하고
- 서로 존중하면서 의견을 경청하고 의논하여 합의점을 도출하고
- 모든 모둠원들의 역량을 파악하고 공유하며

5) 수행 결과물(내용의 충실성, 창의력)
- 수행 결과물의 내용이 수행 주제에 충실하고
- 수행 결과물의 창의적 표현력이 우수하며
- 수행 결과물이 참신하고 창의적으로 표현되었고
- 수행 결과물이 주제에 맞게 창의적이며 완성도가 높고
- 수행 결과물이 체계적이며 창의적인 방법으로 잘 표현하였고

- 수행 결과물의 모든 아이디어가 새롭고 독특하며 기발하고
- 다각도로 분석하여 참신한 아이디어를 산출한 수행 결과물이며

10. 토론 수업

1) 신뢰성
- 모든 주장에 정확하고 다양한 예시와 사례의 근거가 있고
- 자신의 입장과 주장을 뒷받침할 수 있는 근거를 제시할 수 있고
- 자신의 주장을 뒷받침하는 근거와 주장의 추론 과정이 타당하고
- 주제에 관한 근거와 주장이 도덕적으로 정당하고
- 주제에 관한 다양한 자료를 제시하고 일관성과 통합성을 유지하고

2) 이해도
- 논제를 정확히 분석하고 이해하고
- 논제의 주요 개념을 올바로 정의할 수 있는
- 논제를 다양한 관점에서 사실을 분석하고 진술의 내용을 깊게 이해하고

3) 설득력
- 모든 주장이 논리적이고 설득력 있는
- 자신의 독창적인 의견을 이해 가능한 설명으로 설득하고
- 타당하고 설득력 있는 논거를 제시하고 있고

4) 전달력
- 간결하고 명료하게 자신의 주장을 피력할 수 있고
- 눈맞춤을 유지하고 억양과 말의 속도가 적절하고
- 발언의 시간과 기회를 적절히 분배하며 활용하고
- 자신감 있고 분명하게 전달하고

5) 반박
  ◦ 상대방의 주장을 근거를 가지고 반박할 수 있고
  ◦ 명확한 비판 기준을 적용하여 상대방의 의견을 반박하고
  ◦ 상대방의 모든 주장에 정확한 근거와 예시를 들어 타당하게 반박하고

6) 구조
  ◦ 모든 주장이 일관성 있고 짜임새 있게
  ◦ 주어진 자료와 새로운 관점의 필요성을 적절하게 설명하고 있고

7) 자세
  ◦ 상대방의 의견이 타당하다고 판단하고 순순히 받아들이고
  ◦ 토론에 임하는 자세가 바르며, 자신감 있고 침착하게 친구를 설득하고
  ◦ 토론이 끝난 후 결과를 순순히 받아들였고
  ◦ 토론장에서 지켜야 할 규칙들을 제대로 파악하고 실천하며

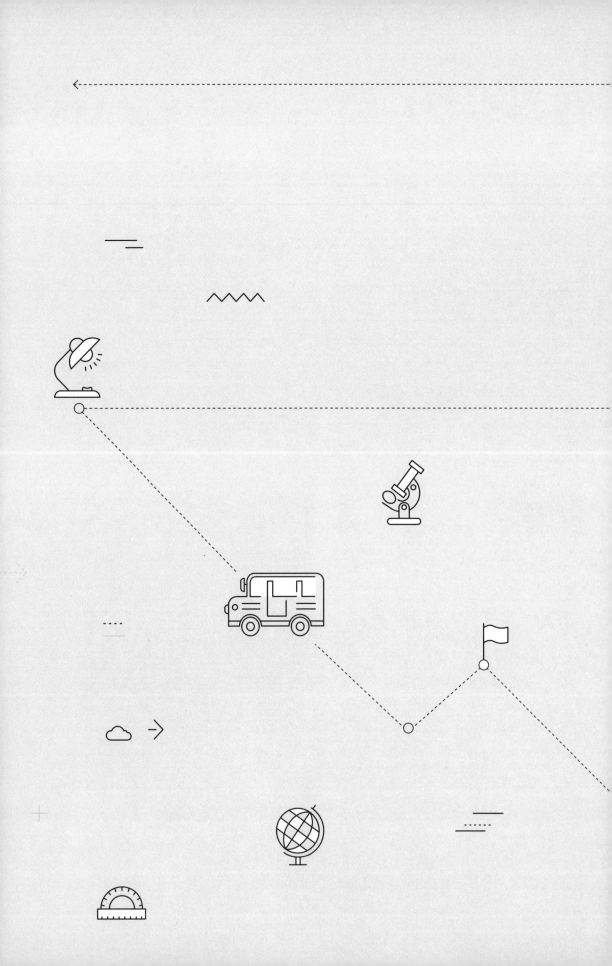

부록

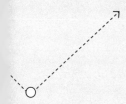

국어 교과의 교육과정-수업-평가-기록의 일체화

학습 주제: 우리끼리 소설 읽기
대상학년: 1학년
관련 단원: 1. 적극적으로 감상하기 (2) 동백꽃(교학사-남미영 외- 중학교 국어 ②)

1. 교육과정-수업-평가-기록의 일체화 의도

인간의 삶은 갈등의 연속이다. 피할 수 없는 갈등의 실타래를 현명하게 풀어내며 살아가는 것을 배우는 일 또한 중요하다고 생각한다. 문학 단원 중 소설은 갈등의 집합소라 해도 과언이 아니라 할 만큼 다양한 인물들의 더 다양한 상황과 문제가 존재한다. 우리끼리 소설 읽기 활동을 통해 학생들에게 얽히고설킨 소설 속 상황과 감정을 이해하는데 도움이 될 것이라 생각한다. 또, 이런 활동을 바탕으로 실제적인 삶의 문제와 나의 문제를 돌아보고 적용해 보는 기회가 되리라고 본다. 스스로 체득하고, 모둠원들과 생각을 나누며 보다 적극적인 문학 작품 감상 기회를 가져 보고자 한다.

이를 위하여 2학기 국어 대단원 중 소설 갈래를 연결해서 배울 수 있도록 단원을 통합 및 재구성하였다. 먼저 '4. 인물의 갈등 (1) 자전거 도둑'을 통해 문학은 갈등의 해결을 통하여 세상을 보여 준다는 것을 알고, 갈등과 인물의 상황을 파악해 보도록 하였다. 이후, 모둠별로 '1. 적극적으로 감상하기 (2) 동백꽃'을 다양한 활동을 하며 학습자 스스로 작품의 의미를 구성하고, 탐색해 보는 경험을 가질 수 있도록 수업을 설계하였다.

'우리끼리 소설 읽기' 활동에서는 소설 읽고, 질문 만들기(하브루타), 자신들이 만든 문제로 구성한 이중 점 주사위 퀴즈대회 개최(모둠 활동), 만다라트와 비주얼씽킹을 이용한 소설 깊이 있게 이해하기(모둠 활동), 뒷이야기 만들기(모둠 활동), 영화포스터 만들기(모둠 활동), 평가 및 소감 나누기 활동으로 과정중심평가의 수업을 설계하였다. 학생평가뿐만 아니라 교사평가를 통해 여러 활동에서 드러나는 학생의 특성과 성취수준 등을 기록으로 연결되도록 하였다.

이를 바탕으로 교육과정-수업-평가-기록의 일체화가 가능하도록 수업을 진행하고자 한다.

2. 교육과정-수업-평가의 흐름

1) 교육과정 목표(성취기준)

2015 개정 교육과정	[9국05-03] 갈등의 진행과 해결 과정에 유의하며 작품을 감상한다. [9국05-01] 문학은 심미적 체험을 바탕으로 한 다양한 소통 활동임을 알고 문학 활동을 한다.

2) 교육과정 재구성 – 순서 바꾸기 및 통합

교육과정 재구성 전 단원 학습 순서				교육과정 재구성 후 단원 학습 순서		
대단원	중(소)단원	비고		대단원	중(소)단원	비고
1. 적극적으로 감상하기	(1) 흔들리며 피는 꽃 (2) 동백꽃	문학		4. 인물의 갈등	(1) 자전거 도둑	문학
2. 단어의 갈래와 짜임새	(1) 단어의 갈래 (2) 단어의 짜임새	문법	⇒	1. 적극적으로 감상하기	(2) 동백꽃 (1) 흔들리며 피는 꽃	문학
3. 비판적으로 읽기	(1) 진흙과자를 물려주지 말자 (2) 게임 중독의 덫	읽기	⇒	3. 비판적으로 읽기	(1) 진흙과자를 물려주지 말자 (2) 게임 중독의 덫	읽기
4.인물의 갈등 : :	(1) 자전거 도둑 (2) 빌헬름 텔	문학		2. 단어의 갈래와 짜임새 : :	(1) 단어의 갈래 (2) 단어의 짜임새	문법 (1학기)

3) 수업 과정

학습주제	수업모형
◦ '동백꽃' 내용 파악하여 핵심 질문 만들어 좋은 문제 선정하기	하브루타(모둠 활동)
◦ '이중 점 주사위 퀴즈대회' 문제 풀어 보기, 서로 가르치기	개별학습, 모둠협력학습
◦ 소설 내용을 '만다라트'로 정리하기	모둠협력학습
◦ 인물의 특성과 상황 '더블버블맵' 작성하기(비주얼씽킹)	모둠협력학습
◦ 뒷이야기 창작하기(개별 및 모둠)	개별학습, 모둠협력학습
◦ 소설을 영화로! 영화포스터 제작하기	모둠협력학습
◦ 영화포스터 발표회 및 평가하기	개별학습, 모둠협력학습

4) 평가

학생	자기성찰평가	질문 만들고 문제 선정하기, 퀴즈대회 문제 풀어 보고 서로 가르치기, 만다라트, 더블버블 맵 작성하기, 뒷이야기 만들기, 영화포스터 만들기
	동료평가	퀴즈대회 문제 풀어 보고 서로 가르치기, 만다라트, 더블버블맵 작성하기, 뒷이야기 만들기, 영화포스터 만들기
교사	교사평가	질문 만들고 문제 선정하기, 퀴즈대회 문제 풀어 보고 서로 가르치기, 만다라트, 더블버블 맵 작성하기, 뒷이야기 만들기, 영화포스터 만들기, 발표회 및 평가하기

3. 교육과정-수업-평가의 일체화 계획

교과 및 관련 단원	성취기준	수업 및 평가계획
국어 1. 적극적으로 감상하기	2952. 갈등의 진행과 해결 과정을 파악하며 작품을 이해한다. 2958. 자신의 주체적인 관점에서 작품을 평가한다.	1~2차시: 소설 읽고 핵심 질문 만들기, 문제 선정을 위한 토의하기 3차시: 이중 점 주사위를 이용한 퀴즈대회 참여하기, 틀린 문제 서로 가르치기 4~6차시: 소설의 내용 '만다라트'로 깊고 넓게 및 적극적으로 감상하기, '비주얼씽킹'으로 중심 인물 비교·대조하기, 소설 뒷이야기 만들기 7차시: '소설을 영화로!' 포스터 제작을 위한 계획서 작성하기 8~9차시: '소설을 영화로!' 포스터 제작하기 10차시: 영화 포스터 발표회 및 평가하기

4. 수업 설계

차시	단계	교수·학습 활동	활동자료
	도입	○ 9월의 1분 말하기(주제: 나의 꿈, 나의 미래) ○ '동백꽃'에 대해 아는 대로 많이 말하기	1분 말하기 원고 (번호순 2명)
(1~2차시)	전개	○ 소설 읽고 내용 파악하기 ○ 핵심 질문 15개 정도 만들어 보기 ○ 모둠 활동(하브루타)을 통해 토의하여 문제 8개 선정하기 ○ 8개 선정 문제 중 자신이 중요하다거나 함께 이야기를 해 보고 싶은 질문 2개씩 골라 포스트잇에 적어서 제출하기	개별 활동지1: 질문 만들기 모둠 활동지1: 함께 문제 선정하기
	정리	○ 수업 참여 소감 작성하기, 자신의 활동 평가하기	개별 평가지(1~2차시): 참여 소감과 자신의 활동 평가하기

차시	단계	교수·학습 활동	활동자료
(3차시)	도입	• 9월의 1분 말하기(주제: 나의 꿈, 나의 미래) • 지난 시간 제출한 질문 중 두 개 골라 묻고 답하기	1분 말하기 원고 (번호순 2명)

	전개	• 이중 점 주사위를 이용한 퀴즈대회
		  – 학생들이 포스트잇에 작성하여 제출한 문제들을 퀴즈판
		  으로 작성함(교사). 이중 점 주사위를 던져 해당되는 문
		  제를 풀고 점수가 많은 사람이 승리하는 퀴즈(학생)
		• 문제를 틀릴 경우, 문제의 답을 아는 사람이 문제의 답을
		  설명하는 시간 가지기
			모둠 활동지2: 이중 점 주사위를
			이용한 퀴즈판

	정리	• 수업 참여 소감 작성하기, 자신의 활동 평가하기, 모둠평가	개별 평가지(3차시): 참여 소감과 자 신의 활동 평가하기 모둠 평가지(모둠 내 동료평가): 모둠 협력학습 평가하기
(4~6차시)	도입	• 9월의 1분 말하기(주제: 나의 꿈, 나의 미래) • 지난 시간 수업 참여 내용 발표하기	1분 말하기 원고 (번호순 2명)

	전개	• '만다라트' 활동 설명하기
		• 모둠끼리 협력하여 '만다라트' 완성하기(모둠별 협의 후 작
		  성은 개별 작성)
		• '나'와 '점순이'의 공통점과 차이점 파악하기
		• '나'와 '점순이'의 공통점, 차이점을 비주얼씽킹 '더블버블
		  맵'으로 표현하기(모둠별 협의 후 작성은 개별 작성)
		• '더블버블맵' 발표하기
		• '동백꽃' 개인 및 모둠별 '뒷이야기' 만들기
			모둠 활동지3: 만다라트 활동지
			모둠 활동지4: 비주얼씽킹 활동지
			모둠 활동지5: 뒷이야기 만들기 활
			동지

	정리	• 수업 참여 소감 작성하기, 자신의 활동 평가하기, 모둠평가	개별 평가지(4~6차시): 참여 소감과 자신의 활동 평가하기 모둠 평가지(모둠 내 동료평가): 모둠 협력학습 평가하기
(7차시)	도입	• 9월의 1분 말하기(주제: 나의 꿈, 나의 미래) • 점순이의 입장에서 '나'의 장점 말해 보기	1분 말하기 원고(번호순 2명)

	전개	• '소설을 영화로!' 포스터 제작 계획서 작성하기(모둠별 협
		  의 후 작성은 개별 작성)
		• '영화 포스터'에 들어갈 내용 및 문구, 배역 설정 등 모둠별
		  로 필요한 내용 창의적으로 구성하기
			모둠 활동지6: 포스터 제작 계획서

	정리	• 수업 참여 소감 작성하기, 자신의 활동 평가하기, 모둠평가	개별 평가지(7차시): 참여 소감과 자 신의 활동 평가하기 모둠 평가지(모둠 내 동료평가): 모둠 협력학습 평가하기

차시	단계	교수·학습 활동	활동자료
(8~9차시)	도입	◦ 9월의 1분 말하기(주제: 나의 꿈, 나의 미래)	1분 말하기 원고(번호순 2명)
	전개	◦ '소설을 영화로!' 포스터 작성하기 ◦ 전체적인 이미지, 문구 계획서에 따라 표현하기 ◦ 포스터 용지를 4등분하기 ◦ 자기 역할 정해서 맡은 부분 표현하기	4절지 채색도구 제공
	정리	◦ 수업 참여 소감 작성하기, 자신의 활동 평가하기, 모둠평가	개별 평가지(8~9차시): 참여 소감과 자신의 활동 평가하기 모둠 평가지(모둠 내 동료평가): 모둠 협력학습 평가하기
(10차시)	도입	◦ 9월의 1분 말하기(주제: 나의 꿈, 나의 미래)	1분 말하기 원고(번호순 2명)
	전개	◦ 영화포스터 발표회 및 평가하기 ◦ 모둠별 발표 ◦ '이 달의 영화' 선정하기(가장 잘한 모둠 찾기) ◦ 모둠 간 평가표 작성하기	모둠 평가지1 모둠 평가지(모둠 간 동료평가): 모둠 간 결과물 평가하기
	정리	◦ 수업 참여 소감 작성하기, 자신의 활동 평가하기, 모둠평가	개별 평가지(서술형): 참여 소감과 자신의 활동 평가하기

5. 평가계획

1) 평가 단원

단원명	1. 적극적으로 감상하기 (2) 동백꽃

2) 평가기준

	2009 개정	2952. 갈등의 진행과 해결 과정을 파악하며 작품을 이해한다. 2958. 자신의 주체적인 관점에서 작품을 평가한다.
성취기준	2015 개정	[9국05-03] 갈등의 진행과 해결 과정에 유의하며 작품을 감상한다. [9국05-01] 문학은 심미적 체험을 바탕으로 한 다양한 소통 활동임을 알고 문학 활동을 한다.

3) 평가내용 및 평가 형태

평가영역	평가요소	평가내용
인지적 영역	글의 중심내용 파악하기	- 소설의 내용을 이해하고 있는가?(개별 활동지1) - 소설의 핵심 내용을 담은 질문을 찾아 해답을 정리할 수 있는가?(모둠 활동지1) - 다양한 질문에 순발력있게 답하며 내용을 정확하게 말할 수 있는가?(모둠 활동지2)
	주체적으로 작품 해석하기	- 만다라트를 통해 자신과 타인의 생각 비교할 수 있는가?(모둠 활동지3) - 작품의 인물을 파악하여 다양하게 표현할 수 있는가?(모둠 활동지4) - 작품의 뒷이야기를 의미 있게 구성할 수 있는가?(모둠 활동지5)
정의적 영역	문학적 감수성	- 작품 속 인물들의 갈등과 심리를 이해하고 자신의 삶과 관련지어 말할 수 있는가?(모둠 활동지3~4) - 뒷이야기 작성을 통해 작품의 주제를 확장하여 이해할 수 있는가?(모둠 활동지5)
교과 역량	공동체·대인관계 역량 의사소통 역량	- 협력적으로 문제를 해결하는 데 적극적인 태도를 보이는가?(모둠 활동지1~6) - 다른 사람의 생각을 수용하고 공감하기 위해 노력하는 자세를 가지고 있는가?(모둠 활동지1~6)
	자료·정보 활용 역량	- 문제를 해결하기 위해 필요한 자료나 정보를 수집하여 효과적으로 활용할 수 있는가?(모둠 활동지4~6)
	비판적·창의적 사고 역량	- 수업 활동 시 창의성을 발휘하여 자신과 모둠의 생각을 표현할 수 있는가?(모둠 활동지1~6) - 소설을 영화로 만들어 홍보하는 영화포스터 제작 시 참신하고 독창적인 표현을 활용하여 나타낼 수 있는가?(모둠 활동지6)
평가 형태	☑ 교사평가　　☑ 자기성찰평가　　☑ 동료평가	

4) 평가척도안

평가영역	평가요소	평가내용	평가도구
내용이해 작품해석	◦ 내용이해, 중심내용 파악, 근거에 따른 작품 해석	◦ 소설 읽고 핵심 질문 만들기 ◦ 모둠별 토의를 통한 모둠 질문 선정 및 수합, 퀴즈문제 정비 ◦ 이중 점 주사위를 이용한 퀴즈대회	개별 활동지, 모둠 활동지 (질문만들기, 퀴즈대회) 교사평가, 자기성찰평가, 동료평가
작품감상 (삶과 작품)	◦ 인물의 심리 및 갈등 이해, 자신의 삶과 연관 짓기, 새로운 작품 재창조	◦ 만다라트와 더블버블맵을 통한 인물 심층 분석 및 이해, 자신의 삶과 연관 짓기 ◦ 뒷이야기 만들기로 주제의 확장 및 작품의 재창조 경험	모둠 활동지(만다라트, 더블버블맵, 뒷이야기) 교사평가, 자기성찰평가, 동료평가
협력적 탐구	◦ 모둠원들의 상호작용, 소통을 통한 협력적 활동과 창의적 생각 표현	◦ 조건 및 구성을 갖춘 영화포스터 제작 ◦ 모둠원들의 상호작용 및 원활하고 민주적인 토의과정, 창의성	영화포스터제작, 교사평가, 자기성찰평가, 동료평가

1) 차시별 자기성찰평가

1~2차시 자기성찰평가

평가영역	평가요소	평가내용	평가척도 상	중	하
정의적 영역	책임감	소설을 읽고 핵심 질문을 작성하기 위해 노력하였다.			
	소통	모둠원들과 토의를 통해 모둠과제를 마무리하였다.			
인지적 영역	내용이해	소설 내용의 중요 정보를 담은 문제로 질문지를 완성하였다.			
	생각 나누기	하브루타 활동을 통해 내용을 이해하였다.			
수업소감 (서술)					

3차시 자기성찰평가

평가영역	평가요소	평가내용	평가척도 상	중	하
정의적 영역	배려, 존중	퀴즈대회에 타인을 배려하고 존중하는 태도로 참여하였다.			
인지적 영역	내용의 정확성	문제에 맞는 답을 말해 모둠원들의 내용 이해에 도움을 주었다.			
수업소감 (서술)					

4~6차시 자기성찰평가

평가영역	평가요소	평가내용	평가척도 상	중	하
정의적 영역	소통, 협력	모둠원들과의 협의를 통해 만다라트의 내용을 채우고, 더블버블맵, 뒷이야기를 작성하였다.			
인지적 영역	내용의 정확성	만다라트, 더블버블맵의 내용에 오류가 없도록 작성하였다.			
	내용의 적절성	소설의 주제를 바탕으로 뒷이야기를 적절하게 구성 및 작성하였다.			
교과 역량 (자료·정보 활용)	자료의 활용	뒷이야기 구성을 위해 적절한 자료를 찾아 활용하였다.			
수업소감 (서술)					

7차시 자기성찰평가

평가영역	평가요소	평가내용	평가척도		
			상	중	하
정의적 영역	참여의 적극성	영화포스터 제작 계획서 만들기에 다양한 의견을 제시하였다.			
인지적 영역	사고의 확장성	참신한 생각을 포스터 구성에 맞게 표현하였다.			
수업소감 (서술)					

8~9차시 자기성찰평가

평가영역	평가요소	평가내용	평가척도		
			상	중	하
정의적 영역	책임감	영화포스터 제작 활동 시 자신이 맡은 역할을 책임감 있게 완수하였다.			
인지적 영역	표현의 정교성, 창의성	영화포스터 제작 활동 시 인물의 대화와 사건 등에 오류가 없는지 확인하고 창의적으로 표현하였다.			
교과 역량 (자료·정보 활용)	자료의 수집 및 활용	영화포스터 제작을 위해 적절한 자료를 수집하고 활용하였다.			
수업소감 (서술)					

10차시 자기성찰평가

'우리끼리 소설읽기' 과정평가를 돌아보며	
1. '우리끼리 소설읽기' 활동을 통해 배운 점 (알게 된 점, 깨달은 점)	
2. 모둠협력학습참여 소감	(전) (후)
3. 모둠협력학습 시 나의 강점 및 개선점	(강점) (개선점)
4. 모둠원에게 내 마음을 전해 본다면?	

2) 차시별 교사평가

1~2차시 교사평가(개인평가, 모둠평가)

평가영역	평가요소	평가내용	평가척도		
			상	중	하
정의적 영역	책임감	소설을 읽고 핵심 질문을 15개 작성하였다. (15-상, 10-중, 5-하)			
인지적 영역	기본내용 이해	소설 내용의 중요 정보를 담은 문제로 질문지를 완성하였다.			
	내용 심화	모둠별 대표 문제(핵심문제)를 8개 선정하고 포스트잇을 작성하여 발표하였다.			
	생각 나누기	하브루타 활동을 실시하고 소감문을 작성하였다.			
교과 역량 (의사소통, 공동체· 대인관계)	소통, 협력	모둠원들과 토의를 통해 모둠 활동을 완성하고 활동지를 제출하였다.			

3차시 교사평가(개인평가)

평가영역	평가요소	평가내용	평가척도		
			상	중	하
정의적 영역	배려, 존중	퀴즈대회에 타인을 배려하고 존중하는 태도로 참여하였다.			
	규칙 준수	퀴즈대회의 규칙을 준수하였다.			
인지적 영역	내용의 정확성	문제에 맞는 답을 말해 모둠원들의 내용 이해에 도움을 주었다.			

4~6차시 교사평가(개인평가, 모둠평가)

평가영역	평가요소	평가내용	평가척도		
			상	중	하
정의적 영역	소통, 협력	모둠원들과의 협의를 통해 만다라트의 내용을 채우고, 더블버블맵을 완성하여 활동지를 제출하였다.			
인지적 영역	내용의 정확성	만다라트, 더블버블맵의 내용에 오류가 없도록 작성하였다.			
	내용의 적절성	소설의 주제를 바탕으로 뒷이야기를 적절하게 구성 및 작성하였다.			
교과 역량 (비판적·창의적 사고)	사고의 참신성	만다라트, 더블버블맵, 뒷이야기 작성 시 주체적이고 새로운 관점에서 의미를 부여하고자 노력하였다.			

7차시 교사평가(개인평가)

평가영역	평가요소	평가내용	평가척도		
			상	중	하
정의적 영역	참여의 적극성	영화포스터 제작 계획서 만들기에 다양한 의견을 제시하였다.			
인지적 영역	사고의 확장성	참신한 생각을 포스터 구성에 맞게 표현하였다.			
교과 역량 (비판적·창의적 사고)	사고의 참신성	독창적인 표현을 하기 위해 아이디어를 발표하였다.			

8~9차시 교사평가(개인평가, 모둠평가)

평가영역	평가요소	평가내용	평가척도		
			상	중	하
정의적 영역	책임감	영화포스터 제작 활동 시 자신이 맡은 역할을 책임감 있게 완수하였다.			
인지적 영역	표현의 정교성, 창의성	영화포스터 제작 활동 시 인물의 대화와 사건 등에 오류가 없는지 확인하고 창의적으로 표현하였다.			
교과 역량 (자료·정보 활용, 공동체·대인관계)	자료의 수집·활용 상호협력	영화포스터에 필요한 자료를 수집·활용하였으며 모둠원들과 상호 협력하여 갈등을 조정하였다.			

10차시 교사평가(개인평가, 모둠평가)

평가영역	평가요소	평가내용	평가척도		
			상	중	하
정의적 영역	공정성	영화포스터 평가 활동 시 기준에 따라 공정하게 심사하려고 노력하였다.			
인지적 영역	내용의 구체성	영화포스터 평가 활동 시 우수작 선정의 이유를 구체적으로 작성하였다.			
교과 역량 (자료·정보 활용)	자료의 활용	다른 모둠의 영화포스터를 분석 및 평가하여 자신(모둠)의 의사를 결정하였다.			

'우리끼리 소설읽기' 활동 결과물(영화포스터) 교사평가

평가영역	평가요소	평가내용	평가척도(상, 중, 하)							
			1	2	3	4	5	6	7	8
정의적 영역	상호작용(협력)	모둠원들이 서로 협력하여 문제를 해결하였다.								
인지적 영역	구성의 완결성	영화포스터가 갖추어야 할 구성(문구, 이미지, 전체적인 디자인 등)을 완성하였다.								
	구성의 적절성	모둠에서 드러내고자 하는 중심 내용이 문구와 이미지에 적절히 나타나 있다.								
교과 역량 (비판적·창의적 사고, 공동체· 대인관계)	창의성	영화포스터 구성과 문구, 이미지 표현을 참신하게 하였다.								
	소통, 배려	모둠원 상호 간에 의견을 수렴하고 조율하는 민주적 의사결정 과정을 거쳐 활동에 참여하였다.								

3) 동료평가

모둠 내 동료평가

평가영역	평가요소	평가내용	평가척도(상, 중, 하)			
			모둠원 1	모둠원 2	모둠원 3	모둠원 4
정의적 영역	리더십	모둠원들의 의견을 귀담아 듣고 팀원을 도와주며 합의점을 이끌어 내었다.				
	책임감	정해진 시간 안에 스스로 맡은 일을 해결하였다.				
인지적 영역	문제 해결력	문제를 정확하게 파악하고, 문제를 해결하였다.				
교과 역량 (의사소통)	의사소통	모둠원의 의견을 경청하며 조율하고 받아들였다				

(상)이 제일 많은 모둠원은 누구이며, 그런 결과가 나온 이유를 구체적으로 작성하시오.

모둠 간 동료평가(영화포스터)

평가영역	평 가 기 준	평가척도(상, 중, 하)							
		1 모둠	2 모둠	3 모둠	4 모둠	5 모둠	6 모둠	7 모둠	8 모둠
내용의 정확성	소설의 내용에 비추어 내용을 잘못 설정한 부분은 없는가?								
구성의 적절성	문구 및 이미지의 표현이 적절하고, 구성이 알맞은가?								
표현의창의성	문구 및 이미지의 표현이 참신하고 독창적인가?								
발표태도	모둠 영화포스터의 특성이 잘 드러나도록 구성하여 발표하였는가?								

1분 말하기 원고

★ 9월의 '1분 말하기' 주제 --------- "나의 꿈, 나의 내일" 원도우 창으로 생각 열기 ☆
① 진로를 결정한 경우 ------------- 〈꿈을 이룬 나의 모습〉, 〈꿈을 이루기까지의 예상 과정〉
② 진로를 결정하지 못한 경우 -------- 〈꿈의 변천사〉
(순서 : 비주얼씽킹으로 표현하기 ⇒ 시각화 자료를 보고 주제에 맞도록 글로 표현하기, 소감 포함)

1학년   반   번   이름 :

함께! 앎과 삶을 채우는 국어 수업	1. 적극적으로 감상하기 **(2) 동백꽃**	①	생각은 새롭게! 소통은 막힘없이! 어제보다 더 나은 1학년 반 번 이름:
수업 주제	동백꽃(29-39쪽) 읽고 질문 만들기		
성취기준	2958. 자신의 주체적인 관점에서 작품을 평가한다.		

질문의 유형(조건: 질문을 만들 때 단답형의 질문은 만들지 말 것!!!)

질문의 유형	예시
내용을 묻는 질문	'~' 에 제시된 글의 의미는?, 'OO' 소재가 나타내는 것은?
옳고 그름을 묻는 질문	소설 속 인물 'OO'이 한 ~ 행동은 옳은 행동인가?
상상하는 질문	뒷이야기는 어떻게 될까? 이 소설의 제목을 바꾼다면?
종합하는 질문	글쓴이의 말하고자 하는 것은?
단서를 보고 추론하는 질문	제목을 볼 때 이 시의 내용은?

소설 '동백꽃'을 읽고 친구와 대화해 볼 질문을 만들어 봅시다.

연번	내가 만든 질문
1	
2	
3	
4	
5	
6	
7	
8	
9	
10	
11	
12	
13	
14	
15	

친구와 내가 만든 질문 중 토의해 볼 질문 8개를 골라 표에 쓰고 질문의 답을 만들어 봅시다.
(질문과 답 완성 후 모둠대표문제1, 개인대표문제1을 포스트잇에 적어 제출합니다.)

연번	우리끼리 토의해 볼 질문	우리가 정한 질문의 답
1		
2		
3		
4		
5		
6		
7		
8		

(2) '동백꽃' 이층 점 주사위를 이용한 내용 퀴즈!   *점수집계표

이름(점수)	이름(점수)	이름(점수)	이름(점수)

왜 '나'는 점순이와 일을 지 지른만 안 될까?	'나'가 자기네 닭과 점순이 네 닭에게 싸움을 붙인 이유 는?	점순이가 '느 집엔 이런 거 없지?'라고 하며 감자를 준 행동은 옳은 행동인가? 그 렇게 말한 이유는?	이 소설을 읽고 알 수 있는 점순이의 성격은?
▶외우~ 문제 풀고 또 풀기! 주사위를 두 번 연질 기회를 획득했군요. 두 문제 다 정 답이라면 4점 획득! 한 문제 라도 틀렸다면 4점 감점~	점순이가 여러 감들을 볼 때 '나'의 성격은?	점순이와 '나'의 성격은?	제목이 '동백꽃'인 이유는?
점순이가 '나'에게 감자를 주 었을 때 받았더라면 어떻게 되었을까?	'나'는 왜 점순이가 준 감자 를 받지 않았을까?	점순이가 '나'에게 감자를 줄 때 '나'의 성격은?	'나'가 닭에게 고추장을 먹 인 이유는?
▶외우~ 자신이 풀고 싶은 문제들을 마 음대로 선택하여 풀어 보세 요.	이 소설의 결말은? (구체적 으로)	▶외우~ 남과 나를 좋 아는 당신~! 점을 묻지도 따지지도 말고 대각선에 앉은 친구에게 나 누어 주세요.	점순이가 '나'의 약을 올리 기 위해 한 행동은?
'나'가 닭을 죽인 것에 대해 점순이는 어떻게 해 준다고 하셨나요?	'나'의 나이는?	점순이가 '그럼 너, 이담부 터 안 그럴 테냐?'라고 한 말 의 뜻은?	'나'가 점순이가 준 감자를 거절했을 때, 점순이의 마음 은 어땠을까?
점순이의 얼굴이 홍당무처 럼 새빨개진 이유는?	점순이는 '나'에게 호의를 거절당한 후 무엇을 괴롭혔 나?	'쌩이질'의 뜻?	이 소설의 주제는?
점순이 아버지의 직업과 뜻 은?	'나'가 점순이이 답을 죽이 면 큰일나는 이유는?	이 소설은 과거에서 현재로 사건이 진행된다.(O, X)	▶외우~ 프리패스~ 그냥 1점 획득! 으름 으ㄴ 수메롬!
'나'가 점순이에게 준 것을 구체적으로 말한다면?(상태, 개수)			
▶외우~ 책 찾기! 친수~! 주사위를 한 번 더 던져 문제를 풀어 보 세요. 책을 찾아 문제를 풀 면 됩니다.		▶외우~ 친구 잔시 주사위를 한 번 더 던져 문제를 풀어 보세 요. 모둠 맞수인 친구가 답 을 알고 있다면 그 친구의 점수 -1점!	

모둠 활동지 3

함께! 읽기와 삶을 채우는 국어 수업	1. 적극적으로 감상하기	②	생각은 새롭게 소통은 막힘없이! 어제보다 더 나은
	(2) **동백꽃**		1학년 반 번 이름:
수업 주제	'만다라트' 활용하여 소설 함께 감상하기		
성취기준	2958. 자신의 주제적인 관점에서 작품을 평가한다.		

'점순' / 사건 / 뒷이야기

'나' / '동백꽃' 어떻게 읽어야 할까? / 나의 경험담

조언 한 마디 / 줄거리 / 해석 (+주제포함)

함께! 앎과 삶을 채우는 국어수업	1. 적극적으로 감상하기	③	생각은 새롭게! 소통은 막힘없이! 어제보다 더 나은
	(2) 동백꽃		1학년 반 번 이름:
수업 주제	더블버블맵 – '나'와 '점순이'의 공통점과 차이점 파악하기		
성취기준	2958. 자신의 주체적인 관점에서 작품을 평가한다.		

함께! 앎과 삶을 채우는 국어 수업	1. 적극적으로 감상하기 **(2) 동백꽃**	④	생각은 새롭게! 소통은 막힘없이! 어제보다 더 나은 1학년　　반　　번 이름:
수업 주제	'동백꽃' 읽고 '너랑나랑' 뒷이야기 만들기		
성취기준	2958. 자신의 주체적인 관점에서 작품을 평가한다.		

[과정1] 개인별로 '동백꽃'의 뒷이야기를 〈조건〉에 맞게 만들어 봅시다.

〈조건〉 1. '동백꽃'의 주제를 잘 살릴 것. / 2. 시점은 1인칭 주인공 시점을 유지할 것. 　　　3. 분량을 지켜 작성할 것.(10줄 이상)

서로서로 평가해요!(채점기준: 조건 1-3, 조건별 각 10점, 30점 만점)

1. 제 점수는요~ (　　)점	+	
	–	
2. 제 점수는요~ (　　)점	+	
	–	
3. 제 점수는요~ (　　)점	+	
	–	

함께! 앎과 삶을 채우는 국어 수업	1. 적극적으로 감상하기	④	생각은 새롭게! 소통은 막힘없이! 어제보다 더 나은
	(2) 동백꽃		1학년 반 번 이름:
수업 주제	'동백꽃' 읽고 '너랑나랑' 뒷이야기 만들기		
성취기준	2958. 자신의 주체적인 관점에서 작품을 평가한다.		

[과정2] 모둠별로 '동백꽃'의 뒷이야기를 〈조건〉에 맞게 만들어 봅시다.

〈조건〉	1. 개인별로 만든 '동백꽃' 뒷이야기 및 아이디어를 3개 이상 포함시켜 하나의 이야기로 만들 것.
	2. 시점은 1인칭 주인공 시점을 유지할 것.
	3. 함께 뒷이야기를 만든 소감을 작성할 것.

뒷이야기를 모둠원과 함께 만들어 본 소감	

함께! 앎과 삶을 채우는 국어 수업	1. 적극적으로 감상하기	⑤	생각은 새롭게! 소통은 막힘없이! 어제보다 더 나은 1학년 반 번 이름:
	(2) 동백꽃		
수업 주제			'동백꽃' 영화포스터 계획서 작성하기
성취기준			2958. 자신의 주체적인 관점에서 작품을 평가한다.

'동백꽃' 영화포스터 만들기

〈조건〉 1. '동백꽃'주제를 잘 표현할 것.
2. 홍보 문구를 참신하게 제작하고, 내용과 이미지를 적절히 배분하여 표현할 것.
3. 배우 캐스팅은 연예인(단, 드라마, 영화, 뮤지컬, 소설 등에 나온 인물 가능)으로 한정하며, 근거가 타당해야 함.
※ 영화포스터 평가 및 감상 시간에 질문에 답할 수 있도록 제작 근거를 충분히 마련해 둘 것.

내용 계획표

- 홍보 문구:

- 선택 부분과 이유:

- 이미지 구성(장면) 표현

인물	배역 캐스팅	이유
'나'	1순위:	
	2순위:	
'점순이'	1순위:	
	2순위:	

함께! 앎과 삶을 채우는 국어 수업	1. 적극적으로 감상하기 (2) 동백꽃	⑥	생각은 새롭게! 소통은 막힘없이! 어제보다 더 나은 1학년 반 번 이름:
수업 주제	'동백꽃' 영화포스터 평가하기(자기성찰평가, 모둠 내 평가)		
성취기준	2958. 자신의 주체적인 관점에서 작품을 평가한다.		

1. 자기의 활동을 평가해요.(자기성찰평가)

모둠	( )모둠, 모둠원:
모둠에서 맡은 역할	
역할 수행 정도 (상, 중, 하)와 이유	상 P – 중 M– 하 I –
모둠 활동 후 느낀 점 및 개선점	

2. 우리 모둠을 서로 평가해요.(동료평가)

모둠원	모둠에서 맡은 역할	역할 수행 정도(상, 중, 하)와 이유		감사, 격려의 말
		상	P –	
		중	M–	
		하	I –	
		상	P –	
		중	M–	
		하	I –	
		상	P –	
		중	M–	
		하	I –	

3. 최고의 영화포스터를 찾아라!(모둠작성)

선정 모둠(모둠원)	
선정한 모둠의 영화포스터 구성 설명	
최고의 포스터로 선정한 이유 (구성 및 완성도, 문구, 창의성 등 기준을 구체적으로 밝힐 것)	

학생활동 결과물

☆ 9월의 '1분 말하기' 주제── "나의 꿈, 나의 내일" 윈도우창으로 생각 열기 ☆
① 진로를 결정한 경우────────<꿈을 이룬 나의 모습>, <꿈을 이루기까지의 예상 과정>
② 진로를 결정하지 못한 경우──<꿈의 변천사>
(순서 : Visual Thinking으로 표현하기 ⇒ 시각화 자료를 보고 주제에 맞도록 글로 표현하기, 소감 포함) 1학년   반   번 이름 :

저는 꿈이 없습니다. 원래 제 꿈은 아나운서였습니다. 그래서 매일매일 뉴스를 항상 챙겨보고 사회와 나라 사정에 대해 공부해야될 것 같아 신문을 받아보기도 하였고 학교방송부로도 활동했습니다 하지만 시간이 지나 생각해보니 아나운서란 직업이 수명이 짧다는 것을 알게되었습니다. TV에 나온 뉴스앵커들은 모두 젊은 언니들이라 노후까지 보장이 불가능합니다. 뿐만아니라 요즘 과학이 발전하면서 우리 미래사회에는 뛰어난 지능을 가진 기계가 뉴스나 프로그램들을 진행할지도 모릅니다. 그래서 아나운서라는 꿈을 접게 되었습니다 어차피 꿈을 정해놔도 좋은 고등학교, 대학교를 가려면 그냥 무조건 다 잘해야 되는 세상인데 꿈이 필요가 없다는 생각이 들었고 저도도 여전히 꿈이 없습니다. 아직은 제가 좋아하는 것이 무엇인지도 모르겠고 제가 뭘 할 때 행복하고 또 무엇을 잘하는지 잘 모르겠지만 성장하면서 제가 좋아하고 잘하는 분야의 직업을 갖고 싶습니다. 이렇게 제 꿈, 미래, 진로에 대해서 깊이 생각해보니 뜻깊었던 것 같고 좀더 발전한 제가 된 것 같습니다. 지금 당장은 꿈이 없지만 미래에는 제가 좋아하는 일을 하며 행복해하는 제가 되었으면 좋겠습니다

☆ 9월의 '1분 말하기' 주제── "나의 꿈, 나의 내일" 윈도우창으로 생각 열기 ☆
① 진로를 결정한 경우────────<꿈을 이룬 나의 모습>, <꿈을 이루기까지의 예상 과정>
② 진로를 결정하지 못한 경우──<꿈의 변천사>
(순서 : Visual Thinking으로 표현하기 ⇒ 시각화 자료를 보고 주제에 맞도록 글로 표현하기, 소감 포함) 1학년   반   번 이름 :

안녕하십니까? 9월의 1분 말하기인 주제 "나의꿈, 나의 내일"에 대해 발표하겠습니다.
저는 진로를 결정 (의사) 했습니다. 제가 의사가 되고 싶은 이유는 어릴 때부터 아픈 사람을 보면 가슴이 아프고 마음이 헛헛걸 것 같았습니다. 그래서 저는 돈도 중요한것 같지만 그마음 보다는 아픈 사람들을 치료해주고 싶다는 마음이 더들어 선택하게 된 것 같습니다. 꿈을 이루기 까지의 나의 예상은 1번째 일단 의학용어를 외우고 공부를 열심히하여 성적을 잘 받는 것입니다. 그다음 경북대학교에서 의학과에 입학하여 수석으로 졸업한 것입니다. 3번째는 의사가 되어 아픈 사람들을 치료하고 싶은 것입니다.
저는 나중에는 돈을 기부해서 남에게 기쁨을 주고 싶고 행복한 얼굴로 살기 바라고 남은 돈은 부모님께 드릴 것입니다.
9월의 1분 말하기 활동을 하고 난뒤 친구들의 꿈에 대해 알수 있게 되어서 좋았고 내꿈, 내진로쯤은 어떻게 한지에 생각을 해보게 되어 좋았던것 같았다.
이 상으로 9월의 1분 말하기를 끝내겠습니다. 감사합니다.

함께! 앎과 삶을 채우는 국어 수업	1. 적극적으로 감상하기 (2) 동백꽃	⑧	생각은 새롭게! 소통은 막힘없이! 어제보다 더 나은 1학년 반 번 이름:
수업 주제	동백꽃(29-39쪽) 읽고 질문 만들기		
성취 기준	2958. 자신의 주체적인 관점에서 작품을 평가한다.		

■ 질문의 유형 (조건: 질문을 만들 때 단답형의 질문은 만들지 말 것!!!)

질문의 유형	예시
내용을 묻는 질문	'~' 문구의 의미는 무엇인가?
옳고 그름을 묻는 질문	소설 속 영희가 한 ~ 행동은 옳은 행동인가?
상상하는 질문	뒷이야기는 어떻게 될까?
종합하는 질문	글쓴이의 의도는 무엇인가?
단서를 보고 추론하는 질문	제목을 볼 때 이 시의 내용은 무엇일까?

■ 소설 '동백꽃'을 읽고 친구와 대화해 볼 질문을 만들어 봅시다.(15개 이상 만들기)

연번	내가 만든 질문
1	점순이가 갑자기 얼굴이 새빨개지며 울음을 터트린 후 달아난 이유는 무엇일까요? ○
2	점순이가 이 소설에 나오는 나의 닭을 왜 괴롭혔을까요?
3	점순이는 이 소설에 나오는 나에게 감자를 왜 주었을까요?
4	이 책의 제목이 동백꽃인 이유는 무엇일까요?
5	이 책에 나오는 나의 성격은 어떠할까요?
6	점순이의 성격은 어떠할까요?
7	점순이가 이 소설에 나오는 나의 닭을 괴롭힌 것은 옳은 행동인가요?
8	이 이야기에서 이어질 뒷내용은 어떠할까요?
9	점순이가 "그럼 너, 이담부터 안 그럴 테냐?"라는 말의 의미는 무엇일까요?
10	이 책에 나오는 나는 점순이에게 어떤 감정이 들었을까요?
11	이 책에서의 글쓴이가 전하고 싶은 이야기는 무엇일까요?
12	이 책에서의 나가 닭에게 고춧장을 먹인 이유는 무엇일까요?
13	점순이가 이 책에 나오는 나의 약을 올리기 위해 어떤 행동을 했을까요?
14	점순이가 닭이 죽은 것을 이르지 않겠다고 한 이유는 무엇일까요? ○
15	이 소설의 중심내용은 무엇일까요?
16	
17	
18	
19	
20	

▣ 친구와 내가 만든 질문 중 토론해 볼 질문 8개를 골라 표에 쓰고 친구와 토론하여 질문의 답을 만들어 봅시다. 그리고 좋은 질문에 동그라미 해 보세요.

연번	짝과 토론해 볼 질문	우리가 정한 질문의 답
1	점순이가 갑자기 얼굴이 새빨개지며 울음을 터트린 후 달아난 이유는 무엇일까요?	점순이가 '나'를 좋아하여 감자를 주었는데 '나'가 그 마음을 알지 못하고 거절하여서
2	점순이가 닭이 죽은 것을 이르지 않겠다고 한 이유는 무엇일까요?	점순이가 '나'를 좋아하여 '나'가 나쁜 일을 겪는 것을 원하지 않아서
3	왜 '나'는 지게막대를 메고 달려들어 점순네 닭을 후려치려다 헛매질로 떠놀기만 했을까요?	'나'가 이 마을에 와 집이 없어 곤란으로 지낼 제 점터를 빌리고 그 위에 집을 짓도록 도와주었기에 후려치려던 것을 참았다.
4	싸움에서 지는 '나'의 수탉은 누구를 의미하는 것일까요?	마름인 점순네의 손에서 배제를 믿어 땅을 부쳐 살아가는 곱슨데야되고, 참아야만 하는 '나'를 의미한다.
5	"야! 너 혼자만 일하니?" 라고 말한 이유는 무엇인가요?	자신이 좋아하는 사람에게 말을 걸고 싶었기 때문
6	자기가 준 것을 남이 알면 큰일 날 것이라는 말의 의미는 무엇인가요?	자신이 감자를 주는 것을 알면 자신이 놀림을 받을까 봐
7	점순이가 감자를 준 이유는 무엇일까요?	'나'를 좋아하기 때문이다.
8	점순이가 '나'의 약을 올린 이유는 무엇일까요?	'나'가 자신의 감자를 받지 않아 속상하였기 때문이다.

함께! 알과 삶을 채우는 국어 수업 | 1. 적극적으로 감상하기 (2) 동백꽃 | 생각은 새롭게! 소통은 막힘없이! 어제보다 더 나은 1학년 반 번 이름:

수업 주제: '만다라트' 활용하여 소설 함께 감상하기
성취 기준: 2958. 자신의 주체적인 관점에서 작품을 평가한다.

중앙 만다라트:

점순	사건	뒷이야기
나	동백꽃 어떻게 읽어야 할까?	나의 경험담
조언 한마디	줄거리	해석 (주제 포함)

함께! 알과 삶을 채우는 국어 수업 | 1. 적극적으로 감상하기 (2) 동백꽃 | 생각은 새롭게! 소통은 막힘없이! 어제보다 더 나은 1학년 반 번 이름:

수업 주제: '만다라트' 활용하여 소설 함께 감상하기
성취 기준: 2958. 자신의 주체적인 관점에서 작품을 평가한다.

중앙 만다라트:

점순	사건	뒷이야기
나	동백꽃 어떻게 읽어야 할까?	나의 경험담
조언 한마디	줄거리	해석 (주제 포함)

함께! 앎과 삶을	1. 적극적으로 감상하기	⑩	생각은 새롭게!
채우는	(2) 동백꽃		소통은 막힘없이!
국어 수업			어제보다 더 나은 1학년 반 번 이름:
수업 주제	더블버블맵 - '나'와 '점순이'의 공통점과 차이점 파악하기		
성취 기준	2958. 자신의 주체적인 관점에서 작품을 평가한다.		

■ '나'와 '점순이'의 공통점과 차이점을 모둠별로 협의하여 '더블버블맵'으로 작성해 봅시다. [간단한 이미지+핵심적인 설명]

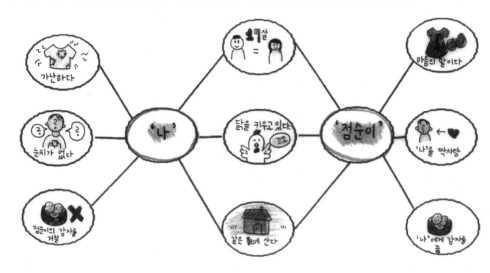

함께! 앎과 삶을	1. 적극적으로 감상하기		생각은 새롭게!
채우는	(2) 동백꽃		소통은 막힘없이!
국어 수업			어제보다 더 나은 1학년 반 번 이름:
수업 주제	더블버블맵 - '나'와 '점순이'의 공통점과 차이점 파악하기		
성취 기준	2958. 자신의 주체적인 관점에서 작품을 평가한다.		

■ '나'와 '점순이'의 공통점과 차이점을 모둠별로 협의하여 '더블버블맵'으로 작성해 봅시다. [간단한 이미지+핵심적인 설명]

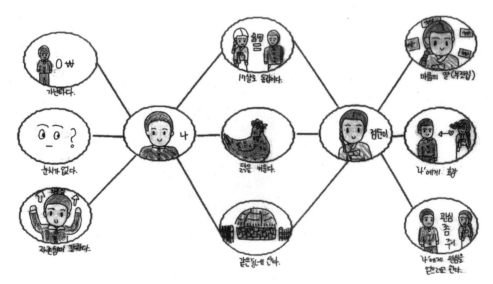

함께! 앎과 삶을 채우는 국어 수업	1. 적극적으로 감상하기		생각은 새롭게! 소통은 막힘없이! 어제보다 더 나은 1학년 반 번 이름:
	(2) 동백꽃		
수업 주제	'동백꽃' 읽고 너랑나랑 뒷이야기 만들기		
성취 기준	2958. 자신의 주체적인 관점에서 작품을 평가한다.		

[과정1] 개인별로 '동백꽃'의 뒷이야기를 <조건>에 맞게 만들어 봅시다.

<조건>
1. '동백꽃'의 주제를 잘 살릴 것.
2. 시점은 1인칭 주인공 시점을 유지할 것.
3. 분량을 지켜 작성할 것.(10줄 이상)

며칠씩 서로 어색하며 피해다니기 바빴다. 나만 보면 얼굴이 홍당무가 되는 점순이는 어느날 나를 불렀다. 내가 조금 일찍 왔을까 점순이는 수줍어하는 표정이 예뻐보였다. 막 심장에 지진이라도 난듯 두근두근거리기 시작했고 귀와 볼때기가 화끈화끈거렸다. 이대로는 점순이를 못볼것 같아 냅다 달렸다. 내가 달리는걸 본건지 뒤에서 점순이의 소리가들렸다. "야!!!!!" 또 다음날, 이제는 내가 점순이를 피하게되었다. 엄청 열심히 피하며 일을 갔다가 그 동백꽃 터불이 있었던 그곳을 지나고 있는데 저 멀리서 점순이가 뛰어왔다. 나또는 또 피해야하는데 딱히 피하고 싶지않았다. 점순이는 무엇인가 한가득 들고왔다. 속으로 괜히 "무겁지않았을까?", "힘들지않았을까?" 했지만 입 밖으로는 꺼내지 못했다.

"너 왜 나 피하냐?"
"... 어..."
"이거 감자, 안 받으면 알지?"
"아.., 어.. 고맙다."
"나 피하지말고 감자는 집에 많으니깐 우리집와서 더 먹고가"
"같이 먹자, 감자"
"어?"
"같이 먹지고"

서로서로 평가해요!		
(채점 기준: 조건 1-3, 조건별 각 10점, 30점 만점)		
1. 제 점수는요~ (25)점	+	생각하지 못한 내용을 연결하여 좋았다.
	−	결말이 조금 나쁘다
2. 제 점수는요~ (28)점	+	첫째가 쓰고 주인공들의 감정과 생각이 잘 드러난 것 같다
	−	결말이 더 자세히 비쳐지면 좋을것 같다
3. 제 점수는요~ (27)점	+	소설길이게 잘 썼다
	−	결말이 좀 아쉽다

[과정2] 모둠별로 '동백꽃' 의 뒷이야기를 〈조건〉에 맞게 만들어 봅시다.

<조건>
1. 개인별로 만든 '동백꽃' 뒷이야기 및 아이디어를 3개 이상 포함시켜 하나의 이야기로 만들 것.
2. 시점은 1인칭 주인공 시점을 유지할 것.
3. 함께 뒷이야기를 만든 소감을 작성할 것.

집으로 돌아간후, 다음날 나는 점순이만 보면 왠지 모르게 부끄러웠다. 그래서 나는 점순이를 왠히 피해다녔다. 그때의 동백꽃 냄새와 그녀의 독시모습이 더 그렇게 만든 것 같았다. 점순이는 그이후로 나에게 항상 친절하게 대하고 먹을것을 가지고왔다. 하지만 나는 점순이의 얼굴만보면 타근거려서 제대로 보지 못하였다. 왠히 등냘때마다 점순이가 무엇을 하고있는지 생각이나고, 어머니가 인절미를 해주면 점순이랑 나눠 먹고싶은 마음이생겼다. 항상 퉁명하게 점순이를 대했던 내자신이 원망스럽고 점순이가 나를 신경써 줬으면 좋겠다는 생각이 들었다. 다음날, 어머니께서 점순이랑 같이 나눠먹으라고 감자를 3개 꺼려주셨다. 그것을들고 점순이집 근처로 가자 점순이가 나를만나는 시간에대해 점순이 아버지께 혼나고 있었다. 그날, 점순이가 아버지께 혼난후에 나는 괴롭게 점순이게에 이메 일을 더많이 도와드려야 해서 못만날것 같다고하자 점순이의 눈에는 눈물이 글썽였다.
나는 미안하다고하고 뒤를 돌아보지 않고 뛰었다. 오늘 느껴지는 동백꽃의 알싸한 냄새가 내눈에 눈물을 짜오르게했다.

| 뒷이야기를 모둠원과 함께 만들어 본 소감 | 뒷이야기를 내마음대로 상상하고 만드니 더욱재밌었고 모둠원들의 이야기를 한번씩 담으니 이렇게할수 있구나 란 것을 알았다. 그리고 뒷이야기를 만들연서 여러가지 이야기를 생각하니 상상력이 풍부해진 느낌이다. |

함께! 앎과 삶을 채우는 국어 수업	**1. 적극적으로 감상하기** (2) 동백꽃	생각은 새롭게! 소통은 막힘없이! 어제보다 더 나은 1학년 반 번 이름:		
수업 주제	\'동백꽃\' 영화 포스터 계획서 작성하기			
성취 기준	2958. 자신의 주체적인 관점에서 작품을 평가한다.			

◼ \'동백꽃\' 영화 포스터 만들기 ◼

〈조건〉
1. \'동백꽃\' 주제를 잘 표현할 것.
2. 홍보 문구를 참신하게 제작하고, 내용과 이미지를 적절히 배분하여 표현할 것.
3. 배우 캐스팅은 연예인(단, 드라마, 영화, 뮤지컬, 소설 등에 나온 인물 가능)으로 한정하며, 근거가 타당해야 함. (학급, 학교 친구 불가)
※ 영화 포스터 평가 및 감상 시간에 질문에 답할 수 있도록 제작 근거를 충분히 마련해 둘 것.

◼ 내용 계획표

- 홍보 문구: 야, 우리집에서감자   먹고할래?

- 선택 부분과 이유: 내가 좋아하는 드라마와 성격이 비슷하고 매치도 잘되서

- 이미지 구성(장면) 표현

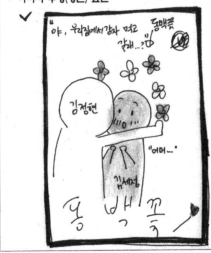 

인물	배역 캐스팅		이유
\'나\'	1순위:		잘생기고 연기를 잘해서
	2순위:		순수한 이미지
\'점순이\'	1순위:		당당한 이미지, 적극적
	2순위:		예뻐서, 적극적

함께! 앎과 삶을 채우는 국어 수업	**1. 적극적으로 감상하기** **(2) 동백꽃**	생각은 새롭게! 소통은 막힘없이! 어제보다 더 나은 1학년 반 번 이름:
수업 주제	'동백꽃' 영화 포스터 평가하기(자기평가, 모둠 내 평가)	
성취 기준	2958. 자신의 주체적인 관점에서 작품을 평가한다.	

1. 자기의 활동을 평가해요.(자기평가)

모둠	(6)모둠, 모둠원:	
모둠에서 맡은 역할	그림을 그리고 색칠하고 네임펜으로 그리는 역할 〈아이디어 조금 내는역할〉	
역할 수행 정도 (상, 중, 하)와 이유	상	P-그림을 잘그렸고 아이디어도 조금이나마 내고 최선을다하고 자신의 역할을 충실히 했다.
	(중)	M-좀더 독창적인 아이디어를 내면좋았고 색칠를 꼼꼼히했으나 네임펜으로 잘따라 그렸다.
	하	I-더 아이디어를 많이내고 그림을더많이 그리지못했지만 최선을 다하였다.
모둠활동 후 느낀 점 및 개선점	영화포스터를 모둠끼리 해서 재미있었고 부족한점은 있었지만 자신의 역할을 충실히 하고 열심히 하였습니다.	

2. 우리 모둠을 서로 평가해요.(상호평가)

모둠원	모둠에서 맡은 역할		역할 수행 정도(상, 중, 하)와 이유	감사, 격려의 말
아이디어 구상. 그림그리기. 색칠하고 꾸미기.	(상)	P-아이디어를 잘구상하고 밑그림을 잘그렸고 색칠의배합을 잘 색칠 하였다.	잘하였고 수고했어.~ 잘만들었어!
	중	M-그림 그렸지 만 부족한 점이 있었다. 잘한점 도 있었다.	
	하	I-주인에 누가 나왔는지 안적에서 좀 부족 하였다.	
그림그리기. 색칠하기. 아이디어생각.	(상)	P-그림을 잘그렸고 꼼꼼하게 아이디어구상도 잘 했다.	그림그리는 것을 꼼꼼 하게 살그려어!
	중	M-색칠을 좀 꼼꼼했으면 좋겠고 따라그리는 것은 잘하였다.	
	하	I-아이디어를 좀더 냈으나. 꼼꼼하게 색칠를했으 면좋겠	
네임펜으로따라그 리고 색칠조금하기.	상	P-색칠을 잘하였고 잘따라 조금 그렸다	다음에 만들 때는 좀더 적극적으로 참여하면 좋으면 좋겠어!
	중	M-영화 포스터 만들때 제 할일을 제대로 하지않을지반	
	(하)	I-영화포스터 만들때 가만히 있었고 할일을 꼼꼼히 안했다.	

3. 최고의 영화포스터를 찾아라!(모둠작성)

선정 모둠(모둠원)	8모둠 .
선정한 모둠의 영화포스터 구성 설명	우리집에서 감자먹고 갈래? 문구를 사용해 내용에도 잘맞고 잘했다.
최고의 포스터로 선정한 이유 (구성 및 완성도, 문구, 창의성 등 기준을 구체적으로 밝힐 것)	문구를 잘 냈고 아이디어가 좋았고, 그림이 크고 주 어내용이 나타냈다.

프로젝트 수업 동료 평가표

(   )모둠 내 동료평가표

( )중학교 2학년(도덕)	반	번	이름

■ 다음은 우리 모둠원 중 (○○○)의 동료평가지입니다.
(○○○)의 자기성찰평가를 토대로 모둠원들은 채점기준표의 세부 평가항목에 맞게 (○○○)의 모둠활동 내용을 객관적이고 공정하게 평가하세요.

자기성찰평가	자신이 한 활동을 구체적으로 적어보세요.

평가내용	평가기준			평가척도(3-2-1)				점수
	상(3)	중(2)	하(1)	평가자 모둠원1	평가자 모둠원2	평가자 모둠원3	평가자 모둠원4	합계
청소년 문화의 특징 자료수집 및 탐구 (3점)	청소년 문화 형성에 미치는 영향을 객관적이고 유의미한 자료를 탐색하여 정리하였고, 청소년 문화의 특징을 참신하고 신뢰도 있는 다양한 자료를 제시하여 분석하였다.	청소년 문화 형성에 미치는 영향을 객관적인 자료를 탐색하여 정리하였고, 청소년 문화의 특징을 파악하여 제시하였다.	청소년 문화 형성에 미치는 영향에 대해 자료를 정리하였고, 청소년 문화의 특징을 제시하였다.					
협력 및 참여도 (3점)	모둠원과 적극적으로 협력하여 자료를 조사하고, 작성하였으며, 결과물을 창의적·시각적으로 표현하였다.	모둠원과 협력하여 자료를 조사하였으며, 결과물을 시각적으로 표현하였다.	모둠활동에 참여하였으며, 결과물 작성 및 표현이 미흡하였다.					

■ 우리 모둠원 (○○○)를 칭찬합니다. 칭찬 이유를 구체적으로 적어보세요.-(칭찬내용이 있으면 작성하세요)

( )중학교	(	)모둠 내 동료평가표	반	번
2학년(도덕)		이름		

■ 다음은 우리 모둠원 중 (○○○)의 동료평가지입니다.

모둠원들은 채점기준표의 세부 평가항목에 맞게 평가항목에 맞게 (○○○)의 모둠활동 내용을 객관적이고 공정하게 평가하세요.

평가내용	평가기준			평가척도(3-2-1)				점수
	상(3)	중(2)	하(1)	평가자 모둠원1	평가자 모둠원2	평가자 모둠원3	평가자 모둠원4	합계
청소년 문화의 특징 자료수집 및 탐구 (3점)	청소년 문화 형성에 미치는 영향을 객관적이고 유의미한 자료를 탐색하여 정리하였으며, 청소년 문화의 특징을 참신하고 신뢰도 있는 다양한 자료를 제시하여 분석하였다.	청소년 문화 형성에 미치는 영향을 객관적인 자료를 탐색하여 정리하였고, 청소년문화의 특징을 파악하여 제시하였다.	청소년 문화 형성에 미치는 영향에 대해 자료를 정리하였고, 청소년 문화의 특징을 제시하였다.					
협력 및 참여도 (3점)	모둠원과 적극적으로 협력하여 자료를 조사하고, 작성하였으며, 결과물을 창의적·시각적으로 표현하였다.	모둠원과 협력하여 자료를 조사하였으며, 결과물을 시각적으로 표현하였다.	모둠활동에 참여하였으며, 결과물 작성 및 표현이 미흡하였다.					

■ 우리 모둠원 (○○○)를 칭찬합니다. 칭찬 이유를 구체적으로 적어보세요.-(칭찬내용이 있으면 작성하세요)

( )중학교		반	반	번
2학년(도덕)	이름			

모둠 간 동료평가표

■ 다음 채점기준표의 세부 평가항목에 맞게 각 모둠의 활동결과물과 발표를 객관적이고 공정하게 평가하세요

모둠명:

평가내용	평가기준			평가척도(3-2-1)							
	상(3)	중(2)	하(1)	모둠1	모둠2	모둠3	모둠4	모둠5	모둠6	모둠7	모둠8
청소년 문화의 특징 자료수집 및 탐구 (3점)	청소년 문화 형성에 미치는 영향을 탐색하고 유의미한 자료를 탐색하여 정리하였고, 청소년 문화의 특징을 참신하고 신뢰도 있는 다양한 자료를 제시하여 분석하였다.	청소년 문화 형성에 미치는 영향을 객관적인 자료를 탐색하여 정리하였고, 청소년 문화의 특징을 파악하여 제시하였다.	청소년 문화 형성에 미치는 영향에 대해 자료를 정리하였고, 청소년 문화의 특징을 제시하였다.								
협력 및 참여도 (3점)	결과물을 창의적·시각적으로 표현하였으며, 모둠원이 협력적으로 명확하고 전달력 있게 발표하였다.	결과물을 시각적으로 표현하였으나, 발표하는 데 전달력이 다소 부족하다.	결과물의 내용과 표현이 미흡하며, 발표하는 데 전달력이 부족하고 부분적으로 오류가 있다.								

( )중학교		반	번
1학년(도덕)	이름		

( )모둠 내 동료평가표

■ 다음은 우리 모둠원 중 (○○○)의 동료평가지입니다.

모둠원들은 채점기준표의 세부 평가기준의 내용을 객관적이고 공정하게 평가하세요.

평가내용	평가기준			평가척도(3-2-1)				점수
	상(3)	중(2)	하(1)	평가자 모둠원1	평가자 모둠원2	평가자 모둠원3	평가자 모둠원4	합계
의사소통 및 자료조사(3점)	청소년이 좋아하는 대중문화의 종류나 특징에 대해 자신이 의견을 활발하게 제시하였고, 모둠 주제에 따른 장단점 및 문제점을 찾아내며 단계별 모둠활동에 적극적으로 참여하였다.	청소년이 좋아하는 대중문화의 종류를 열거하였고 친구가 제시하는 의견에 경청하였으며 단계별 모둠활동에서 자신에게 맡겨진 역할을 성실히 수행하였다.	청소년이 좋아하는 대중문화의 종류 중 자신과 관련있는 분야에 관심을 보였으며 단계별 모둠활동에 소극적으로 참여하였다.					
협력적 문제 해결(3점)	프로젝트 수업이 단계별 모둠활동에서 모둠원들을 도와 어려운 문제를 협력적으로 해결해가며 창의적인 아이디어를 제공하고 효과적인 표현방법으로 좋은 결과물을 얻는데 기여하였다.	프로젝트 수업이 단계별 모둠활동에서 자신의 역할에 책임을 다하며 모둠원과 협력하여 좋은 결과물을 얻는데 노력하였다.	프로젝트 수업이 단계별 모둠활동에서 자신의 역할에 다소 어려움을 느껴 친구들의 도움으로 해결하였다.					

■ 우리 모둠원 (○○○)를 칭찬합니다. 칭찬 이유를 구체적으로 적어보세요.

모둠 간 동료평가표

( )중학교			
1학년(사회)	이름	반	반

□ 다음 채점기준표의 평가항목에 맞게 각 모둠의 활동 결과물과 발표를 객관적이고 공정하게 평가하세요.

모둠명:

	평가척도(3-2-1)							
	모둠1	모둠2	모둠3	모둠4	모둠5	모둠6	모둠7	모둠8

평가내용	평가기준		
	상(3)	중(2)	하(1)
내용 구성 (3점)	선정한 주제를 깊이 있고 체계적으로 조사하여 내용이 알차고 풍부하였으며, 모둠에서 탐구한 대중문화에 대해 새롭게 알게 되어 유익하고 의미 있었다.	선정한 주제를 인터넷검색하여 다양한 정보를 제공하였으며 모둠에서 탐구한 대중문화에 대해 흥미를 가질 수 있었다.	선정한 주제를 탐구활동으로 이어가는데 다소 어려움을 겪었으며 결과물의 내용이 빈약하였다.
결과 발표 (3점)	동영상이나 프레젠테이션으로 재구성한 결과물이 설득력 있었고 창의적인 표현 방법 및 발표자의 진지한 태도에서 큰 호응을 얻었다.	모둠에서 완성한 결과물의 내용은 일차고 흥미로웠으나 표현 방법 및 발표자의 태도가 미숙하거나 아쉬웠다.	결과물의 내용이 다소 빈약하거나 발표 태도가 소극적이어서 호응을 얻지 못하였다.

수업이 즐거운
교육과정-수업-평가-기록의
일체화

2018년 7월 27일 초판 1쇄 발행
2019년 12월 3일 초판 5쇄 발행

지은이 우치갑, 유희선, 이영옥, 이지영, 고영애, 류미경, 사경희, 한혜영
펴낸이 이형세
책임편집 조은지
디자인 성미화
펴낸곳 테크빌교육(주)
주소 서울시 강남구 언주로 551, 프라자빌딩 8층(역삼동)
전화 02-3442-7783(333)
팩스 02-519-9918

ISBN 978-89-93879-97-1 03370
정가 18,000원